浙江省普通高校“十三五”新形态教材

数字产品运营管理

蒋小花　吴　山　著

電子工業出版社
Publishing House of Electronics Industry
北京·BEIJING

内 容 简 介

本教材以数字产品开发、运营及管理流程为主线，在介绍数字产品企业组织机构、市场特点、生产流程和定价机制的基础上，以用户需求为核心进行运营策划，从内容运营、用户运营、活动运营、数据运营几个方面来介绍数字产品运营管理过程中需要的各方面知识。本教材希望给从事数字产品开发、设计和运营工作的相关人员打开一扇窗户，通过这扇窗户，使其了解数字产品运营管理基础知识，学会一些运营管理的理论和技巧，掌握解读运营数据的基本方法，从而建立用户至上的数字产品运营管理理念。

本教材适用的读者对象是数字媒体艺术专业、传播学专业的在校大学生，以及从事数字产品开发、设计和运营的相关人员。

图书在版编目（CIP）数据

数字产品运营管理 / 蒋小花，吴山著. —北京：电子工业出版社，2022.2
ISBN 978-7-121-42874-6

Ⅰ. ①数… Ⅱ. ①蒋… ②吴… Ⅲ. ①数字技术－电子产品－运营管理－高等学校－教材 Ⅳ. ①F764.6

中国版本图书馆 CIP 数据核字（2022）第 025415 号

责任编辑：左　雅
印　　刷：北京捷迅佳彩印刷有限公司
装　　订：北京捷迅佳彩印刷有限公司
出版发行：电子工业出版社
　　　　　北京市海淀区万寿路 173 信箱　邮编 100036
开　　本：787×1 092　1/16　印张：13　字数：349 千字
版　　次：2022 年 2 月第 1 版
印　　次：2025 年 8 月第 4 次印刷
定　　价：45.00 元

凡所购买电子工业出版社图书有缺损问题，请向购买书店调换。若书店售缺，请与本社发行部联系，联系及邮购电话：（010）88254888，88258888。

质量投诉请发邮件至 zlts@phei.com.cn，盗版侵权举报请发邮件至 dbqq@phei.com.cn。

本书咨询联系方式：（010）88254580，zuoya@phei.com.cn。

FOREWORD

前言

随着移动互联网和智能终端的高速发展和普及，“互联网+”应用领域不断拓展，消费带动和产业拉动效应显著，形成了数字经济新生态。数字经济加速推动了技术进步、效率提升和组织变革，并渗透到企业生产和群众生活的每个环节，从而促进信息消费规模跨越式增长，最终形成以互联网为基础设施和创新要素的经济社会发展新形态，我们的生活正式步入数字时代。在数字时代，打着“数字”印记的产品（数字产品）丰富了人们的生活，并成为其生活的重要组成部分。每天都有不同的数字产品被推出，如计算机软件、电子游戏、在线音乐、在线影视、在线新闻、电子期刊杂志、在线教育等。为了让这些产品进入人们的视野，达到产品研发预期，就需要对产品进行运营管理。盛大网络内部流传一句话：“产品不足运营补”，也足以证明运营的重要性。

本教材涉及的是互联网行业。互联网到底是以产品为王、渠道为王，还是以运营为王？在经历过新浪微博从千万级用户增加到5亿用户的过程，以及在创新工场看到数以百计的项目的起起落落之后，可以得出一个重要的结论：在行业发展初期应以产品为王，因为没有对手；在行业发展过程中应以渠道为王，因为谁占领了渠道，谁就赢得了用户；但是，在充分竞争的互联网领域，毫无疑问是以运营决胜的。运营，对于互联网公司至关重要，可决定企业的发展速度。运营工作可为产品赋予灵魂，并将产品的核心价值传递给用户。运营的目的就是让产品被大家熟知，从而进入市场。谁掌握更强大的运营方法论，谁就能更高效地获取和留住用户，就更有机会获得投资人的青睐，并最终占领市场。

本教材内容涉及数字产品的生产、策划、定价和运营的各个方面，在运营管理的相关概念、原理和运用方面都做了精心的设计和明确的阐述，可以为数字媒体艺术和传播学专业学生提供数字产品运营管理的基本理论和方法，在知识广度和难度上更加贴近其对运营知识的学习兴趣和要求，有助于他们掌握数字产品企业运营活动的一般规律，锻炼其发现问题、分析问题、解决问题的能力。同时，也有助于教师将案例与理论结合起来进行教学。

本教材的特色是学界与业界联合写作，将数字产品运营管理理论与实践相结合，实用性强，适合各类本专科学生和在职管理人员的学习和参考。本教材为浙江省普通高校“十三五”新形态教材，每章都有一个微教学视频作为导读以介绍主要内容，同时教材中提供若干拓展阅读资料，请扫描书中二维码观看学习。

本教材的编著除个人的研究总结外，还借鉴了互联网行业从业人员的经验，参考了其他学者的研究成果，在此表示感谢。由于用户在变、技术在变、环境在变，本教材难免存在疏漏和不足之处，敬请从业专家和广大读者批评指正。

蒋小花、吴山

CONTENTS

目录

第 1 章　数字产品运营管理概述

第 2 章　数字产品企业组织制度

第 3 章 数字产品市场

第 4 章 数字产品生产

第 5 章 数字产品定价

第 6 章 数字产品运营策划

第 7 章 数字产品内容运营

第 8 章　数字产品用户运营

第 9 章　数字产品活动运营

第1章 数字产品运营管理概述

本章引言：

从事数字产品开发、设计和运营的相关人员，为了给用户提供满意的产品，需要了解产品管理的基本知识与运营的基本方法和手段。本章作为开篇，主要介绍数字产品运营管理过程中需要掌握的基础知识，为后面章节做铺垫。本章主要介绍数字产品的内涵、分类和特征；产品运营管理的由来，数字产品运营的内涵、核心任务和数字产品运营管理的思维。

本章重点和难点：

- 数字产品的特征；
- 数字产品运营的核心任务。

教学要求：

了解数字产品的相关概念，掌握数字产品的内涵和特征，数字产品运营管理的内涵、核心任务与思维。

本章微教学：视频二维码 1.1　数字产品运营管理概述。

微教学视频 1.1

1.1 什么是数字产品

随着数字技术的普及，互联网应用与人们生活结合得日趋紧密，微信、短视频、直播等应用降低了互联网使用门槛，不断丰富人们的文化娱乐生活；在线政务应用以民为本，着力解决群众日常办事的堵点、痛点和难点；网络购物、网络公益等互联网服务在广大网民生活中发挥了日趋重要的作用。各种各样的数字产品层出不穷，给人们的生活带来了很大的变化。例如，计算机软件、电子游戏、网上音乐、网上电影电视剧、在线新闻、电子期刊、天气预报、股市信息等，还有电子客票、网络货币、各种在线产品等，这些数字产品是数字经济时代的基本组成要素，更是当今人们生产生活当中必不可少的一部分。

1.1.1 数字产品的内涵

对于数字产品的定义，学者们的观点各不相同。在 20 世纪 90 年代，经济合作与发展组织首次提出数字经济的概念，并且就数字产品的定性提出“电子传输的数字产品应与一般有形的商品销售有所区别，以电子方式传输者应视为劳务的提供”的观点。Soon-Yong Choi 将数字产品分成了信息和娱乐产品、象征、符号，概念类产品、过程及服务类等三种类型，提出所有可以在互联网上交易的产品或服务都可以称为数字产品。美国著名经济学家夏皮罗和瓦里安在《信息规则：网络经济的策略指导》一书中认为，数字产品（Digital Product）就是编成一段字节，包含数字化格式，可编码为二进制流的交换物。

常见的相似概念还有信息产品和数字化产品，它们相互之间既有联系，又有区别。

信息产品就是基于信息的交换物。肯尼思·阿罗（Kenneth J. Arrow）提出，信息就是事前概率和事后概率之差。也可以认为，信息就是传递中的知识差。信息可以是有形的，也可以是无形的。信息产品在网络出现以前就已大量存在，如书籍、报刊、广播、电影电视等，它们主要是以实物形式存在的。当计算机和网络信息技术出现后，信息的捕获、数字化、编码、存储、处理、传递和表达方式发生了改变，使信息产品的形式发生了根本性改变，开始出现数字产品的概念。

数字化产品包括有形数字产品和无形数字产品。有形数字产品是指基于数字技术的电子产品，如数码相机、数码摄像机、MP3 播放器等，其表现的具体形态是物质，而不是知识和经济，使用价值靠物质产品来实现，而不是靠传递信息来实现的。

无形数字产品又称数字产品。数字产品是被数字化的信息产品，是信息内容基于数字格式的交换物。数字化是指将信息编成一段字节，并被转化成二进制格式。数字产品从产生、存储、运输到最终消费，都是以数字化编码的形式存在于磁盘等存储介质和网络上的。数字产品的最主要特征是数字化。因此，任何可以被数字化和运用计算机进行处理或存储并通过如互联网这样的数字网络来传输的产品都可以归为数字产品。

一般情况下，信息产品与数字产品可以指同一类交换物，也可以指存在一定差异的交换物。例如，被数字化的书籍，既可以称为信息产品，也可以称为数字产品；但是纸张形式的书籍，只能称为信息产品，不能称为数字产品。数字化产品不一定是数字产品，如各种应用软件既是数字化产品也是数字产品，但数字化家电是数字化产品但不是数字产品，如图 1.1 所示。

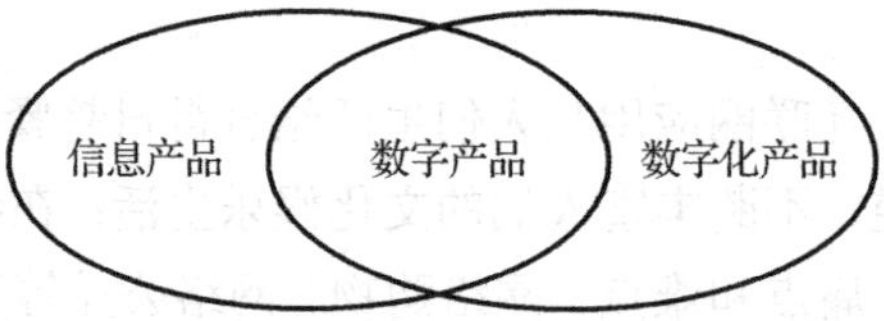

图 1.1　信息产品、数字产品和数字化产品之间的关系

1.1.2　数字产品的分类

不同的产品和企业，数字产品运营的内容和方式有较大的差异，找到其差异化，有助于企业更好地开发新的数字产品。例如，在线服务产品，因其具有交互性，服务商据此可以推出按使用次数收费或按时间段收费的定价方案；对股市行情分析，其“质量”是其定价的一个重要的评价指标。工具类产品，因其注重实用性，所以产品的效能很重要，通常产品本身大于运营。运营注重推广渠道的铺设、营销事件策划等，能够对外清晰地传递产品价值，其关注点是用户增长。内容类产品，运营的关键点是内容的质量，用户增长需要依托独特、高质量的好内容。所以对数字产品进行分类时，可以识别和把握产品的关键特性。

1. 根据产品类别和属性分类

Kai Lung Hui 和 Patrick Y. K Chau 提出了一种分类框架，这个框架是基于产品类别和产品属性的，产品的属性分成可测试性（Trialability）、粒度（Granularity）、可下载性（Download Ability）三个指标。这些属性是产品“生来”就有的，卖者不能轻易改变。

可测试性指的是一个新的技术或产品在销售之前所愿意做新尝试的程度。有些数字产品不愿意被消费者和经销商测试使用；有的可以让消费者使用一部分或者可在限定的测试时间中使用。粒度指的是一个物体或活动特征的相对大小、比例或穿透深度。数字产品的粒度是指数字产品的可分割性，它可以为经销商提供差别化服务的机会。可下载性指的是产品通过互联网从卖方到买方的传输机制。卖方一般有两种传输方法：一次性通过互联网下载、传输整个产品，或重复地、交互性地传递产品。这两种运输方法的重要区别在于数字产品是否可以被下载。软件和电子书籍等数字产品通常可被下载。下载产品时，产品的价值以相对清楚的方式传递给了消费者。相反，在线服务类产品在交易期间通常需要消费者和提供商之间进行交互，因此，其功能或产品的价值是以交互的模式零碎地提供的。如表 1.1 所示，基于 Hui 框架可将数字产品分为三类，包括在线服务类产品、工具和实用产品、基于内容的数字产品。

表 1.1　基于 Hui 框架的数字产品分类

分类	可测试性	粒度	下载性	代表性产品
在线服务类产品	中等	中等	低	在线翻译
工具和实用产品	高	低	高	杀毒软件
基于内容的数字产品	低	高	高	电子书

（1）在线服务类产品。这类产品主要提供存取有用的网络资源的服务和利用在线资源协助用户完成特定的任务，如网络电话软件、在线翻译、在线搜索服务、电子政务、远程教育等。有的在线服务产品有点像“工具和实用产品”，区别在于消费者无法实际“购买”在线服务产品，只能付费使用。这类产品的可测试性属于中等水平；传输模式是在线交互式的，可下载性低；其粒度属于中等水平。

（2）工具和实用产品。这类产品都是帮助用户完成一定任务的，如 RealPlayer 可以收听在线广播和音频剪辑、Adobe Acrobat 可以用来建立和浏览 PDF 文件。这类产品可辅助用户完成特定的目标或任务。一般商业软件、共享软件、免费软件等很容易通过网络下载，并可以归入这个类别。生产商对这类产品的控制力强，适合采用先试用后购买的方式销售，因此可测试性高；其产品传输模式以网络下载为主，可下载性高；产品的粒度属于低水平。

（3）基于内容的数字产品。这类产品的价值在于它的信息内容，如电子报刊、研究报告、各种数据库，以及在线的娱乐产品、各种视频等。这些产品的价值在于其信息内容。这类产品可测试性低，一旦被消费者试用，生产商将很难控制产品；可下载性高；产品的粒度属于高水平。

2. 根据使用用途的性质分类

（1）内容性产品。内容性产品是指表达一定内容的数字产品。这类产品的代表形式有新闻、图书、报刊、电影、电视、音乐等。在网络环境中，大量的新闻信息被数字化，且多数新闻网站都免费向消费者提供信息。随着电子阅读器的普及，大量的电子书在各种平台售卖，有些站点提供书籍免费下载服务。随着线上学习的普及，中国慕课等各种网络教学平台有大量的优质课程。此外，网络中娱乐性产品数不胜数，许多电影和歌曲都被制成数字格式在网络上进行传播。

（2）交换工具。交换工具是指代表某种契约的相关数字产品，如数字门票、数字理财产品等。在线下人们采用纸质货币作为交换工具，而在网络环境中，货币和传统的金融工具都可以被数字化成数字产品。目前大多数的金融信息都已经在数字化后被存储在计算机硬盘中，或者以数字格式在互联网上传播。数字化交换工具从数字化银行卡等金融交换工具到数字化高速公路缴费卡等运输交换工具，从政府公共管理事务活动的交换工具到社区活动的交换工具，等等，种类繁多。数字化交换工具提高了社会运行效率，降低了社会交易成本。

（3）数字过程和服务。任何可以被数字化的交互行为都是一个数字过程。随着计算机、智能手机的普及，各种不同的经营者都依赖互联网作为数字过程和服务的平台来开展各种商务和产品推广活动。数字过程本身必须由软件来驱动，这是数字过程和服务与内容性产品的一个区别。如人们用超星阅读器阅读数字图书馆书籍时，必须先启动超星软件，这个启动过程就是数字过程。数字过程和服务与内容性产品的另一个区别在于数字过程是交互的。数字过程往往不依靠软件就能单独完成，软件的作用是完成一些自动的程序，激发数字过程的发生，完成数字过程还需要人的参与，如填写在线表格，需要人作为主体来参加。在数字过程中，人的参与程度和水平是不同的，网上服务往往是数字过程和人的参与相互结合而产生的。

1.1.3 数字产品的特征

1. 数字产品的物理特征

（1）不可破坏性。不同于有形消费品，数字产品一经产生，便不会有使用寿命和使用频率的顾虑，尽管一些耐用品（如房子）的使用寿命很长，但还是会被用坏，而数字产品就不会因为使用频繁而出现消耗破损。

（2）可变性。数字产品一旦被消费者下载，内容很容易被定制或随时被修改，内容随时可变，生产商不能控制其产品的完整性。可变性的意义不在于保护内容完整，而在于要求生产商通过定制和升级等差别化生产产品。

（3）可复制性。可以方便地对数字产品进行复制、存储和传输，企业在做了最初的投入后，生产的边际成本几乎可以忽略不计。一旦价格被确定，前期的固定成本就可以计算达到收支平衡所需的最低销售额。

（4）传播速度快。该特征是虚拟的数字产品所特有的。通过互联网可以迅速交换和共享数字产品，其具有非数字产品无法超越的速度优势。消费者在线就可以搜索特定的数字产品，通过网络就能完成货款支付和产品交付。

2. 数字产品的经济学特征

数字产品作为消费品的一种，也具有经济学部分特征。

（1）存货形态具有无形性特征。传统的会计方法无法真实反映数字产品的存货价值。

（2）生产过程具有虚拟化特征。数字产品生产的过程和结果都有虚拟化的特点，因此，生产的管理过程要彻底变革。

（3）依赖个人偏好。任何产品都是为了满足他人的需求而生产制造的，并根据消费者个人爱好而变化。数字产品被消费的是其代表的理念和使用价值，因此，数字产品满足消费者的偏好、需求则更显重要。

（4）特殊的成本结构。数字产品的成本不同于传统意义上的产品成本，其研究与开发成本高，生产制造成本低。数字产品最初的成本投入非常高，但后期成本却非常少，如摄制一部电影需要花费上亿元，研发一款游戏需要投入大量的人力和物力，但是，一旦第一份产品成型，后面再使用的成本就很低了。在生产过程中，其固定成本高，变动成本低。

（5）高附加值。数字产品的附加值指的是科技附加值。随着网络宽带和 4G、5G 的普及，数字产品应用也趋于多元化。比如，前几年很流行的歌曲《最炫民族风》的彩铃，消费者在支付购买费用后，可以下载到自己的手机上，由于用户量大，服务商就能有上万元的收入，这就是科技创新创造的歌曲本身之外的附加值，这种高附加值特性，除能弥补生产商前期的成本外，还能获得更多的消费者剩余。

（6）时效性。目前一些在线游戏一开始很受消费者欢迎，但很容易被更受欢迎的游戏替代，说明数字产品更新换代比较快。另外，部分内容性产品如新闻、证券、股票信息、气象信息，以及有时间限制的凭证和票据等，其时效性很强，产品的价值依赖于时间。但与其他产品相比，过时、过期的数字产品，甚至“消费过”的数字产品也有价值，可以归档用于长期分析。

（7）网络外部性。传统经济下物以稀为贵，但数字产品恰好相反，同类产品越多，其价值越大。数字产品价值的体现并不完全取决于产品的性能，而是与消费者的购买有关，销售数量越多，价值就越大，这就是数字产品的网络外部性。对于数字产品来说，由于网络外部性的缘故，稀缺产品的价值反而低。例如，在购买办公软件的时候，大多数人倾向于购买微软提供的 Office 办公软件，这是因为消费者更多地考虑兼容性问题，以免出现与他人信息交流上的障碍。为了避免发生这种情况，消费者往往会选择最流行、使用最广泛的产品，这是由网络外部性引发的。在网络效应和正反馈机制的作用下导致强者更强、弱者更弱的竞争局面，即“赢者通吃”现象。

3. 数字产品的效用特征

（1）数字产品效用的定义。经济学用“效用”这个概念来分析消费者的需要。消费者购买一种商品，获得一种满足感，追求到了某种程度的快乐；而购买商品总是要支付货币的，支出是一种“痛苦”，要尽可能减少。

数字产品的效用是指一个人在占有、使用或消费某种数字产品时所得到的快乐和满足。这种快乐和满足的程度是不易计量的，并且效用也不是一成不变和绝对的，不同的人对同一商品的效用评价不同，效用甚至会在不同的人之间引起冲突和对抗。同一商品或服务，对有的人是正效用，对有的人却是负效用。例如，喜欢玩网络游戏的人能从网络游戏中得到满足，认为其提高了生活质量，而不喜玩网络游戏的人会认为其会浪费时间和生命。

（2）数字产品的总效用与边际效用。在经济学中，效用是指消费者在消费商品时所感受到的满足程度。总效用是指消费一定数量的某种物品得到的总的满足程度。总效用的大小取决于个人的消费水平，即消费的物品与劳动数量越多，总效用越大。边际效用是指某种物品的消费量每增加一单位所增加的满足程度。边际效用中边际的含义是增量，指自变量增加所引起的因变量的增加量。在边际效用中，自变量是某物品的消费量，而因变量则是满足程度或效用。消费量变动所引起的效用的变动即边际效用。当边际效用为正值时，总效用处于递增状态；当边际效用为 0 时，总效用达到最佳状态；当边际效用为负值时，总效用处于递减状态。

总效用的变化趋势缘于边际效用递减的作用。随着消费品数量的增加，边际效用逐渐变小，这种现象称为边际效用递减规律。生活中也存在这样的情况，如吃第 1 块面包带来的效用要比吃第 2 块的大，吃第 2 块的要比吃第 3 块的大。

但边际效用递减规律对数字产品并不适用。数字产品所带来的效用与数量无关，而与消费者使用次数相关。对于一次性使用的数字产品（如一个搜索结果），其市场平均效用是个定值。对于可多次使用的数字产品（如音乐、游戏等）的效用函数有以下两种情况：一种情况是带来市场平均效用递减的产品，如电影，如图 1.2 所示，产品刚投放市场时效用值最大，然后递减；另一种情况是由于网络的外部性带来的市场平均效用递增，如电子邮件，如图 1.3 所示，市场平均效用递增。

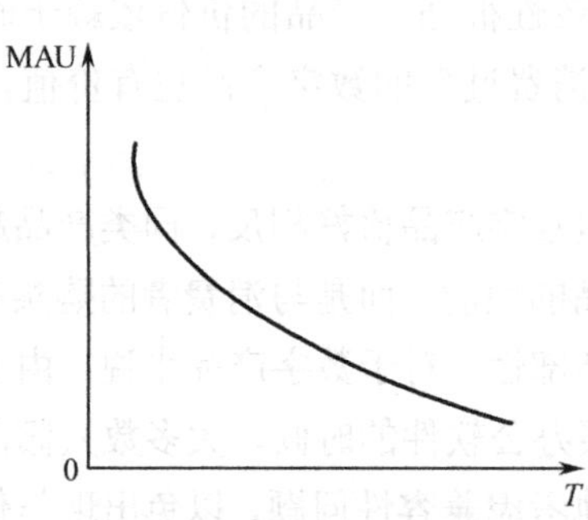

图 1.2　市场平均效用递减

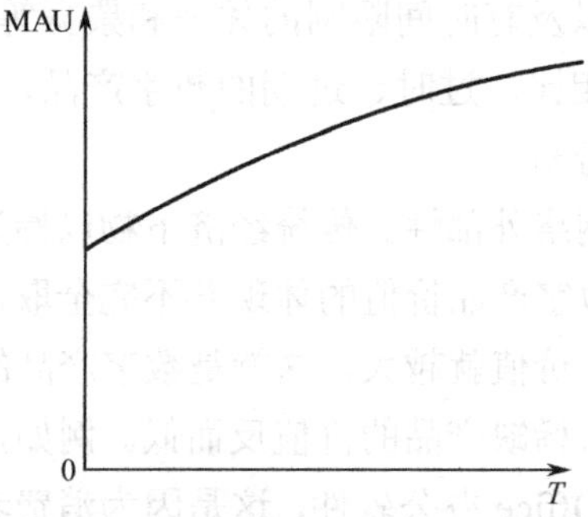

图 1.3　市场平均效用递增

市场平均效用 MAU 的量度：$MAU=P_1U_1+P_2U_2+\cdots+P_nU_n$。

式中：U 代表效用的大小；P_i 代表效用 U_i 下的概率，i=1，2，3，…，n。

1.1.4　数字产品的三大经济规律

1．摩尔定律（Moore's Law）

在 IT 产业里有两个摩尔定律：一个是英特尔创始人戈登・摩尔（Gordon Moore）总结

的广为人知的关于芯片性能每 18 个月倍增的定律；另一个则是由杰弗里・摩尔（Geoffrey Moore）创立的关于技术产品生命周期的定律，这里称为新摩尔定律。戈登・摩尔在 1965 年发表的文章中指出，芯片中的晶体管和电阻器的数量每年会翻番，原因是工程师可以不断缩小晶体管的体积。这就意味着，半导体的性能与容量将以指数级增长，并且这种增长趋势将继续延续下去。1975 年，戈登・摩尔在 IEEE 国际电子组件大会上提交了一篇论文，根据当时的实际情况对摩尔定律进行了修正，把“每年增加一倍”改为“每两年增加一倍”，而普遍流行的说法是“每 18 个月增加一倍”。换言之，一美元所能买到的计算机性能，将每隔 18～24 个月翻一倍以上。这一定律揭示了信息技术产业快速增长和持续变革的根源。杰弗里・摩尔在 1991 年发表的《跨越鸿沟》（*Crossing the Chasm*）中认为，在技术产品生命周期里，不同类型的接纳者所占大致比例：创新者（Innovator）为 2.5%，早期采用者（Early Adopters）为 13.5%，早期大众（Early Majority）为 34%，晚期大众（Late Majority）为 34%，落伍者（Laggards）为 16%。他指出在“早期采用者”和“早期大众”之间存在一个致命的鸿沟需要跨越，要不然产品就无法生存并普及。为了跨越鸿沟，一家公司必须专注于一个单一市场，一个摊头，在一个小的具体市场上赢得统治地位，并将其作为向相邻市场扩张的跳板。后来中国 IT 专业媒体界出现了“新摩尔定律”的提法，指的是中国互联网联网主机数和上网用户人数的递增速度，大约每半年就翻一番。

2．梅特卡夫定律（Metcalfe's Law）

梅特卡夫定律是 1973 年以太网的发明者罗伯特・梅特卡夫提出来的。该定律的主要内容是网络的价值与网络中的用户数的平方成正比，公式表示：$V=K\times N^2$（V 表示网络的价值，K 表示价值系数，N 表示网络中的用户数量）。他认为每增加一个投入单位，不仅投入者能够得到应有的报酬，而且还能得到超过该投入以外的收益。梅特卡夫定律其实就是经济学中的网络外部性，这种效应在网络中表现最明显。该定律由新科技推广的速度决定，所以网络上联网的计算机越多，每台计算机的价值就越大。使用网络的人越多，这些产品就越有价值，就越能吸引更多的人来使用，最终提高整个网络的总价值。比如，一部电话没有任何价值，几部电话的价值也非常有限，而成千上万部电话组成的通信网络却可以把通信技术的价值最大化。

3．马太效应（Matthew Effect）

马太效应指的是一种两极分化的社会现象，即强者愈强、弱者愈弱。这种效应在互联网行业中也存在着。当某一互联网企业的用户数超过临界点时，该互联网企业在行业中就会处于龙头地位。同时这也意味着该企业在技术、市场份额、人才、资金等方面具备绝对优势，甚至可能形成垄断，新兴企业很难与之进行竞争。互联网行业的马太效应会促使行业内的资源进一步向优势企业聚拢，导致强者愈强。在信息活动中优劣势反差强烈的马太效应，即正负反馈效应。如在信息活动中由于人们的心理反应和行为惯性，在一定条件下，优势或者劣势一旦出现，就会不断加剧而自行强化，出现滚动的累积效果。

1.2 数字产品运营管理

1.2.1 产品运营管理的由来

在 21 世纪的数字媒体产业中，公司的盈利除依靠技术人员外，产品经理开始发挥越来越大的作用，产品运营开始进入人们的视野。如腾讯、百度、新浪、搜狐等以技术起家，在网站的创始阶段，主要依赖于技术驱动，但只有技术人员的公司注定是无法长久的。如享有盛名的贝尔实验室就曾因为业务萧条，最终成为房地产商收购的对象。又如在技术上领先的 IBM 截止到 1992 年净亏损 49.7 亿美元，大批员工被裁，公司陷入破产倒闭的边缘。

我国改革开放之初，流行的“搞导弹的不如卖茶叶蛋的”这一说法，形象地说明先进的科学技术如果不能满足人们的物质文化生活需求，其商业价值就无法实现。但随着时代的进步，网民数量的快速增长，大部分原来只卖“茶叶蛋”的公司会倒闭，并非因为它们做错了什么，而是因为它们没有顺应时代的变化，所以，公司仅有“煮好茶叶蛋”的技术人员是不行的，而必须能煮出新的“茶叶蛋”产品，但这需要结合营养学、保健等相关知识，设计新的工艺流程，开发出符合新兴市场的产品，才能获得商业上的成功。同样，有部分程序员开始研究用户，寻找新的产品发展方向，通过掌握产品从创意到上市的相关信息，根据自身的市场洞察力和商业敏感度，推出市场所需的产品。

过去，西方学者把与工厂联系在一起的有形产品的生产称为“Production”或“Manufacturing”，而将提供服务的活动称为“Operations”。现在的趋势是将两者均称为“运营”。“运营”的角色因行业不同而千差万别。一般来说，运营是对企业的实际情况进行深入分析，深入研究企业运作的每个过程，提出提高产品品质、降低企业成本的策略，加上合适的营销手段，为客户提供满意的产品，同时为企业带来收益。

传统行业的运营管理主要是对制造产品或提供服务的过程或系统的管理，是以产品的生产和服务过程为对象，以定量和定性分析为手段，为设计和改善制造和服务过程提供科学的理论和方法。

互联网行业比较特殊，运营不仅是一个公司整体的运作生成过程，还是指通过某些方法来实现转化用户的行为。在互联网行业，数字产品实现量产非常方便，关键是如何建立产品的壁垒。如人们熟悉的知乎，从产品技术上进行复制难度不大，但是，想要做成跟知乎具有同等影响力的网站，几乎是不可能的事情。此时，产品运营就逐渐被企业所重视。一个产品从创意、设计、制作到正式推出，对应的运营工作非常繁杂。例如，如何选择合适的搜索引擎，如何获取产品种子用户，如何维护核心用户，如何进行有效的活动策划，总之，但凡有助于产品的用户数据增长、活跃度增加等活动都与运营相关，都属于运营的范畴。另外，在互联网行业，运营管理既涉及营销工作（创造有形价值），又涉及市场调研（创造无形价值），所以三者在多数互联网公司中的界定也是非常模糊的，甚至有时运营工作与产品设计工作之间的边界也会变得很模糊。运营与产品的设计、生产和服务联系紧密，没有产品，就谈不上运营。产品运营贯穿于产品整个生命周期，一切能够帮助产品进行推广、促进用户使用、提高用户认知的手段都属于运营。

1.2.2　什么是数字产品运营

数字产品运营是依托互联网平台的数字产品，以最低的预算、最优的路径、最高效的执行、最有效的手段吸引大批忠实用户，建立产品在市场上的竞争优势，并最终使产品在市场上取得成功的过程。

1. 运营必须从产品出发

一切运营策略和营销方案都是从产品出发的，运营的方法可以千变万化，但如果与产品脱离，即使方案再创新，最终也无法获得用户或提高已有用户的各种数据指标，更不可能提升企业竞争力。

2. 最低的预算、最优的路径、最高效的执行

（1）最低的预算。一般企业在进行运营启动时，都会面临一个问题：预算少，经费不够。意味着大部分公司无法通过大量市场投放来获得用户，必须靠创意或服务取胜，靠一个卖点或者事件形成病毒传播，从而获得大量的用户增长。

（2）最优的路径。运营人员要及时、准确地发现企业存在的问题，提出有效的方案来达到目标，提高用户的活跃度，并针对这些目标和问题，设计有针对性的推广方案。例如，现在企业多用二维码进行推广，二维码既可以是网站地址，也可以是 App 下载地址，那么哪种方式转化率效果更好呢？如果用户扫码后进入的是网站，则把其设置成常用网站的概率肯定不会高；如果进入的是应用市场的下载页面，针对用户群体不同（苹果或安卓）还要设置两个二维码，一般用户不会留存网页，能马上下载的用户非常少，离开后用户下载的量就更加可想而知，所以节点的路径相当重要。假定能把流量直接导入用户常用的 App 上，比如在传单页中设置微信公众号的二维码，然后告诉用户关注后就能享受哪些优惠，再提醒用户下载 App 或者注册网站，将流量导入最终想达到的目标。

（3）高效的执行。每个产品都有其最佳推广窗口期，一个优秀的运营人员，需要把握产品推广节点，需要结合产品定位，运用各种有效的手段，及时、高效地把产品推向目标市场，获得产品预期收益。

3. 运营的目的——吸引忠实的用户

在数字产品运营过程中，拥有一批忠实的用户非常重要。忠实的用户能给产品的推广带来很多帮助，他们可以成为新产品的测试员，也可以充当产品经理的角色，把使用过程中的信息反馈给企业，把产品功能分享给自己的朋友、社交媒体上的粉丝及关注者，他们哪怕只是每天登录网站，刷新网页，对企业来说都是一种鼓励及肯定。

在产品研发期，运营团队看似轻松，实际上他们有很多工作要去做，主要有：（1）产品立

项前的市场调研和用户调研工作；（2）产品在开发时的影响策略植入；（3）内容与用户及推广工作；（4）收集用户的反馈信息。

拓展阅读 1.2

1.2.3 数字产品运营的核心任务

产品类型不同，运营方式也不尽相同，数字产品运营主要分为五类：内容运营、用户运营、活动运营、移动运营、数据运营（拓展阅读二维码 1.2 《数字产品运营的三个关键点》（李星星））。但不管哪种运营方式，核心任务都只有一个：让产品生存得更好、更久。运营工作的核心任务主要包括以下两个方面。

1. 流量建设

通过各种推广、扩散、营销、活动，提升网站的流量指标，我们通常所说的 PV、UV、注册转化、SEO 都属于流量建设。流量越大，累积到的价值用户就越多，可转化的基础用户量就越大，足够多的用户是企业能够长久生存下去的关键因素之一。

2. 用户维系

经过多年的发展，用户的定义包含使用者（User）与会员（Member）两种。只有用户，才能给产品带来价值、产生收益。所以用户维系就在于如何持续有效地推动用户的活跃与留存，并且从中发现高价值的新用户。

1.2.4 数字产品运营管理思维

1. 互联网的商业模式

互联网新技术的发展推动和催生了大量新产品，快速改变了人们的行为和生活方式。互联网公司生产了新产品，并用新方法获取用户，将用户转化成收入，提高商业模式的效率，改变了以往的商业模式，所以互联网是一种新的商业模式，其生态俯视图如图 1.4 所示。

从互联网生态俯视图可以看到，互联网是由用户、终端、应用、公司、收入和理念构成的生态，这个生态中以互联网公司为主体，以用户思维为理念，通过产品满足用户需求和获取用户，获取大量用户后再转化用户价值获得收入。

2. 互联网思维：用户至上

从互联网诞生的那一天起，互联网思维就一直存在。最早提出互联网思维的是百度公司创始人李彦宏，在百度公司的一个活动上，李彦宏首次提到"互联网思维"这个词。（微教学视频二维码 1.3　互联网思维）

微教学视频 1.3

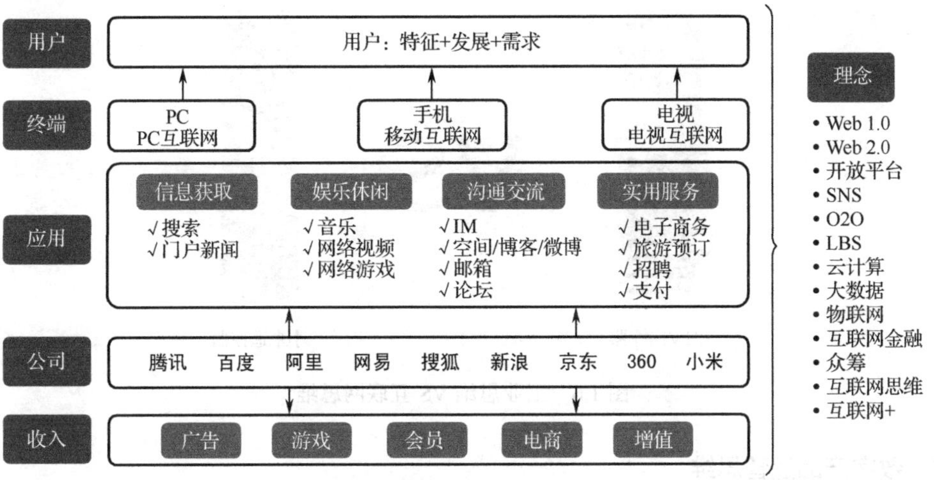

图 1.4　互联网生态俯视图

互联网思维，就是在（移动）互联网+、大数据、云计算等科技不断发展的背景下，对市场、用户、产品、企业价值链甚至整个商业生态进行重新审视的思考方式。这里的互联网，不单指桌面互联网或移动互联网，而是泛互联网，因为未来的网络形态一定是跨越各种终端设备的，如台式机、笔记本电脑、平板电脑、手机、手表、眼镜等。网状结构的互联网，没有中心节点，不是层级结构，虽然不同的点有不同的权重，但没有一个点是绝对的中心点。企业的连接越广、连接越厚，价值就越大，所以决定了互联网内在的精神是去中心化，是开放、平等。互联网商业模式是建立在平等、开放的基础之上的，互联网思维体现着平等、开放的特征。平等、开放意味着民主，意味着人性化。从这个意义上讲，互联网经济是真正的以人为本的经济，其思维的精髓是用户至上。小米互联网思维如图 1.5 所示。

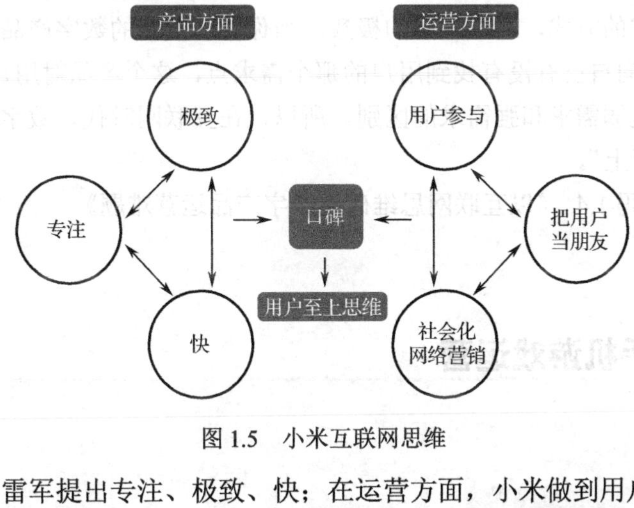

图 1.5　小米互联网思维

在产品方面，雷军提出专注、极致、快；在运营方面，小米做到用户参与、培养粉丝、社会化网络传播与电商销售。无论从产品还是从运营方面看，雷军和他的小米最终想做到的就是“用户口碑”，所以互联网思维就是用户至上思维，这也是互联网最核心的精髓。

IPTV 遥控器和小米遥控器，体现了工业思维与互联网思维的差别，如图 1.6 所示。这两种思维的不同之处在于：工业思维更多地从设计者出发，体现更多的是技术和功能；而互联网思维则是从用户角度出发，追求用户使用的方便和体验。

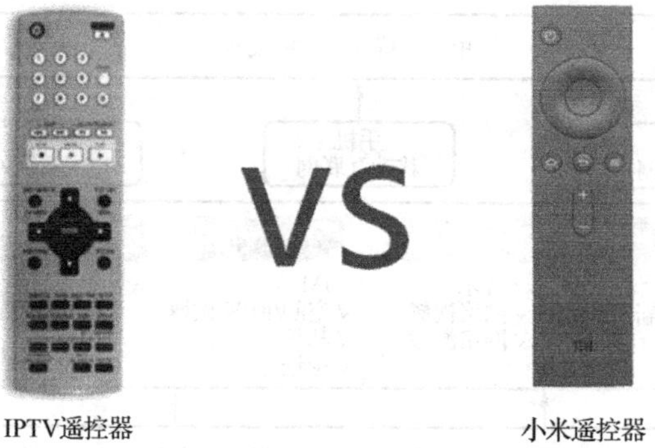

图 1.6　工业思维 VS 互联网思维

3. 数字产品运营思维

产品的好与坏，不是开发者、设计者说了算，真正有权利评价产品的是用户。传统的经济关系里只有两个概念，一个是商家，另一个是客户。客户是谁？谁买了我的东西？谁向我付钱？谁就是我的客户？但在互联网时代，用户是使用你产品和服务的人，但他们未必向你付费。只有你把东西卖出去或者送出去，用户才刚刚开始跟你打交道。优质的数字产品有两个基本特性：第一，它要能在一个点上打动用户；第二，它一定是在持续改进、持续经营的。数字产品的本质就是服务，为用户服务。从用户角度来看，能解决问题的产品才是好产品；能方便、快速地解决问题的产品，那就是一流的产品。在现实生活中，你最后选择的一个数字产品，不是因为它做得漂亮，而是因为它做得特别简单，特别好用。功能实在、不花哨，是企业做产品要追求的目标。所有成功的数字产品都是从人性化的角度出发的。

互联网是一个更新迭代速度非常快的地方，速度是最重要的。企业应当追求“小、快、美”，通过快速迭代的方式，追求产品的极致。当你做一款新的数字产品，或者开发一个新领域时，你首先要问自己有没有找到用户的那个需求点，这个产品对用户是“可以有”，还是“必须有”，这是弱需求和强需求的区别。所以，在互联网时代，数字产品制胜的关键是“产品为王，用户至上”。

拓展阅读二维码 1.4　《以互联网思维破解数字产品运营难题》（毛文思）。

拓展阅读 1.4

1.3 案例：手机游戏运营

1.3.1 手机游戏简介

《王者荣耀》是由腾讯游戏天美工作室群开发并运行的，为模仿《英雄联盟》而设计的一款 MOBA 类手机网络游戏（简称手游），于 2015 年 11 月在 Android、iOS 平台上正式公测，游戏前期使用的名称有《英雄战迹》和《王者联盟》，测试后随即引发了人们的热捧，成为中国手游市场上最吸金的手机在线游戏。2016 年 11 月，《王者荣耀》荣登 2016 中国泛娱乐指数盛典“中国 IP 价值榜：游戏榜 Top10”。在 2016 年年底 KPL 的总决赛上，腾讯宣布《王者荣耀》日活跃用户数突破 5000 万。在 2020 年《王者荣耀》五周年盛典上，腾讯宣布了 DAU 数据，日活跃用户突破一亿。在手机游戏市场竞争激烈的环境下，《王者荣耀》能够获取如此大的市场份额，依赖于其成功的运营策略。同时，为了防止青少年沉迷游戏，2017 年 7 月 2 日，腾讯方面发出游戏“限时令”：7 月 4 日起，《王者荣耀》12 周岁以下（含 12 周岁）未成年用户每天限玩 1 小时，并计划上线晚上 9 时以后禁止其登录功能；12 周岁以上未成年用户每天限玩 2 小时。超出时间的玩家，在对局结束后下线，当天将无法登录。成年用户在连续进行 3 小时游戏后会被强制要求下线休息 15 分钟。2021 年 8 月 31 日，王者荣耀官网发布公告，根据国家新闻出版署发布的《关于进一步严格管理 切实防止未成年人沉迷网络游戏的通知》，陆续升级防沉迷措施。未成年用户仅可在周五、周六、周日和法定节假日的 20 时至 21 时进行游戏。

1.3.2 手机游戏运营环境分析

1. 政策环境

企业选择何种营销策略会受其所处国家政治法律环境、政治政局稳定性等因素所影响。近年来，竞技类手游飞速发展。在此背景下国家针对手游游戏、竞技类游戏出台了系列政策（如表 1.2 所示）支持手游行业的发展。

表 1.2 国家关于游戏发展的主要政策

文件	主要内容	时间	出台部门
《文化部关于加快文化产业发展的指导意见》	增强游戏产业的核心竞争力，推动民族原创网络游戏的发展，提高游戏产品的文化内涵。鼓励研发具有自主知识产权的网络游戏技术、电子游戏软硬件设备，优化游戏产业结构，提升游戏产业素质，促进网络游戏、电子游戏、家用视频游戏的协调发展。鼓励游戏企业打造中国游戏品牌，积极开拓海外市场。 着力培育一批有实力和竞争力的骨干文化企业，在演艺、动漫、游戏、网络文化、数字节目制作等领域发挥龙头作用。推动演艺业、动漫游戏业的资源整合，在全国形成一批有自主创新能力的演艺、动漫企业集团	2009 年	文化部
《关于金融支持文化产业振兴和发展繁荣的指导意见》	对于租赁演艺、展览、动漫、游戏，出版内容的采集、加工、制作、存储和出版物物流、印刷复制，广播影视节目的制作、传输、集成和电影放映等相关设备的企业，可发放融资租赁贷款。 可通过开发分期付款等消费信贷品种，扩大对演艺娱乐、会展旅游、艺术品和工艺品、动漫游戏、数字产品、创意设计，图书、报刊、音像制品、电子出版物、网络出版、数字出版等出版产品与服务、印刷、复制、发行，高清电视、付费广播电视、移动多媒体广播电视、电影产品等综合消费信贷投放	2010 年	中央宣传部 中国人民银行 财政部 文化部 广电总局 新闻出版总署 银监会 证监会 保监会

续表

文件	主要内容	时间	出台部门
《文化部“十二五”时期文化改革发展规划》	积极协调有关部门，逐步完善文化产业各门类政策，改造提升演艺、娱乐、文化旅游、工艺美术等传统文化产业，加快发展动漫、游戏、网络文化、数字文化服务等新兴文化产业，构建结构合理、门类齐全、科技含量高、竞争力强的现代文化产业体系，形成各行业百花齐放、共同繁荣的良好局面，推动文化产业跨越式发展。 支持东部地区加快发展动漫游戏、创意设计、网络文化、数字文化服务等行业，培育科技型文化产业集群	2012 年	文化部
《关于深入推进文化金融合作的意见》	加大金融支持文化消费的力度。鼓励金融机构开发演出院线、动漫游戏、艺术品互联网交易等支付结算系统，鼓励第三方支付机构发挥贴近市场、支付便利的优势，提升文化消费便利水平，完善演艺娱乐、文化旅游、艺术品交易等行业的银行卡刷卡消费环境	2014 年	中国人民银行、文化部、财政部联合发布
《国务院关于推进文化创意和设计服务与相关产业融合发展的若干意见》	深入挖掘优秀文化资源，推动动漫游戏等产业优化升级，打造民族品牌。推动动漫游戏与虚拟仿真技术在设计、制造等产业领域中的集成应用	2014 年	国务院
《关于移动游戏出版服务管理的通知》	游戏出版服务单位负责移动游戏内容审核、出版申报及游戏出版物号申领工作。已经批准出版的移动游戏的升级作品及新资料片视为新作品，按照本通知规定，依其所属类别重新履行相应审批手续。各类手机、平板电脑等移动智能终端生产和经营单位预装移动游戏时，须核验该移动游戏的审批手续是否完备，相关信息是否标明，不得预装未经批准或者相关信息未标明，以及侵权盗版的移动游戏	2016 年	国家新闻出版广电总局
《文化部“十三五”时期文化科技创新规划》	促进文化科技成果广泛融入实体经济。推动动漫游戏、演出展演展陈技术等在设计、制造、科普、宣传、教育、体育、建筑、旅游和现代农业等领域中的集成应用，提升社区、乡村和景区等公共空间的文化品质	2017 年	文化部
《文化部“十三五”时期文化产业发展规划》	培育新型业态。加快发展以文化创意内容为核心，依托数字技术进行创作、生产、传播和服务的数字文化产业，培育形成文化产业发展新亮点。提升动漫、游戏、创意设计、网络文化等新兴文化产业发展水平，大力培育基于大数据、云计算、物联网、人工智能等新技术的新型文化业态，形成文化产业新的增长点。 促进转型升级。继续引导上网服务、游戏游艺、歌舞娱乐等行业转型升级，全面提高管理服务水平。推动重点文化产业展会转型升级，提升市场化、专业化、国际化发展水平。 推动融合发展。支持发展体育竞赛表演、电子竞技等新业态，鼓励地方依托当地自然人文资源举办特色体育活动。 文化娱乐行业转型升级。指导行业协会举办游戏游艺竞技赛事	2017 年	文化部
《关于加快文化产业发展的指导意见》	提出提高手机游戏产业的核心竞争力，以民族文化为核心，全面提高产业的文化内涵；倡导企业自主研发，深化知识产权保护，优化产业结构，提升软硬件设备，提升游戏素质，协调发展家用视频游戏、电子游戏、网络游戏、手机游戏。倡导游戏企业积极提高自我综合实力，文化软实力，打造品牌优势，扩展海外市场	2018 年	文化部

续表

文件	主要内容	时间	出台部门
《综合防控儿童青少年近视实施方案》	实施网络游戏总量调控，控制新增网络游戏上网运营数量，探索符合国情的适龄提示制度，采取措施限制未成年人使用时间	2018 年	教育部、国家卫生健康委等

2．经济环境

经济环境具体是指对企业生存和发展存在影响的社会经济条件和相应的国家经济政策，包括消费者收入和支出方式的变化。伴随着我国经济的快速发展，GDP 指标持续增长，人民的物质生活水平有了质的提高。现在人们不再只注重物质生活的基础，而是更加重视精神层面的需求，相应的精神文化消费也在逐步增加。消费者有能力和意愿分配部分收入，消遣零散的时间，丰富精神世界，缓解工作压力，在消费中享受快感。

3．技术环境

《王者荣耀》是一款具备诸多优势的产品，其融合了众多前端资源优势与先进的技术。该游戏引入先进的三维视觉效果，画面精美、场景特效生动，能够给玩家带来刺激、真实的体验；大数据分析用户群，了解观众的喜好，游戏角色，道具或皮肤，为玩家喜好而进行设计和制作。在此基础上，科学制定价格策略，以逐步提高用户黏性与满意度。

4．社会环境

据《中国财经报》相关数据显示，2018 年中国手机游戏市场以网易、腾讯、盛大产品为主，其中腾讯游戏玩家数排名第一，平台使用人数达 1.5 亿，在全球游戏市场中占据 10%的市场份额。QQ 和微信用户分别达到 2.7 亿和 2.1 亿，充分说明腾讯集团具有庞大的用户群体，其市场发展潜力大。腾讯在日常发展中可通过各种方式向其固定用户群发信息，以达到高效、畅通的沟通。据腾讯统计，《王者荣耀》公测当日，进行游戏的手机用户达 3000 多万，2 亿多注册用户随后也进行了游戏。在如此庞大的玩家储备下，任何《王者荣耀》的营销方式都能取得很好的效果，这些都是该手游能够取得成功的基础。

1.3.3　用户分析

1．从用户组的层面分析

手机网络游戏拥有更广泛的用户基础，这与传统的 PC 网络游戏完全不同。在 PC 游戏中，青少年男性占主导地位，而在手机网络游戏中，青少年男性占主导地位的现象将不复存在，其主要原因有两个：一是手机网络游戏具有手机本身的永久在线特征，用户可以在日常生活中的任意时间登录游戏，而 PC 网络游戏受制于 PC 端是否连接到互联网这一条件的限制；二是移动性和便携性移动智能设备，决定了手机网络游戏使用时间和地点无限制。因此，与传统的网络游戏相比，手机网络游戏的用户数量和人群会显著增加。

2. 从用户需求的角度分析

手机网络游戏与PC网络游戏不同，智能手机的发展使得用户的碎片化时间更多了，利用手机“杀死”碎片化时间。游戏可以说是最好的一种方式，可方便用户在工作与学习之余穿插着休闲娱乐。PC 网络游戏时间较长，适合有固定长时间空闲的用户。另外，就设备性能而言，PC设备的性能要远高于移动智能终端，因此PC网络游戏的设计更为复杂多变，符合重度游戏玩家的需求。目前手机端缺少足够多的精品手游来满足用户碎片化娱乐的需求。另外，手游能够平衡竞技与娱乐，加强人与人之间的互动，耗时相对较少，可以满足用户社交需求。

3. 从用户群分析

《英雄联盟》的主要用户人群年龄在11～20岁的最多，其次是21～30岁，男女比例中女性占比不足10%。可以说《英雄联盟》是一款更具挑战性和上手难度更大的游戏，从而把一大部分的女性用户排除在了门外。

《王者荣耀》的用户分为三类：一是原MOBA类游戏，如《英雄联盟》用户；二是有手机端休闲游戏的经验，但MOBA类游戏经验基本为零的“小白”玩家；三是广大的女性手游玩家。王者荣耀团队没有放弃广大的“小白”玩家和女性用户群体，也没有忽视MOBA类游戏中女性玩家增加而带来的大量男性玩家。

1.3.4 市场分析

1. 目标市场

《王者荣耀》以高端人群作为重点目标市场，以手机游戏时间长、有一定购买能力、消费习惯好的青年人为目标人群。此类消费玩家的生活环境、工作环境等各方面都存在差异性，相较其他群体，此类玩家的消费水平较高，他们较愿意在玩游戏方面进行投资。针对他们的喜好、要求，开发英雄人物特效、皮肤样式，真正满足消费群体的要求。在明确目标市场之后，要先深入分析该目标市场，然后结合目标市场的特点，制订可行的营销计划，并在此基础上制定科学的营销策略，合理确定营销价格，以期逐步获得市场优势。

2. 细分市场

《王者荣耀》充分考虑用户的差异性，具体是指用户群体在收入、职业、年龄等各方面的差异性。由于用户群体的差异性，其对游戏的需求、偏好也会存在不同的特点。此外，还应充分考虑用户的游戏动机、用户心理等特征。作为一种娱乐方式，手游具有虚拟性，因此企业在制定营销策略时应该充分考虑用户内心的体验，深刻研究用户的心理，并以此为依据细分市场。

结合用户的收入和工作特点进行划分，应先从用户职业的角度分析，《王者荣耀》的玩家以下述群体为主：其一是个体商户；其二是上班族；其三是学生。上述这些群体在总人口中的占比较大，且其游戏时间较多，因此是游戏产业的主力军。另外，近年来，医生、律师的游戏玩家也在持续增加之中。这一群体的社会地位和收入水平较高，其经济实力良好，群体在玩游戏的过程中较有可能购买装备，换皮肤、道具，以弥补自己玩游戏时间短的缺陷。

青少年类玩家拥有较为充裕的时间，因此可以举办高校间的游戏比赛，并设置奖项，获胜者可以获得专属皮肤之类的奖励。竞赛的模式，可以增加平时高校类用户时长，团队作战的游戏模式，又可以让其带来更多新用户。工作类玩家时间碎片化，可设定每月游戏在线时长奖励，达到标准后，给予一定金额代币券或者皮肤折扣的奖励，从而使玩家在碎片化时间里都会第一时间登录游戏。

1.3.5　产品分析

1．产品优势分析

消费者在决定是否购买产品时习惯进行多方对比，基于此，就要了解自己产品和竞争产品的优缺点。据新浪网报道，对比统计 2014—2018 年手游企业投入产出情况，如表 1.3 所示。

表 1.3　2014—2018 年手游企业投入与产出对比（单位：亿元）

企业名称	2014 年		2015 年		2016 年		2017 年		2018 年	
	投入	产出	投入	产出	投入	产出	投入	产出	投入	产出
腾讯	135	179	214	268	313	414	368	490	437	713
网易	98	103	100	132	99	225	104	335	111	326
盛大	46	79	44	76	52	111	53	88	35	77
蓝港互动	13	46	22	57	16	62	18	70	13	54
龙图网络	10	22	10	20	13	20	11	18	6	14

表 1.3 直观地反映了各个企业开发手游的情况，即开发手游的投入与产出情况。表中前三家企业都是行业的翘楚，是端游市场的佼佼者。其中网易长期处于投入少、产出多的状态，对比腾讯，网易的投资回报显然更优。腾讯（2014—2018 年）在手游研发方面的投入远高于其他几家企业，腾讯游戏的长期投入使其形成巨大优势，特别是自 2018 年以来，其手游利润遥遥领先于其他两家企业。蓝港互动和龙图网络虽然规模不及上述两家企业，但是同样专注于手游。当前腾讯已经积累了自我品牌效应，培育了大批粉丝，其旗下多款产品成为年度热销手游产品，如《王者荣耀》《绝地求生》等。

2．产品劣势分析

缺乏线下延伸产品开发。虽说无论是从开发方面还是宣传方面，《王者荣耀》都是成功的，但是当前该手游产品已经进入瓶颈期。如图 1.7 所示是 2019 年前 7 个月该游戏产品的每月在线人数情况，统计制作了其最高峰值，不难发现其整体呈现出逐月减少的变化趋势。

通过分析发现，该游戏上线时，市场已经出现饱和的态势了。由于手游市场尚未完善各项规则制度，不利于实现线上线下有效沟通、延展。虽说该游戏的玩家也会自发组织线下比赛，但是比赛较为松散，其影响力不足，尚未达到显著提高产品市场影响力的目的。2019年，腾讯正式启动线下商城计划，主要售卖游戏的人物模型、游戏服务等产品，但是并未取得预期的收益。《王者荣耀》当前在线上线下融合方面尚存劣势。

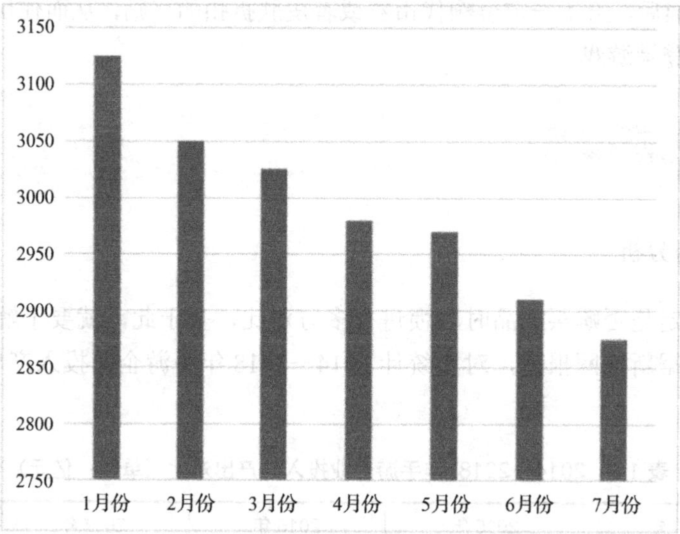

图 1.7 《王者荣耀》2019 年前 7 个月每月在线人数

1.3.6 定价策略

《王者荣耀》中的游戏道具一般在 100 元以内，对比其他手游游戏道具的定价，其可谓是非常平民化了。在《王者荣耀》的道具定价策略中，采用宽松的收费标准，没有硬性要求玩家一定要购买道具，玩家可结合个人喜好进行选择。因为腾讯用户群体大，以亿计量，可以采用低价取胜，积少成多，平民化的售价同样能给公司带来巨额利润。

1. 多重手段定价，有效挽留用户

每天登录《王者荣耀》送道具、送金币，也很好地提高了玩家对游戏的忠诚度。游戏道具的赠送，可以让玩家长时间保持对游戏的热度，大大地提高用户黏性。小小的恩惠，并不会给企业增加过多的负担，却可以提高玩家的游戏体验。

2. 通过游戏段位设置，满足玩家的虚荣心

《王者荣耀》的排位模式是玩家游戏时间最长的模式。排位赛一共分为七大段位，分别为倔强青铜、秩序白银、荣耀黄金、尊贵铂金、永恒钻石、至尊星耀、最强王者，段位越高，游戏难度越大，对玩家的操控要求也越高。通常三个月为一个排位周期及一个赛季，赛季结束后，玩家需要在新的赛季，重新冲刺段位级别。该游戏设置各种头衔，可以满足玩家的虚

荣心，并心甘情愿为之付费。

3. 不同性别的定价

从性别上来看，男性玩家在游戏过程中，更注重的是游戏的体验性，皮肤反而是附加品，皮肤的好看与否往往不是他们购买的第一要素。但男性玩家往往争强好胜，游戏中玩家之间的相互“厮杀”，使得男性玩家在这种竞争性中获得了良好的娱乐满足感。因此别致的外形皮肤、适中的价格、能够在玩家中突出自己，是他们的首选。

针对女性玩家，好看的外形、甜美的配音、华丽的技能效果，是她们的首选，价格反而在其次。对于这部分女性玩家，高端、大气、奢华的皮肤，是她们玩游戏的动力，她们愿意付费享受奢华的效果。针对该类用户，从后台数据分析得出女性玩家最爱的英雄及出场率，在每个特殊节日来临时（如女神节）推出限定全特效皮肤，可以吸引这类玩家购买。女性玩家在体验游戏的同时，社交内容对她们来说也十分重要。强化游戏的社交功能，给女性用户更多社交互动的空间，在游戏设置上可以推出女生模式，游戏画面强调美感，多用暖色系，从视觉角度给女性用户柔软、舒适的感觉，都会给女性玩家带来更好的游戏体验，促成其在游戏中的消费。

4. 不同年龄段的定价

不同年龄的游戏人群在消费能力上存在着不小的差异。在皮肤设计上，高中低档价格的结合，有利于产品的销售。19 岁及以下的玩家占游戏人口的 7%，这个年龄段的大多数人群还处在学生阶段，他们对游戏的需求更多体现在游戏可玩性上，皮肤所附带的属性加成对其而言更加重要，所以廉价的皮肤对他们更有诱惑力。同时该类玩家对游戏中的金币加成道具更加感兴趣，由于缺乏经济来源，只能通过游戏金币购买所需英雄。在寒暑假这个特殊的时间节点，可以针对性地推出打折优惠金币卡，并可以一并推出寒暑假折扣卡，吸引这类玩家购买。游戏中虚拟物品与现实中具有同样符号属性的物质商品相比，更加时尚、富有个性，更容易为喜欢追求新鲜的青少年所追捧。

5. 节假日打折优惠促销

每逢节假日，游戏中都会有促销打折的活动。每月都有会限时折扣的英雄、皮肤出售。周年庆时，还会推出神秘商店，新皮肤、皮肤返场、明星送礼、全英雄限免活动等。新英雄、皮肤登场时，还会有一周的优惠打折活动。

1.3.7 活动运营

1. 利用赛事活动提高知名度

目前规格最高的《王者荣耀》KPL（王者荣耀职业联赛）活动是由腾讯平台携手宝马中国集团、VIVO 等公司一起承办的。由腾讯官方直播平台、虎牙、斗鱼等平台在线直播，KPL 吸引了众多玩家的关注，每个平台的平均人数已经达到 220 万。随着电子竞技赛事的出现，游戏从娱乐性手游发展到专业的手游，专业性得到了提升。同时通过比赛，增加了产品在玩家或消费者面前的曝光率。

2．同步进行线上、线下推广活动

（1）手机游戏的推广、宣传方式很多，有地面推广活动，如抽奖活动、明星代言等。青少年时间充裕，图书馆、电影院、咖啡馆、球场随处可见他们的身影。针对他们的兴趣爱好，在他们经常出现的图书馆，可以粘贴海报宣传，为图书馆提供游戏人物座套、公共区域指示牌等；而像电影院，可以在电影开始前的广告投放、当月观影次数达到 10 次可以换取游戏公仔、影院《王者荣耀》特殊观影位置等；在球场上的宣传，可以选择粘贴游戏海报的篮球架等。这些地方的线下宣传都能起到很好的引流作用。还可以在线下组织手游玩家聚会；加大对漫展的投入，将游戏里的 COSPLAY（利用服装、饰品、道具及化妆来扮演动漫作品、游戏中涉及的古代人物角色）带到漫展中。

（2）开展线上活动。论坛推广是一种非常有效的线上活动推广方式，通过此种方式有助于公司宣传，以达到充分吸引客户的目的。论坛应该适时建立各种板块，如玩家交流、游戏攻略、投诉建议等版块，以满足论坛中各类用户的使用需求。此外，还可利用节假日或提前确定时间组织线上优惠促销活动，如以客户连续登录天数、时长等标准为评价依据，为符合要求的客户提供充值优惠或赠送道具等活动。

1.3.8 总结

智能手机的普及，使手机网络游戏呈现出巨大的发展优势与潜力。手游已经成为现代人茶余饭后、工作之余最主要的娱乐消遣活动之一。《王者荣耀》基于腾讯平台进行运营推广，通过大数据运营，分析产品、用户、市场，运用区别定价策略，取得了良好的收益。

思考题

1．简述数字产品特殊性给产品运营管理产生的影响。
2．简述数字产品分类对产品定价和运营的意义。
3．简述互联网对数字产品运营思维的影响。

第2章 数字产品企业组织制度

本章引言：

决定一个企业是否优秀，能否长寿，不是看企业的领导人多么伟大，最重要的是看企业的组织机构是否能够让平凡的员工通过不平凡的努力，创造伟大的业绩，反之则会让优秀的员工仅仅做出平凡的业绩。组织机构管理得好，可以形成整体力量的汇聚和放大效应。否则，就容易出现“一盘散沙”，甚至造成力量相互抵消的“窝里斗”局面。

本章主要介绍现代企业组织机构的组成、企业管理组织设计的一般原则，企业管理组织的结构形式及各种形式的优缺点；介绍互联网经济时代现代企业应用较多的扁平化组织机构的特点，以及矩阵型、团队型、网络型组织机构。

本章重点和难点：

- 扁平化组织机构的内涵；
- 扁平化组织机构的分类及各种类别的优缺点。

教学要求：

了解现代企业组织机构的组成、企业管理组织设计的一般原则和企业的组织机构，掌握数字化企业应用较多的扁平化组织机构的特点及优缺点。

本章微教学：视频二维码 2.1　数字产品企业组织制度。

微教学视频 2.1

2.1 现代企业组织管理

现代企业制度是以市场经济为基础，以企业法人制度为主体，以有限责任制度为核心，以产权清晰、权责明确、政企分开、管理科学为条件的新型企业制度。它包括企业的产权制度、组织制度、领导制度、管理制度、财务会计制度、劳动人事制度，以及处理企业与各方面（政府、投资者、职工、社会各界等）关系的行为准则和行为方式。

落实现代企业方针和目标的唯一途径就是依靠高效的管理团队，为使企业协调而有效地运转，要求具备熟练技能和丰富经验的人员通力合作，建立统一、高效的生产经营管理系统。管理组织机构是管理系统的“硬件”，各种权责制度（特别是企业领导制度）是管理系统的“软件”。精干的组织机构和完善的权责制度对实现管理职能、提高工作效率，起着重要的作用。本处仅介绍有限责任公司和股份有限公司的企业组织机构。

2.1.1 现代企业组织机构的组成

企业组织机构是按照一定的原则设置的，是企业内部各组织职能分配的一种体现。组织机构的设计方法是以组织目标为出发点，以活动分析划分为依据的。不同的企业有不同的组织机构，本节主要介绍《中华人民共和国公司法》中公司相关的组织机构。

1．有限责任公司组织机构

（1）公司权力机构——股东会。

有限责任公司股东会由全体股东组成。股东会行使下列职权：

- 决定公司的经营方针和投资计划；
- 选举和更换非由职工代表担任的董事、监事，决定有关董事、监事的报酬事项；
- 审议批准董事会的报告；
- 审议批准监事会或者监事的报告；
- 审议批准公司的年度财务预算方案、决算方案；
- 审议批准公司的利润分配方案和弥补亏损方案；
- 对公司增加或者减少注册资本做出决议；
- 对发行公司债券做出决议；
- 对公司合并、分立、解散、清算或者变更公司形式做出决议；
- 修改公司章程；
- 公司章程规定的其他职权。

对以上职权股东以书面形式一致表示同意的，可以不召开股东会会议，直接做出决定，并由全体股东在决定文件上签名、盖章。

首次股东会会议由出资最多的股东召集和主持，依照《中华人民共和国公司法》规定行使职权。股东会会议分为定期会议和临时会议。定期会议应当依照公司章程的规定按时召开。代表十分之一以上表决权的股东，三分之一以上的董事，监事会或者不设监事会的公司的监事提议召开临时会议的，应当召开临时会议。

有限责任公司设立董事会的，股东会会议由董事会召集，董事长主持；董事长不能履行职务或者不履行职务的，由副董事长主持；副董事长不能履行职务或者不履行职务的，由半数以上董事共同推举一名董事主持。有限责任公司不设董事会的，股东会会议由执行董事召集和主持。董事会或者执行董事不能履行或者不履行召集股东会会议职责的，由监事会或者不设监事会的公司的监事召集和主持；监事会或者监事不召集和主持的，代表十分之一以上表决权的股东可以自行召集和主持。

召开股东会会议，应当于会议召开十五日前通知全体股东；但是，公司章程另有规定或者全体股东另有约定的除外。股东会应当对所议事项的决定做成会议记录，出席会议的股东应当在会议记录上签名。股东会会议由股东按照出资比例行使表决权；但是，公司章程另有规定的除外。股东会的议事方式和表决程序，除公司法有规定的外，由公司章程规定。股东会会议做出修改公司章程、增加或者减少注册资本的决议，以及公司合并、分立、解散或者变更公司形式的决议，必须经代表三分之二以上表决权的股东通过。

（2）公司管理中枢——董事会。

有限责任公司设董事会，其成员为三人至十三人。股东人数较少或者规模较小的有限责任公司，可以设一名执行董事，不设董事会。执行董事可以兼任公司经理。执行董事的职权由公司章程规定。两个以上的国有企业或者两个以上的其他国有投资主体投资设立的有限责任公司，其董事会成员中应当有公司职工代表；其他有限责任公司董事会成员中可以有公司职工代表。董事会中的职工代表由公司职工通过职工代表大会、职工大会或者其他形式民主选举产生。

董事会设董事长一人，可以设副董事长。董事长、副董事长的产生办法由公司章程规定。董事任期由公司章程规定，但每届任期不得超过三年。董事任期届满，连选可以连任。董事任期届满未及时改选，或者董事在任期内辞职导致董事会成员低于法定人数的，在改选出的董事就任前，原董事仍应当依照法律、行政法规和公司章程的规定，履行董事职务。

董事会对股东会负责，行使下列职权：

- 召集股东会会议，并向股东会报告工作；
- 执行股东会的决议；
- 决定公司的经营计划和投资方案；
- 制订公司的年度财务预算方案、决算方案；
- 制订公司的利润分配方案和弥补亏损方案；
- 制订公司增加或者减少注册资本以及发行公司债券的方案；
- 制订公司合并、分立、解散或者变更公司形式的方案；
- 决定公司内部管理机构的设置；
- 决定聘任或者解聘公司经理及其报酬事项，并根据经理的提名决定聘任或者解聘公司副经理、财务负责人及其报酬事项；
- 制定公司的基本管理制度；
- 公司章程规定的其他职权。

董事会会议由董事长召集和主持；董事长不能履行职务或者不履行职务的，由副董事长召集和主持；副董事长不能履行职务或者不履行职务的，由半数以上董事共同推举一名董事召集和主持。董事会的议事方式和表决程序，除本法有规定的外，由公司章程规定。董事会应当对所议事项的决定做成会议记录，出席会议的董事应当在会议记录上签名。董事会决议的表决，实行一人一票。

（3）公司业务执行——经理。

有限责任公司可以设经理，由董事会决定聘任或者解聘。经理对董事会负责，行使下列职权：

- 主持公司的生产经营管理工作，组织实施董事会决议；
- 组织实施公司年度经营计划和投资方案；
- 拟订公司内部管理机构设置方案；
- 拟订公司的基本管理制度；
- 制定公司的具体规章；
- 提请聘任或者解聘公司副经理、财务负责人；
- 决定聘任或者解聘除应由董事会决定聘任或者解聘以外的负责管理人员；
- 董事会授予的其他职权。

公司章程对经理职权另有规定的，从其规定。经理列席董事会会议。

（4）公司监督机构——监事会。

有限责任公司设监事会，其成员不得少于三人。股东人数较少或者规模较小的有限责任公司，可以设一至二名监事，不设监事会。监事会应当包括股东代表和适当比例的公司职工代表，其中职工代表的比例不得低于三分之一，具体比例由公司章程规定。监事会中的职工代表由公司职工通过职工代表大会、职工大会或者其他形式民主选举产生。监事会设主席一人，由全体监事过半数选举产生。监事会主席召集和主持监事会会议；监事会主席不能履行职务或者不履行职务的，由半数以上监事共同推举一名监事召集和主持监事会会议。

2. 股份有限公司组织机构

（1）公司权力机构——股东大会。

股份有限公司股东大会由全体股东组成。股东大会是公司的权力机构。关于有限责任公司股东会职权的规定，适用于股份有限公司股东大会。

股东大会应当每年召开一次年会。有下列情形之一的，应当在两个月内召开临时股东大会：

- 董事人数不足本法规定人数或者公司章程所定人数的三分之二时；
- 公司未弥补的亏损达实收股本总额三分之一时；
- 单独或者合计持有公司百分之十以上股份的股东请求时；
- 董事会认为必要时；
- 监事会提议召开时；
- 公司章程规定的其他情形。

股东大会会议由董事会召集，董事长主持；董事长不能履行职务或者不履行职务的，由副董事长主持；副董事长不能履行职务或者不履行职务的，由半数以上董事共同推举一名董事主持。董事会不能履行或者不履行召集股东大会会议职责的，监事会应当及时召集和主持；监事会不召集和主持的，连续九十日以上单独或者合计持有公司百分之十以上股份的股东可以自行召集和主持。召开股东大会会议，应当将会议召开的时间、地点和审议的事项于会议召开二十日前通知各股东；临时股东大会应当于会议召开十五日前通知各股东；发行无记名股票的，应当于会议召开三十日前公告会议召开的时间、地点和审议事项。

（2）公司管理中枢——董事会。

股份有限公司设董事会，其成员为五人至十九人。董事会成员中可以有公司职工代表。董事会中的职工代表由公司职工通过职工代表大会、职工大会或者其他形式民主选举产生。

关于有限责任公司董事任期和董事会职权的规定，适用于股份有限公司董事。

董事会设董事长一人，可以设副董事长。董事长和副董事长由董事会以全体董事的过半数选举产生。董事长召集和主持董事会会议，检查董事会决议的实施情况。副董事长协助董事长工作，董事长不能履行职务或者不履行职务的，由副董事长履行职务；副董事长不能履行职务或者不履行职务的，由半数以上董事共同推举一名董事履行职务。

董事会每年度至少召开两次会议，每次会议应当于会议召开十日前通知全体董事和监事。代表十分之一以上表决权的股东、三分之一以上董事或者监事会，可以提议召开董事会临时会议。董事长应当自接到提议后十日内，召集和主持董事会会议。董事会召开临时会议，可以另定召集董事会的通知方式和通知时限。董事会会议应有过半数的董事出席方可举行。董事会做出决议，必须经全体董事的过半数通过。

董事会决议的表决，实行一人一票。董事会会议，应由董事本人出席；董事因故不能出席，可以书面委托其他董事代为出席，委托书中应载明授权范围。董事会应当对会议所议事项的决定做成会议记录，出席会议的董事应当在会议记录上签名。

董事应当对董事会的决议承担责任。董事会的决议违反法律、行政法规或者公司章程、股东大会决议，致使公司遭受严重损失的，参与决议的董事对公司负赔偿责任。但经证明在表决时曾表明异议并记载于会议记录的，该董事可以免除责任。

（3）公司业务执行——经理。

股份有限公司设经理，由董事会决定聘任或者解聘。关于有限责任公司经理职权的规定，适用于股份有限公司经理。公司董事会可以决定由董事会成员兼任经理。公司不得直接或者通过子公司向董事、监事、高级管理人员提供借款。公司应当定期向股东披露董事、监事、高级管理人员从公司获得报酬的情况。

（4）公司监督机构——监事会。

股份有限公司设监事会，其成员不得少于三人。监事会应当包括股东代表和适当比例的公司职工代表，其中职工代表的比例不得低于三分之一，具体比例由公司章程规定。监事会中的职工代表由公司职工通过职工代表大会、职工大会或者其他形式民主选举产生。监事会设主席一人，可以设副主席。

（5）上市公司组织机构的特别规定。

上市公司是指其股票在证券交易所上市交易的股份有限公司。上市公司在一年内购买、出售重大资产或者担保金额超过公司资产总额百分之三十的，应当由股东大会做出决议，并经出席会议的股东所持表决权的三分之二以上通过。上市公司设独立董事，具体办法由国务院规定。上市公司设董事会秘书，负责公司股东大会和董事会会议的筹备、文件保管以及公司股东资料的管理，办理信息披露事务等事宜。上市公司董事与董事会会议决议事项所涉及的企业有关联关系的，不得对该项决议行使表决权，也不得代理其他董事行使表决权。该董事会会议由过半数的无关联关系董事出席即可举行，董事会会议所作决议须经无关联关系董事过半数通过。出席董事会的无关联关系董事人数不足三人的，应将该事项提交上市公司股东大会审议。

2.1.2　企业管理组织设计的一般原则

企业管理组织设计是在企业目标已经确定的情况下，将实现目标所必须进行的各项业务活动加以分类组合，并根据管理幅度原理，划分出不同的管理层次和部门，将控制各类活动所必需的职权授予各层次、各部门的主管人员，以及规定这些层次和部门间的相互配合关系。企业管理组织设计的目的是建立一个适合企业员工相互合作、发挥各自才能的良好环境，消除由于工作职责模糊而引起的各种冲突，使企业员工都能在各自的岗位上为实现组织的目标做出应有的贡献。

1. 目标一致原则

任何企业都有其特定的任务和目标。企业管理组织设计，首先必须满足实现企业总体经营目标的要求。总体目标通过层层展开，就形成企业内部各级组织机构的目标或任务，直至每个人都了解为使总目标实现自己应完成的任务，这样建立起来的组织机构才是一个有机整体，才能保证组织目标的实现。这一原则还要求在组织设计中要以事为中心，因事设机构、设职务、设人，做到人与事高度配合，避免出现因人设事、因人设职的现象。

2. 合理管理幅度原则

管理幅度是指一名领导者直接有效地管辖和指挥的下属人员的数量。管理幅度的大小取决于多种因素，如领导者的知识、能力、经验、工作性质，生产的特点，下级的工作能力、工作性质和分权程度等。一般地说，在一定规模的企业中，管理幅度与管理层次成反比，管理幅度的确定也就决定了组织的管理层次。管理幅度过宽，领导者管不过来；幅度过窄，则机构层次多，信息量损失大，指挥不及时，效率低。所以，要遵循合理的管理幅度和管理层次的原则。

3. 统一指挥原则

统一指挥原则是指每级生产行政部门或职能部门，都只能有一个最高行政主管，统一负责本级的全部工作，每个职位都必须有人负责，每个人都知道他的直接上级是谁、直接下级是谁，并对直接上级负责，向下级传达行政命令。现代企业中，成千上万的人在一起进行劳动，他们之间既有精细的分工，又被机器体系或统一的产品生产过程紧密地联结在一起。只有统一指挥，才能使他们的步调协同起来。

4. 权责对等原则

职权是人员在一定职务范围内拥有的权力；职责是人员在一定职务范围内应尽的责任。尽责是设置职位的目的，而职权是尽责的条件。权责对等是指组织内每个层次的人员，都被赋予明确的完成任务的责任，同时被授予能完成这一任务所必需的权力。贯彻权责对等原则，就是正确处理职责划分和授权问题，杜绝有责无权或有权无责的现象，使二者保持一致性。

5. 分工协作原则

分工就是按照提高管理专业化程度和工作效率的要求，划分职责范围。有分工就必须有协调，协调包括纵向协调和横向协调，由于分工容易产生“隧道视线”，使各部门常常站在自己的立场而不是从整体出发考虑问题，所以横向协调显得尤为重要。

6. 精干高效原则

精干高效原则是指在服从组织目标所决定的业务活动需要的前提下，力求减少管理层次，精简机构和人员，充分发挥组织成员的积极性，提高管理效率及工作效率，节约非生产性开支。

2.1.3　企业管理组织的结构形式

拓展阅读 2.2

拓展阅读二维码 2.2 《京东集团组织机构变革的动因与启示》（郭云贵）。

企业管理组织的结构形式，受到行业特点、生产规模、生产技术的复杂程度、专业化协作水平、企业管理水平和企业人员素质等因素的影响，并随着企业生产经营活动的发展而不断演变，它大体上可分为以下几种类型。

1. 直线制

直线制是一种最简单的集权式组织机构形式，其领导关系按垂直系统建立，不设置专门的职能机构，自上而下形同直线，如图 2.1 所示。

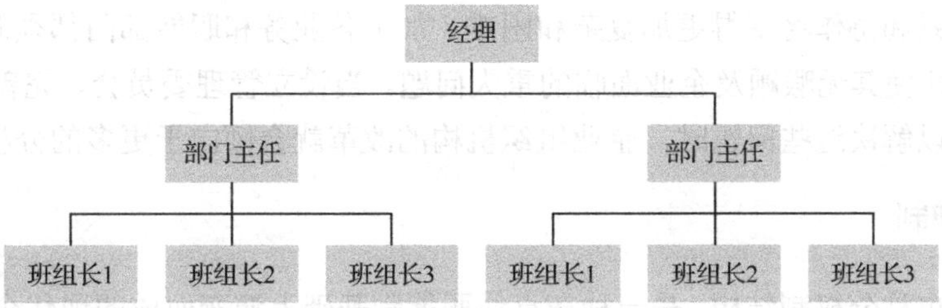

图 2.1　直线制组织机构示意图

直线制结构的优点：结构简单，指挥系统清晰、统一；责权关系明确；横向联系少，内部协调容易；信息沟通迅速，解决问题及时，管理效率比较高。其缺点：缺乏专业化的管理分工，经营管理事务依赖于少数几个人，要求企业领导人必须是经营管理全才，但这是很难做到的，尤其是在企业规模扩大时，管理工作量会超过个人能力所能承受的限度，不利于集中精力研究企业管理的重大问题。因此，直线制的适用范围是有限的，它只适用于那些规模较小或业务活动简单、稳定的企业。

2. 直线职能制

直线职能制是一种以直线制结构为基础，在厂长（经理）领导下设置相应的职能部门，实行厂长（经理）统一指挥与职能部门参谋、指导相结合的组织机构形式，如图 2.2 所示。

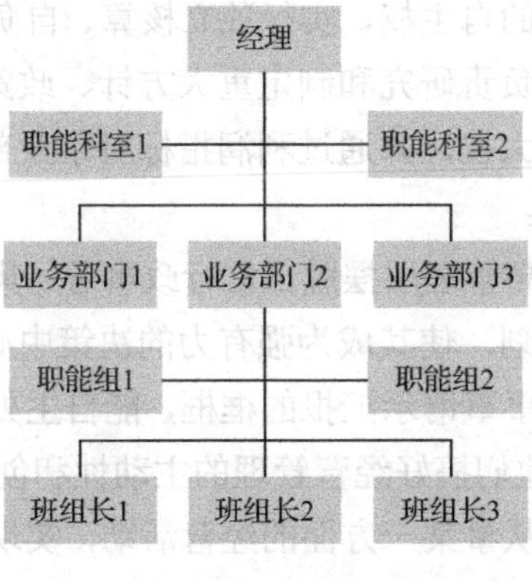

图 2.2　直线职能制组织机构示意图

直线职能制的特点如下：

（1）厂长（经理）对业务和职能部门均实行垂直式领导，各级直线管理人员在职权范围内对直接下属有指挥和命令权力，并对此承担全部责任；

（2）职能管理部门是厂长（经理）的参谋和助手，没有直接指挥权，其职责是向上级提供信息和建议，并对业务部门实施指导和监督，因此，它与业务部门的关系只是一种指导关系，而非领导关系。

直线职能制是一种集权和分权相结合的组织机构形式，它在保留直线制统一指挥优点的基础上，引入管理工作专业化的做法。因此，既能保证统一指挥，又可以发挥职能管理部门的参谋指导作用，弥补领导人员在专业管理知识和能力方面的不足，协助领导人员决策。所以，它不失为一种有助于提高管理效率的组织机构形式，在现代企业中适用范围比较广泛。

值得注意的是，随着企业规模的进一步扩大，职能部门也将会随之增多，于是，各部门之间的横向联系和协作将变得更加复杂和困难。加上各业务和职能部门都须向厂长（经理）请示汇报，往往使其无暇顾及企业面临的重大问题。当设立管理委员会、完善协调制度等改良措施都不足以解决这些问题时，企业组织机构的改革就会倾向于更多的分权。

3. 事业部制

事业部制也称分权制结构，是一种在直线职能制基础上演变而成的现代企业组织机构形式，如图 2.3 所示。

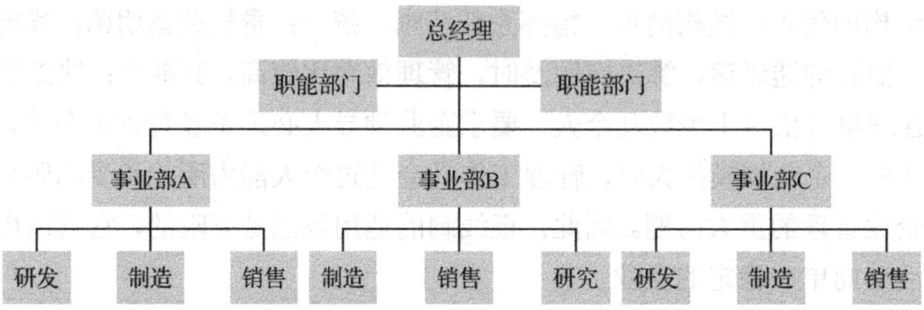

图 2.3　事业部制组织机构示意图

事业部制结构遵循“集中决策，分散经营”的总原则，实行集中决策指导下的分散经营，按产品、地区和顾客等标志将企业划分为若干相对独立的经营单位，分别组成事业部。各事业部在经营管理方面拥有较大的自主权，实行独立核算、自负盈亏，并可根据经营需要设置相应的职能部门。总公司主要负责研究和制定重大方针、政策，掌握投资、重要人员任免、价格幅度和经营监督等方面的大权，并通过利润指标对事业部实施控制。

事业部制结构的优点如下：

（1）权力下放，有利于最高管理层摆脱日常行政事务，集中精力于外部环境的研究，制定长远的全局性的发展战略规划，使其成为强有力的决策中心；

（2）各事业部主管摆脱了事事请示汇报的框框，能自主处理各种日常工作，有助于加强事业部管理者的责任感，发挥他们搞好经营管理的主动性和创造性，提高企业经营适应能力；

（3）各事业部可集中力量从事某一方面的经营活动，实现高度专业化，整个企业可以容纳若干经营特点有很大差别的事业部，形成大型联合企业；

（4）各事业部经营责任和权限明确，物质利益与经营状况紧密挂钩。

事业部制结构的主要缺点：容易造成组织机构重叠，管理人员膨胀现象；各事业部独立性强，考虑问题时容易忽视企业整体利益。因此，事业部制结构适合那些经营规模大、生产经营业务多样化、市场环境差异大，要求较强适应性的企业采用。

4．矩阵组织机构

矩阵组织机构是一种临时性的组织机构形式，由纵横两套系统组成：一是按职能设置纵向组织系统；二是按规划目标（产品或工程项目）划分的横向组织系统。横向组织系统的形式为项目办公室或项目小组，在厂长（经理）直接领导下进行工作，专门负责完成既定的规划目标。一旦规划目标任务完成，该系统即行撤销。项目办公室（小组）所需的工作人员是从各个职能部门中抽调来的，他们接受项目小组和原属职能部门的双重领导，如图 2.4 所示。矩阵组织机构适用于创新任务较多、生产经营活动复杂多变的企业。

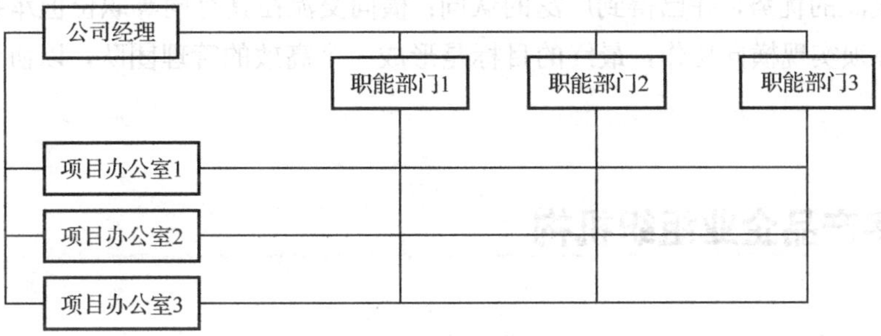

图 2.4　矩阵组织机构示意图

5．模拟分权组织机构

模拟分权组织机构是介于直线职能制和事业部制之间的组织形式。它是按产品或生产阶段划分若干相对独立的生产经营单位，在保证生产过程连续性的前提下，给这些单位尽可能大的生产经营自主权，但不允许他们直接同市场发生联系，各生产经营单位拥有自己的职能机构，产品和劳务的交换用内部价格进行结算，并负有“模拟性”盈亏责任。这种组织形式对于调动企业各生产单位的积极性和增强企业活力都有很好的作用；一般适用于生产过程连续性较强的大型联合企业。

6．多维立体组织机构

多维立体组织机构是矩阵组织机构和事业部制的综合发展。这种组织形式由三类管理组织机构结合而成，如按产品（项目）划分事业部，形成产品利润中心；按职能划分职能机构，形成专业成本中心；按地区划分管理机构，形成地区利润中心。通过组织机构的衔接，使三个方面形成一个整体。在这种组织机构形式下，一般由三类部门的代表组成产品事业委员会，通过共同的协调，才能采取行动。多维立体组织机构如图 2.5 所示。多维立体组织机构能够促使每个部门都从整个组织的全局来考虑问题，从而减少了各部门之间的矛盾。即使各部门之间发生摩擦，也比较容易统一和协调。这种组织机构最适用于跨国公司或规模很大的跨地区公司。

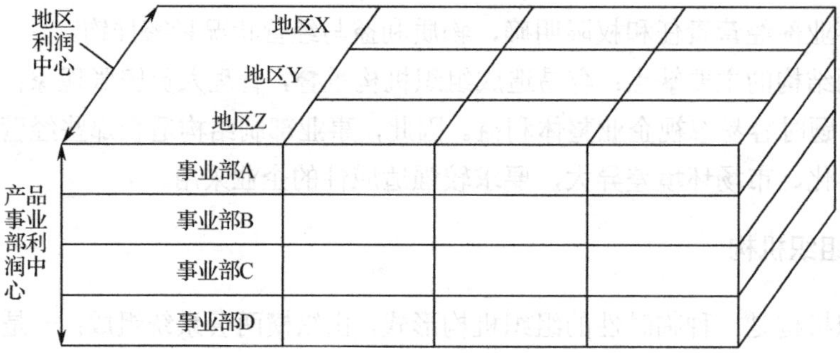

图 2.5　多维立体组织机构示意图

管理机构必须认真考虑各项活动及所需的管理步骤或生产工序，将某些明显的优势进行合并，澄清各种关系，清除重复性工作，明确交流渠道和责任。交流按渠道不同可以划分为纵向交流和横向交流，纵向交流信息通常通过直线管理机构向下传递，实际上现代管理已经认识到双向交流的优势，并已得到广泛的认同；横向交流在具有同等职位但承担不同职能的部门之间，必须实现横向协作，最终的目标是形成一个高效的管理团队，以协调一致的方式和能力协作。

2.2 数字产品企业组织机构

经济全球发展带动现代信息技术的快速变革，一种新的经济形态——网络经济迅速发展起来。网络经济的基本特征是网络信息资源共享。生产数字产品的企业作为微观经济主体的现代化企业，单纯地依靠传统金字塔型组织机构已难以满足现代企业的发展需要，逐渐演变成了扁平化组织，也由此产生和逐渐完善了扁平化组织机构。扁平化组织机构以其独特的优势为解决现代企业面临的困境提供了一个很好的解决方案。扁平化组织机构逐渐分化出了团队型、网络型等类型。

拓展阅读二维码 2.3 《适应开放式创新的企业组织机构变革》（韦晓英等）。

拓展阅读 2.3

2.2.1 扁平化组织机构

1. 扁平化组织机构内涵

扁平化组织机构是通过破除公司自上而下的垂直高耸的结构，减少行政管理层次，增加管理幅度，裁减冗员来建立一种紧凑的横向组织机构，如图 2.6 所示。它精简了组织层次，很好地解决了传统组织机构的弊端，提高了决策效率，使得现代企业组织更加灵活敏捷，富有创造性和应变力。最早使用扁平化管理的公司是美国的通用电气公司。韦尔奇采用“无边界行动”和“零管理层”等管理手段，将原先多达二十几层的管理层级数降至五六层，大大简化了程序，让公司在经济不景气之时却仍然保持发展动力。以戴尔公司为例，戴尔公司靠扁平化的企业运行结构，在竞争激烈的 PC 领域异军突起。戴尔公司几十个商业部门平行分布在同一层面上，各部门信息传递畅通无阻。营运中心一收到订单，马上就通知原材料供应商，原材料随即进入生产线，产品一下线就立即被装入集装箱运往销售点，加快了产品上市时间。

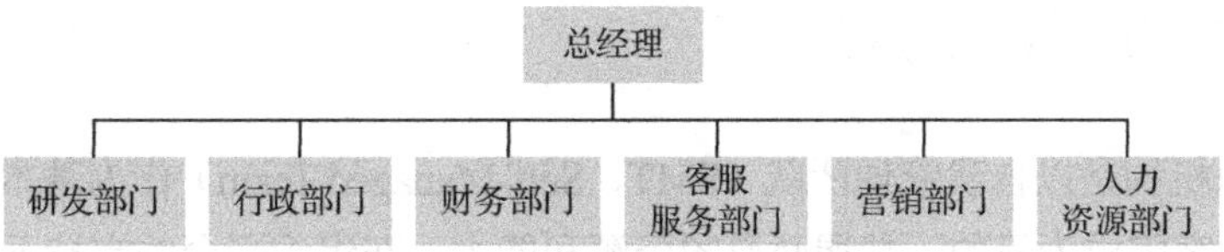

图 2.6　扁平化组织机构示意图

例如，互联网公司的扁平化管理结构与传统企业金字塔型组织机构不同，如图 2.7 所示。

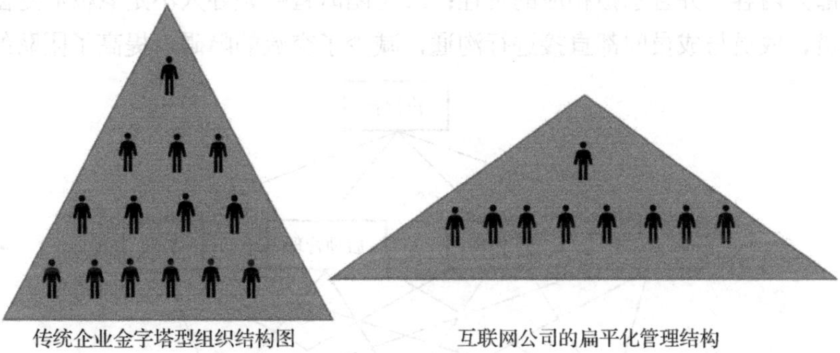

图 2.7　互联网公司的扁平化管理结构与传统企业金字塔型组织机构

2．扁平化组织机构的特点

（1）工作流程是建立组织架构的重心，职能部门的职责被弱化，工作团队建立在自主权的任务之上。

（2）纵向管理层次简化，削减中层管理者。基层可以享受到企业的资源与权利，基层员工可以直接面对高层领导，随时更新市场和生产经营的相关信息，并迅速做出决策。

（3）顾客需求驱动是重点。基层的员工与顾客直接接触，能够及时反馈顾客信息，改善服务质量，快速对市场变化做出反应，真正做到“顾客满意”。

随着科技的日益发展，可以预见，未来许多重复的工作都会由机器来完成，这也是扁平化组织得以发展的前提。扁平化组织适应市场的发展和经济结构的调整，将垂直结构变为横向，大大提升了企业的竞争力。在这一时代背景下，扁平化组织虽较传统的组织形式具有一定优势，但同样也不可避免地面临许多挑战。

首先，扁平化管理让系统更加精简，但是也使得下层职员失去了许多晋升空间和晋升动力，当他们觉得自己的发展受限时，极容易跳槽去寻找更好的公司。

其次，扁平化管理，使得管理幅度变大，上层可能需要面对更多的下层人员，下层人员得到的关注度就会相应减少，容易造成沟通不够的问题。毕竟，从目前来看，扁平化管理大多还是应用于小型团队，大公司如何提高自身竞争力，最大限度地发挥扁平化组织机构的优势还有待商榷。

最后，企业在结构转变过程中，如何剔除传统模式的不足，如何根据实际情况实现扁平化管理，建立什么样的保障机制，选取什么样的团队负责人等将成为组织模式转变是否成功的关键。

2.2.2 团队型组织机构

团队型组织机构是以自我管理团队（SMT，Self-Managed Team）作为基本的构成单位，即以响应特定的顾客需求为目的，掌握必要的资源和能力，在组织平台的支持下，实施自主管理的单元（如图 2.8 所示）。一个个战略单位经过自由组合，挑选自己的成员、领导，制定他们认为最好的工作方法。团队型组织拥有两大特点，一是拥有了自主权，能完成绝大部分的决策和贯彻执行大部分内容，并且承担相应的责任；二是团队直接领导人不是老板而是团队负责人，负责人与成员、成员与成员间都直接进行沟通，减少了交流的障碍，提高了团队的效率。

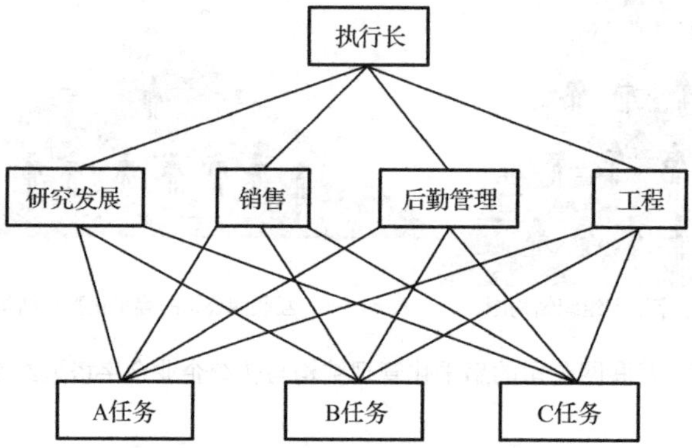

图 2.8　团队型组织机构示意图

团队型组织机构的一个典型例子，便是小米的初创团队。小米公司成立初期团队结构十分简单，即核心创始人—部门领导人—员工三层，如图 2.9 所示。他们崇尚自由、平等、创新，团队里没有森严的等级、烦琐的流程、冗长的会议，每个人都在产品的一线，成员之间都是直接进行交流的。在轻松的伙伴式工作氛围里，员工可以参与决策，各抒己见，大胆发挥自己的创意。同时，他们也追求效率，构成简单，层次清晰，分工明确。创始人分管各自的领域和层级，一层产品、一层营销、一层硬件、一层电商，互不干涉，各就其位，各司其职，这极好地适应了互联网快速、创新的环境，也是小米获得成功的原因之一。

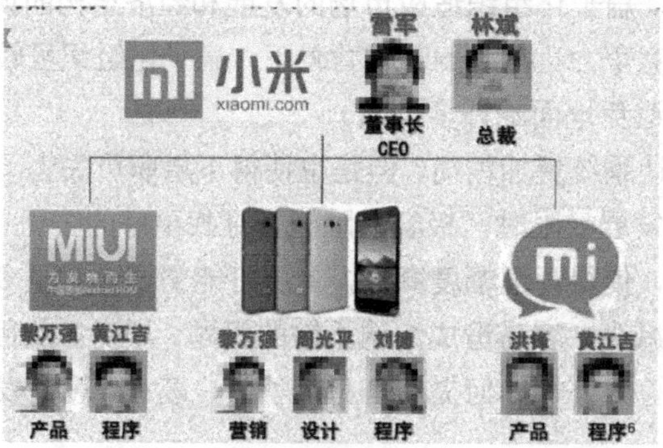

图 2.9　小米初创团队结构

2.2.3　网络型组织机构

网络型组织机构是目前流行的一种新形式的组织设计，由多个独立的个人、部门和企业为了共同的任务而组成的联合体。它的运行依靠的是设计规则的吸引力，不靠传统的层级控制。网络型组织打破了常规，它的特点是组织成员不固定、组织关系松散、工作环境自由。许多时候组织里没有上下级、没有同事，成员以法律规范和契约精神为约束，因某一项目或利益聚集在一起，完成各自的工作。所以，有些成员可能身兼多职，与多个组织保持合作。网络型组织机构的文化宗旨是合作、民主、自由、宽容，因此也具有独特的创造性和创新性，成员们在工作中产生的各种思想会交织和碰撞，可以展示自己的创意，也有自己的任务、权利及相应的责任。现在许多儿童玩具制造、服装设计、创意团队等创新性组织都会选择这一组织形式。

小型创意团队可以说是网络型组织机构的典型代表。小型创意团队最需要的是优秀的创意人才，这些人才富有创造力，是各自领域上的佼佼者。他们个性十足、创意爆棚、紧跟技术，为了某一个目标聚集在一起，在自由平等的团队氛围中发挥他们最大的才能。这样的团队是多元的，人数也是不固定的，少则几人，多则几十人，但是聚集在一起却能迸发出极大的力量。

硅谷的著名科技垂直媒体——The Information 便是如此。它的创始人是 Jessica E. Lessin，有 20 多位团队成员，这些成员大多能力出众，可以独当一面，报道过许多轰动的新闻，如 Snap Inc.的 IPO 计划、Uber 董事会议室里的艰难决议等。The Information 提倡量少质优且目标明确，即追踪行业内幕，给小范围的用户（大多为企业高管、早期创业者、科技圈人士）提供最优质的内容，打造“VIP 会员订阅计划”。它在全球科技行业的报道也有着较为重要的地位，虽订阅费较为昂贵，但物有所值。

除此之外，许多技术创意团队也会采取网络型组织机构。这些团队规模小、人数少，以技术为核心，却打造出了许多令人惊叹的作品，如虚拟现实教母——Nonny de la Peña 创办的 Emblematic Group。Emblematic Group 以 VR+技术为核心打造沉浸式的新闻。她的团队加上自己只有 3 个人，却制作出了《饥饿洛杉矶》（*Hunger in Los Angeles*）和《叙利亚项目》（*Project Syria*）等虚拟现实短片，且大受好评。还有创造出“东京八分钟”的日本创意团队 Rhizomatiks，他们同样人数不多，但个个都是各领域的精英，有建筑师、音乐家、工程师、视觉艺术家等。他们利用尖端技术，融合艺术与创意，打造出了酷到没边儿的媒体艺术产品，让人心悦诚服。

不论是自主结合，还是来自大公司、大平台的集合，这些小型创意团队都有一个共性，即团队规模的精简与运作机制的独立。团队自己沟通，自己决策，自己制作，没有烦琐的流程，没有繁杂的人员，只有简单的工作流程，更多的创意空间，以最好质量来实现创意内容。就像瑞典广告创意团队 Forsman & Bodenfors 的负责人 Anna Qvennerstedt 所说：“几个创意人员构成的小团队中，每个成员都对项目有管理职能，不需要揣测上司的心思，减少了人浮于事的现象，每个人都能最大限度地释放自己的创意和想法。”

根据组织成员的身份特征及相互关系的不同，网络型组织可以分为四种基本类型，分别是内部网络、垂直网络、市场间网络和机会网络。

1．内部网络

内部网络包括两个方面的含义：一是减少管理层级，企业高层管理人员和普通员工直接交流，信息在上下级之间快捷地流动；二是打破部门之间的界限，信息和知识在水平方向上更快地传播。企业成为一个扁平的、由多个部门界限不明显的员工组成的网状联合体，部门间摩擦减少，交流畅通，企业的组织机构以生产为中心转变为以顾客为中心。

2．垂直网络

垂直网络主要是针对特定行业价值链不同的企业共同组成的企业间网络型组织。在这个组织中，生产商、原材料供应商、零部件供应商、经销商等上下游企业之间不仅进行产品和资金的交换，还进行技术、信息等其他要素的交换和共享。将各个企业联系在一起的纽带是实现整个价值链的利益最大化。垂直网络的组织职能往往由价值链中创造核心附加价值的企业来履行，可大大地提高效率、降低成本。

3．市场间网络

市场间网络主要是指由不同行业的企业所组成的网络。企业之间发生业务往来，在一定程度上相互依存。典型的例子是日本的财团体制，大型制造企业、金融企业和综合商社之间在股权上相互关联，在管理上相互参与，在资源上共享，在重大战略决策上采取集体行动，各方之间保持着长期和紧密的联系。金融企业以股权和债权形式为其他成员企业提供稳定的资金支持，综合商社为成员企业提供各种国内外贸易服务，包括原材料采购与成品销售、提供贸易信用、规避交易风险等。

4．机会网络

机会网络主要是针对围绕顾客组织的企业群，这类企业专门从事市场信息搜集、整理与分类，在消费者和生产企业之间搭建沟通平台，使消费者和生产者之间充分展开交易。机会网络在规范产品标准、网络安全和交易方式方面起到了关键作用。典型的例子是电子商务平台企业，如亚马逊、eBay 等，它们将众多生产者和消费者联系起来，共同构成机会网络。

拓展阅读二维码 2.4 《“数字优先”背景下美英报业组织机构变革的路径与启示》（熊敏等）。

拓展阅读 2.4

2.3 案例：阿里巴巴组织机构分析

2.3.1 阿里巴巴简介

阿里巴巴是目前全球最大的网上交易市场和商务交流社区。阿里巴巴创建于 1999 年，总部设在浙江杭州。阿里巴巴集团经营多项业务，另外也从关联公司的业务中取得经营商业生态系统上的支援。集团业务和关联公司的业务包括淘宝网、天猫、聚划算、全球速卖通、阿里巴巴国际交易市场、1688、阿里妈妈、阿里云、菜鸟网络等。

2014 年 9 月 19 日，阿里巴巴集团在纽约证券交易所正式挂牌上市，股票代码“BABA”。2019 年 2 月 19 日，阿里巴巴集团完成对中金公司的入股，持有中金公司港股约 2.03 亿股，占其港股的 11.74%和已发行股份的 4.84%。2019 年 3 月，阿里巴巴投资 46.6 亿元入股申通快递。在 2019 年《财富》杂志发布的世界 500 强中，阿里巴巴位列第 182 位。2019 年 9 月，阿里巴巴以 20 亿美金收购网易考拉。9 月 10 日，马云卸任阿里巴巴集团董事局主席，将接力棒交给现任 CEO 张勇。11 月 13 日，阿里巴巴在香港进行路演，11 月 15 日接受认购，11 月 20 日定价，11 月 26 日在港敲钟，共发行 5 亿普通股，11 月 26 日在港交所主板正式上市，股票代码为“9988”。

2020 年 2 月 13 日，阿里巴巴发布了一份超预期的财报。2020 财年第三财季，阿里巴巴营收为人民币 1614.56 亿元，同比增长 38%；净利润为人民币 501.32 亿元，与上年同期的人民币 309.64 亿元相比增长 62%。此外，2019 年 12 月，阿里巴巴中国零售市场移动月活跃用户破 8 亿。2020 年 1 月 11 日，鼠年春晚首次联排当日，阿里巴巴宣布其成为春晚独家电商合作伙伴，并提供电商补贴。

2.3.2 阿里巴巴组织机构变迁

战略决定组织机构，组织机构服从战略，组织机构是公司业务发展的一面镜子，服务于公司的实际经营，能反映企业家的真实想法。当公司决定调整某项业务时，组织机构就会进行相应的调整，人、财、物等资源调配也会相应调整。

阿里巴巴经过二十多年的发展，已形成以电子商务交易平台为核心的多元化业务体系，成为网上及移动商务的全球领导者。阿里巴巴集团从公司创立到 2019 年，既是业务领域不断拓展的过程，也是组织机构不断变革调整的过程，如图 2.10 所示。

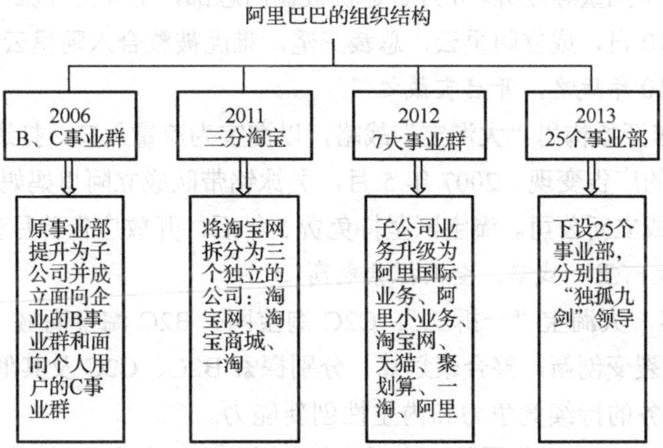

图 2.10　阿里巴巴组织机构变革

1. 马云时代阿里的组织变革

1）阿里最初四大业务板块

阿里早期创业的团队由 18 个合伙人组成，采用合伙人制。在合伙人制度中，由合伙人提名董事会的大多数董事人选，而非根据股份的多少分配董事席位。1999—2005 年，阿里的四大业务板块分别是 B2B、淘宝、支付宝和雅虎中国，其组织架构也相应地分为四个板块，阿里巴巴成为当时中国市值最高的互联网公司。

2）2007—2009 年四大业务板块的人事变动

2007—2009 年，阿里巴巴四大业务板块进行了重大人事调整。淘宝原 CEO 孙彤宇（“淘宝教父”）离职，陆兆禧接任淘宝 CEO；陆兆禧调离支付宝后，原淘宝副总裁邵晓峰接任支付宝 CEO；雅虎中国原 CEO 曾鸣调回总部，金建杭接任雅虎中国 CEO。

2008 年 1 月，雅虎从事业部制转变为后台部门，除保留口碑网业务外，其他业务均被取消或边缘化，裁员多达 400 余人，如图 2.11 所示。2008 年 7 月 26 日，马云在公司内部信中号召全体员工准备过冬，明确了集团未来 10 年要聚焦零售产业。

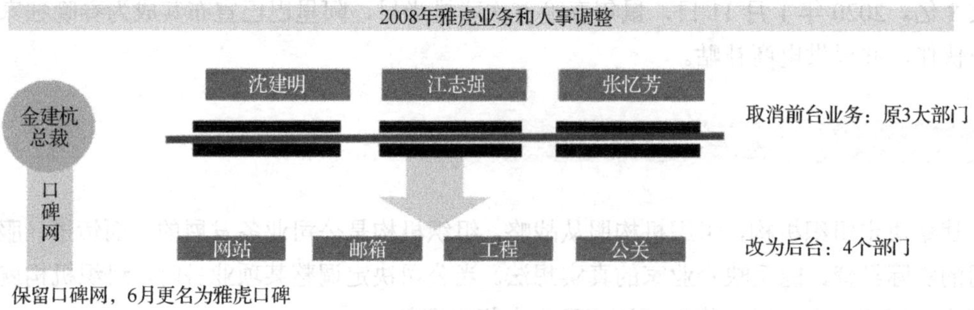

图 2.11 2008 年雅虎业务和人事调整

资料来源：新浪微博《雅虎大事件》、网易科技、方正证券研究所

2009 年阿里巴巴进一步整理雅虎，继续裁撤雅虎业务，只保留口碑网，关停站长天下、3721 上网助手、相册批量等业务。8 月金建杭被调回总部，王帅出任雅虎总经理，张宇任口碑网总经理。9 月 10 日，成立阿里云，总裁王坚，雅虎被整合入阿里云公司。

3）“大淘宝” 10 年战略，开启宝藏之门

马云在 2007 年开始构思“大淘宝”战略，以淘宝为流量入口，打通支付宝、口碑等产品，通过阿里妈妈的广告变现。2007 年 5 月，吴泳铭带队成立阿里妈妈，2008 年 9 月，合并阿里妈妈和淘宝成立新公司。淘宝网坚持免费 5 年后，开放广告首月就实现收支平衡。

4）2010 年“大阿里”战略，全面探索电商

2010—2011 年，大淘宝“一拆三”：C2C 淘宝网+ B2C 淘宝商城 + 搜索一淘网，如图 2.12 所示。通过裂变创新，整合聚划算，分别探索 B2C、C2C 及其他形式的电商模式，以确保淘宝旗下业务的持续竞争力和内生性创新能力。

2012 年 7 月 24 日，阿里集团从 6 大子公司，拆分为 7 大事业群，如图 2.13 所示，俗称“七剑下天山”。7 个事业群总裁直接向马云汇报。B2B 完成私有化，雅虎回购协议达成，为阿里集团日后上市做准备。

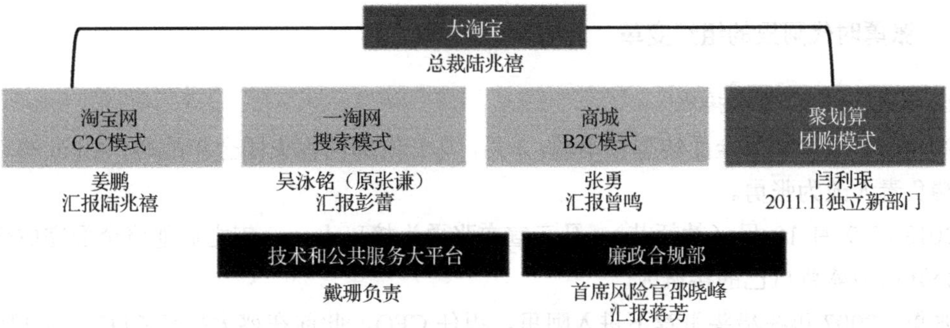

图 2.12　大淘宝拆分

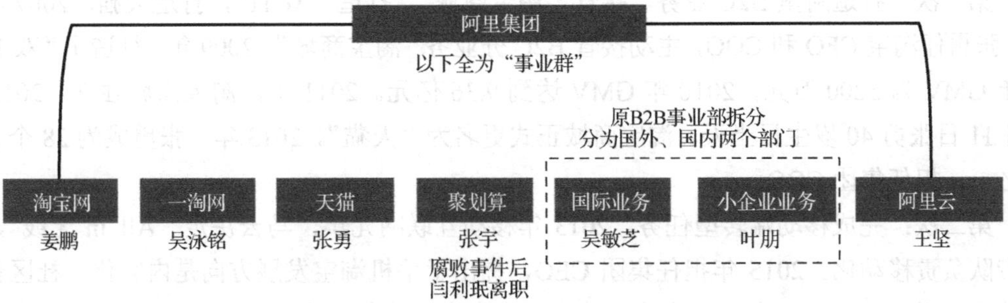

图 2.13　阿里集团拆分为 7 大事业群

2013 年，阿里集团又将 7 大事业群拆分为 25 个事业部，如图 2.14 所示。这次拆分被马云评价为“阿里 13 年来最艰难的一次组织变革”。通过改革，充分放权，激发内部活力，其战略意义是通过组织自我变革，重新配置资源。

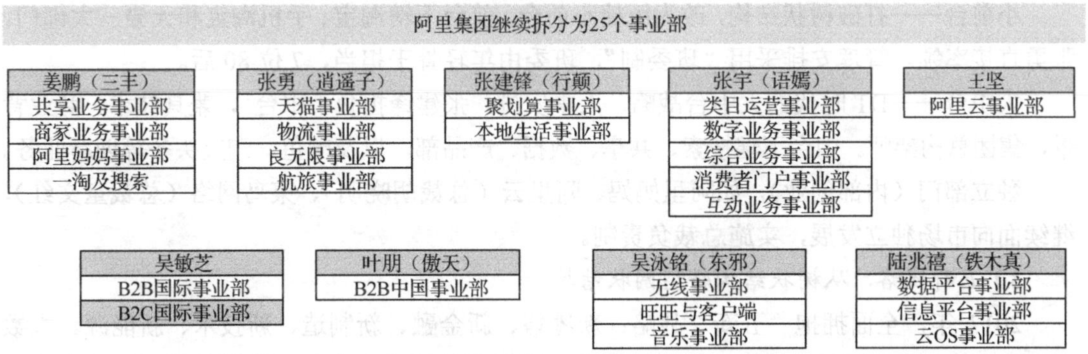

图 2.14　阿里集团拆分为 25 个事业部

资料来源：网易科技、网经社、凤凰财经、方正证券研究所

25 个事业部纵横交叉，形成矩阵式的组织机构。25 个事业部分别归属于由个人组成的集团战略执行委员会，而在战略执行委员会之上，还有战略决策委员会，两个委员会分别由集团 CEO 和董事局负责，淡化了马云直接管理的必要性，在保证小事业部的活力和多样化的同时，形成真正的协作和制约的相互作用。

2. 张勇时代阿里的组织变革

1）辞旧迎新，传承接班

2014 年，阿里集团全面转型移动端，3 月，马云内部信称集团全年战略“All in 移动端”，移动端负责人改为张勇。

2018 年 9 月 10 日（教师节），马云宣布张勇为接班人，一年之后他将全面完成交接，并在公开信中盛赞自己的接班人。

张勇，2007 年在猎头引荐下进入阿里，担任 CFO，此前在盛大担任 CFO。他在阿里集团的三次卓著贡献如下。

第一次：打造阿里 B2C 业务，接管“淘宝商城”，打造“双 11”，打造天猫。2007 年前后，张勇任淘宝 CFO 和 COO，主动接管 B2C 分业务“淘宝商城”。2009 年，打造了“双 11”，当年 GMV 为 5200 万元，2010 年 GMV 达到 9.36 亿元。2011 年，淘宝商城独立，2012 年 1 月 11 日张勇 40 岁生日当天，淘宝商城正式更名为“天猫”。2013 年，张勇成为 28 个合伙人之一，担任集团 COO。

第二次：完成移动端转型任务。2013 年移动互联网元年，马云决定“All in 无线”，张勇带队负责移动化。2015 年担任集团 CEO，提出了手机淘宝发展方向是内容化、社区化、本地生活服务化。2016 年 3 月在内部信宣布“淘宝无线化完成”。

第三次：为集团理顺长期发展战略，从电商转型为以大数据、云计算为基础的科技公司。2017 年，制定“五新”战略：新零售、新金融、新制造、新技术、新能源。

2）“小前台，大中台”的组织架构革命

2015 年，张勇在集团内部信中宣布了新的组织架构“小前台，大中台”。

小前台——打破树状结构，改为敏捷小前台。前台下辖淘宝、手机淘宝和天猫三大部门，张勇直接率领。管理安排采用“班委制”，班委由年轻骨干担当，7 位 80 后。

大中台——DT 时代的大中台战略。人事安排：张建锋担负“中台”，兼具技术、商业背景，集团总构架师。中台下辖搜索、共享、数据、产品部，以及闲鱼、淘宝头条等创新业务。

独立部门（内部创业），如阿里妈妈、阿里云（总裁胡晓明）、菜鸟网络（总裁童文红），继续面向市场独立发展，实施总裁负责制。

3）五新战略，从树状结构转型网状结构

2017 年，全面拥抱“五新”战略：新零售、新金融、新制造、新技术、新能源。大数据、云计算正成为新经济时代的石油和引擎，阿里要从过去自上而下的树状管理结构变成更加灵活高效的网状管理结构。

2017 年，大文娱事业部调整。樊路远（原蚂蚁金服）出任阿里文娱新总裁，文化娱乐集团成立于 2016 年 10 月，目前是集团亏损最严重的部门，旗下包括影业、优酷、UC、音乐、阿里文学、阿里游戏、大麦网等业务板块。

第一阶段整合：2017 年年底，樊路远接替俞永福出任新轮值总裁，同时管理大麦网、优酷，此前其在蚂蚁金服成功创建了快捷支付和余额宝。

第二阶段整合：2018 年 5 月，张宇（原管理阿里音乐、大麦网）调回集团，阿里音乐划归轮值班长杨伟东，大麦网划归影业 CEO 樊路远。

第三阶段整合：增持阿里影业。2018 年 12 月，集团以 12.5 亿港币注资阿里影业，控股比增加至 51%，成为阿里影业实控人。

4）2018 年重点打造阿里商业系统

2018 年，阿里云升级为阿里云智能，目的是将技术中台和云相结合，整合建设零售云、营销云、物流云等云化基础设施，打造一个新的基于云的分布式、智能化技术服务平台，构建数字经济时代基于云计算的智能化技术基础设施，使计算和人工智能技术成为普惠社会的科学技术。

2019 年，阿里将“商业操作系统”的说法提升为“数字经济体”这样一种新组织形态，希望通过广义的阿里巴巴云体系，继续其在数字经济时代，让天下没有难做的生意的新使命。

云战略：阿里云→阿里云智能，全力打造“阿里商业操作系统”，如图 2.15 所示。部门上合并“中台+阿里云”为“阿里云智能事业群”；人事上张建锋任总裁（CTO）；战略上打造“商业操作系统”，发力 2B 市场。

图 2.15　阿里商业操作系统

猫战略：天猫→大天猫（升级裂变），如图 2.16 所示。部门上升级为三大事业群，天猫+超市+进出口；人事上总裁均为新人；战略上组织“自我升级”，为未来 5～10 年的发展奠定人才基础。

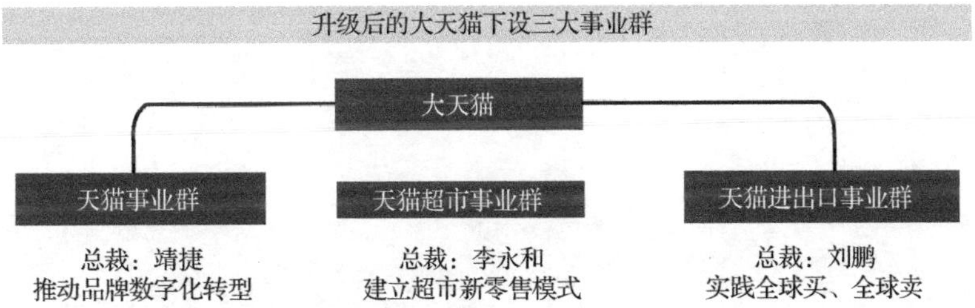

图 2.16　大天猫三大事业群

资料来源：新浪科技、方正证券研究所

2.3.3　总结

在阿里巴巴生命周期的每个阶段，其组织机构都在不断优化。随着市场和技术的变化，组织机构从集权层级型组织到分权型层级组织，再到扁平网络型组织，组织机构的灵活性和适应性不断增强。作为一家互联网企业的领跑者，阿里巴巴组织机构的变革，可以给我们带来以下启示。

- 主动求变，创新发展。从大淘宝到事业部制、事业群制，到大中台，再到数字经济体，每次组织机构的调整，都是在主动求变，不断进行自我革新。

- 重视战略主导，实施升格建制。为推动战略的实施，阿里巴巴通过升格建制，以独立事业部、独立事业群、事业部升级事业群、事业群升级为大事业群，以及汇报关系的调整等方式，进行重点业务工作的推进。
- 注重顶层设计，统筹各种力量。面对庞大的数字经济体，阿里巴巴通过顶层设计和“合伙人—委—办—群”的组织制度和形态，在确保企业方向和基础的同时，也能很好地统筹阿里生态体系内的所有力量，形成稳定、灵活与创新相融通的组织机构，为阿里巴巴的发展保驾护航。

思考题

1. 说明现代企业管理组织设计的一般原则在生活中的运用。
2. 简述扁平化组织机构的优缺点。
3. 简述未来的数字产品企业组织机构会如何演化。

第3章 数字产品市场

本章引言：

一家企业的经营成功与否，主要依赖于对产品市场需求的了解，所以了解市场对企业的发展至关重要。本章主要介绍数字产品市场的内涵和特征，数字产品发展的外部环境，数字产品的供给曲线和影响供给的主要因素，数字产品需求曲线和影响需求曲线的因素。

本章重点和难点：

- 数字产品市场的特征；
- 数字产品供给曲线；
- 数字产品需求曲线。

教学要求：

了解数字产品市场的相关概念，掌握数字产品市场的特征，数字产品市场供给曲线和需求曲线与传统产品曲线的区别。

本章微教学：视频二维码 3.1　数字产品市场。

微教学视频 3.1

3.1 什么是数字产品市场

3.1.1 数字产品市场发展前景

随着网络经济加速发展，互联网公司日益壮大，移动网络促进“万物互联”发展，移动支付的使用不断深入，为数字产品的消费提供了便利和无限的发展前景，在国民经济中的地位不断提升。截至 2016 年年底，全球市值最高的 10 家公司中，有苹果、谷歌、微软、亚马逊和 Facebook 5 家公司属于数字经济范畴，并且互联网公司囊括了前 3 位；前 20 位中有 9 家公司属于数字经济，另外 4 家分别是 AT&T、腾讯、英国电信和阿里巴巴。同时，互联网催生出一批新型的网络销售平台，如淘宝、京东商城、网易考拉、苹果 App 商店等。从商业角度而言，网上商店的出现，带来了销售模式的变革，是零售业继百货店、连锁商店、超市之后的第四次革命。由于数字产品的成本绝大部分是前期研发费用，网上经营数字产品的边际成本很低，经营者容易进入，数字产品已成为网上市场的日用商品，数字产品最适合通过电子商务来进行经营。

中国互联网络信息中心（CNNIC）发布的第 45 次《中国互联网络发展状况统计报告》显示，截至 2020 年 3 月，我国网民规模达 9.04 亿，普及率达到 64.5%，庞大的网民构成了中国蓬勃发展的消费市场，也为数字经济发展打下了坚实的用户基础。互联网模式不断创新、线上线下服务融合加速，以及公共服务线上化步伐加快，成为网民规模增长的推动力。中国手机网民规模达 8.97 亿，占比达 99.3%。

3.1.2 数字产品市场的内涵

互联网技术的发展，使网络市场成为 21 世纪最有发展潜力的新兴市场。网络市场和传统市场相比，具有传统的实体化市场所不具有的特点，数字产品销售不管是内容还是服务，都在网络市场中运行。

1. 网络市场

网络市场是以现代信息技术为支撑，以互联网为媒介，以离散的、无中心的、多元网状的立体结构和运作模式为特征，信息瞬间形成、即时传播，实时互动，高度共享的人机界面构成的交易组织形式。从企业营销的角度来看，网络市场是网上现实购买者和潜在用户的总和，网络市场的销售量取决于网上用户数量、网上购买力和网上购买欲望。

从网络市场交易的方式和范围看，网络市场经历了以下三个发展阶段。

第一阶段是生产者内部的网络市场。其基本特征是工业界内部为缩短业务流程时间和降低交易成本，所采用电子数据交换系统（Electronic Data Interchange，EDI）所形成的网络市场。自 20 世纪 60 年代末开始以来，由于 EDI 在传送过程中不需要再输入，大大节约了时间和经费，1997 年经电子方式完成从购买到支付全过程的商品劳务贸易总额为 1620 亿美元。我国外经部于 1996 年 2 月成立了国际贸易 EDI 中心，即中国国际电子商务中心（CIECC）。有 86000 多家企业加入电子商务网这一最新交易场，并且运营情况良好。

第二阶段是国内的或全球的生产者网络市场和消费者网络市场。其基本特征是企业在 Internet 上建立一个站点，将企业的产品信息发布在网上，供所有客户浏览，或销售数字化产品，或通过网上产品信息的发布来推动实体化商品的销售。如果从市场交易方式的角度来讲，这一阶段也可称为“在线浏览、离线交易”的网络市场阶段。我国政府于 1998 年 11 月 12 日，在北京成立了电子商务工程领导小组，这标志着基于互联网的电子商务在北京正式实施，表明网络市场发展潜力巨大。

第三阶段是信息化、数字化、电子化的网络市场。这是网络市场发展的高级阶段，交易方式采用“在线浏览、在线交易”，其基本特征是取决于以电子货币及电子货币支付系统的开发、应用、标准化及其安全性、可靠性。随着互联网的迅速发展，集计算技术、网络技术和信息技术为一体的网络营销以其快捷、方便、高效率和高效益的优势成为国内外贸易的主要方式，对现有实体化市场带来很大的冲击。

根据市场学的概念，可将网络市场划分为四类：第一类是互联网上的商品交换场所，如网上商城、网上拍卖等；第二类是互联网提供的服务，如网络游戏、搜索引擎、即时通信、电子邮件、网络短信、网络彩铃、网络教育、在线音乐、域名注册虚拟主机、博客等，这些服务既有收费的也有不收费的；第三类是体现互联网新型供求关系的业务模式，如网络广告等网络营销方式；第四类是在互联网上进行的金融活动，如 P2P、众筹等。

2．数字产品市场

数字产品市场是网络市场中专门用于销售数字产品而形成的虚拟市场，以数字形式存在，是网络市场中的一个组成部分。在网络市场上，既销售实体商品，也销售数字产品，所以数字产品市场依托互联网技术，是互联网上数字产品交易/交换的场所，如网上商城、网上交易平台等，由供给、价格、竞争等市场要素构成。从市场运作的机制来看，数字产品市场的特征如下。

（1）无店铺经营，成本较低。运作于数字产品市场上的店铺是虚拟商店，其使用互联网作为媒体，不需要店面、装潢、摆放的货品和服务人员等。数字产品市场上的虚拟商店分为自主建设维护和托管建设维护，其中自主建设维护的虚拟商店其成本主要涉及自建网站成本、软硬件费用、网络使用费和维护费；托管建设维护的虚拟商店主要使用托管方提供的界面、模板、交易模式来进行运营，无须对网站进行软硬件的维护，只涉及托管提供方的管理费或广告费等。网络市场的店面租金、装潢费用、运营成本通常比普通商店要低。

（2）无经营时间和区域限制。网络虚拟商店可以摆脱因员工疲倦或缺乏训练而引起顾客反感所带来的麻烦，一天 24 小时、365 天的持续营业时间，可以吸引平时无暇逛街购物的人群。互联网不仅消除时间限制，还打破了地域障碍。国内的企业可以开展全球性营销活动，拓展自己的客户群。

（3）信息丰富，查找方便。数字市场的信息往往是多媒体式的，由文字、图像、声音等构成，图文并茂，声形信息和内容十分丰富。同时，由于信息网络和网络服务器等是全天 24 小时运行的，无论身在何地的用户何时登录新浪、搜狐、雅虎等门户网站，都可以随时了解相关时事、财经等信息，做到足不出户，览天下大事。在数字市场中，借助于互联网，买卖双方都可以全面搜索，以低代价或无代价去获得海量信息，因为自动搜索和分类技术可解决这个问题。数字市场获取的信息更完备、更及时，获取市场信息的方式更多、效率更高、成本更低。

（4）信息不对称，影响市场效率。网络带来了便利和高效率，同时因质量信息不对称也引起了“柠檬”问题。“柠檬”来源于美国口语对“缺陷车”和“二手车”的经验称呼。“柠檬”问题，指的是在使用这些“柠檬”产品后所产生的、对消费者不利的后果。其产生的原因是买卖双方之间信息不对称。实体市场也存在着产品质量信息不对称的情况，但买家可以对产品性能、质量等因素亲自进行考察、试验，获取可靠的第一手产品质量信息，有效地降低卖家发布虚假信息所带来的不良影响。

在数字产品市场中，产品质量信息不对称问题则严重得多。因为数字产品多为经验产品（Experience Goods），它们的品质只有在使用之后才能被了解。虚拟市场中的交易双方，只不过是在线联络的两个节点，是虚拟的，消费者对厂商信誉和产品质量的了解是通过网络进行的，厂商有可能为了牟取暴利故意发布虚假信息。因此，厂商的信誉和产品质量信息的可信度都大打折扣。如果是重复购买，消费者可能会冒险一试，但许多数字产品只会被购买一次，这种冒险的可能性就非常小。同时，在虚拟市场中，厂商的身份也很难识别，一家网上商店可以在一天内建立起来，也可以在第二天就消失。传统的质量调查方法，如对信誉和品牌的调查，在这种市场中的作用可能不大。另外还有两个原因使得“柠檬”问题在虚拟市场的表现更加突出：一个原因是数字产品不只是产品的数字版，它还包含了电子媒介的独特优点。例如，网上的报纸被个性化和定制化了，可以随时更新，质量的评估越来越主观和个性化。另一个原因就是生产者的多样性导致了不确定性增强，更有可能出现“柠檬”问题。与实体市场不同，数字产品是由网上的虚拟参与者制造和销售的。借助于连接到互联网的个人计算机，每个用户都是潜在的生产者和消费者，因此整个市场具有很大的不确定性。

3.2 数字产品发展的外部环境

3.2.1 政策环境

1. 我国数字经济政策发展

国家层面数字经济相关政策的发展大致经历了三个阶段的演变历程。早期阶段，互联网进入我国之初，相关政策主要集中在信息化建设方面，包括对移动通信网络、空间信息基础设施、软件产业等信息化基础设施、服务和行业的构建和扶持。随着互联网产业的蓬勃发展，信息化建设进入新阶段，在完善基础设施的基础上，国家在信息资源共享和政府信息公开方面均做出重要规划，2005 年，《国务院关于加快电子商务发展的若干意见》的发布，标志着以电子商务为代表的数字经济发展成为国家战略的重要组成部分。2015 年 7 月，国务院发布了《关于积极推进“互联网+”行动的指导意见》，各部委也密集出台了鼓励数字经济发展的相关政策和指导意见，如《促进大数据发展行动纲要》《国家信息化发展战略纲要》《“十三五”国家信息化规划》等一系列文件，就如何应对以互联网为核心的新一轮产业革命做出了全方位的战略部署。在国内，大力实施网络强国战略、国家大数据战略、“互联网+”行动计划，以推进“数字中国”建设。在国际上，倡议建设 21 世纪数字丝绸之路，与其他国家加强发展战略对接，探索建立多边、透明、包容的数字领域国际贸易规则。2015 年 12 月，习近平总书记在第二届世界互联网大会上指出，中国将推进“数字中国”建设，发展分享经济，支持基于互联网的各类创新，通过发展跨境电子商务、建设信息经济示范区等，促进世界范围内投资和贸易发展，推动全球数字经济发展。2016 年 9 月，我国倡导签署了《G20 数字经济发展与合作倡议》，提出了二十国集团数字经济发展与合作的一些共识、原则和关键领域。2016 年 11 月，国务院发布《“十三五”国家战略性新兴产业发展规划》，新增了数字创意产业。党的十九大报告提出，要建设网络强国、数字中国、智慧社会，推动互联网、大数据、人工智能和实体经济的深度融合。目前，数字经济发展已经成为我国落实国家重大战略的关键力量，对实施供给侧结构性改革、创新驱动发展战略具有重要意义，给数字产品发展、交易提供了政策支持。

2. 世界各国倡导发展数字经济战略

目前，世界主要国家和企业纷纷开启了数字化转型之路。1998 年 1 月，美国前副总统阿尔·戈尔首次提出“数字地球”的概念，在全球引发一场热潮。从此，美国政府正式揭开了数字经济大幕。二十年间，美国出台了一系列政策法规和相关举措（如表 3.1 所示），引领了数字技术发展潮流，成为当之无愧的数字经济领导者。

表 3.1　美国数字经济系列政策法规

序号	时间	名称	发布机构
1	1998 年	浮现中的数字经济	商务部
2	1999 年	浮现中的数字经济（二）	商务部
3	2000 年	数字经济 2000	商务部
4	2002 年	数字经济 2002	经济和统计管理局
5	2003 年	数字经济 2003	经济和统计管理局
6	2010 年 2 月	数字国家：21 世纪美国通用互联网宽带接入进展	国家电信和信息管理局
7	2010 年 11 月	探索数字国家：美国家庭宽带互联网应用	经济和统计管理局 国家电信和信息管理局
8	2011 年 2 月	数字国家：扩大互联网使用	国家电信和信息管理局
9	2011 年 11 月	探索数字国家：计算机和互联网家庭应用	经济和统计管理局 国家电信和信息管理局
10	2013 年 6 月	探索数字国家：美国新兴在线体验	国家电信和信息管理局 经济和统计管理局
11	2014 年 10 月	探索数字国家：拥抱移动互联网	国家电信和信息管理局
12	2016 年 6 月	在数字经济中实现增长与创新	商务部
13	2018 年 3 月	数字经济的定义和衡量	经济分析局

数据来源：腾讯研究院，2018 年 6 月。

欧盟在数字经济领域发布了《欧盟人工智能战略》《通用数据保护条例》《非个人数据在欧盟境内自由流动框架条例》《促进人工智能在欧洲发展和应用的协调行动计划》《可信赖的人工智能道德准则草案》等一系列政策。同时，《地平线欧洲》计划提案发布，在其中也阐述了推动数字经济发展的举措。2018 年，英国在数字经济领域主要发布了《数字宪章》《产业战略：人工智能领域行动》《国家计量战略实施计划》等一系列行动计划。德国在数字经济领域主要发布了《联邦政府人工智能战略要点》和《人工智能德国制造》。各国政府均希望通过发展数字经济，促进经济社会全面健康发展。

3.2.2　经济环境

2020 年，我国经济总量突破 100 万亿元大关，人均国内生产总值连续两年超过 1 万美元。在这个程度下国民可购买的商品服务和可选择的范围增大。随着中国居民消费能力的显著增长，“消费升级”浪潮渐成规模，品质革命渐次展开，更多的产业集群借助人工智能和移动互联网技术，通过融入用户生活场景的新型营销手段转型升级，以迎接“内容+娱乐+教育”领域需求爆发式增长和家庭消费升级带来的市场快速扩张。网络购物持续助力消费市场蓬勃发展。截至 2020 年 6 月，我国网络购物用户规模达 7.49 亿，较 2020 年 3 月增长 3912 万，占网民整体的 79.7%；手机网络购物用户规模达 7.47 亿，较 2020 年 3 月增长 3947 万，占手机网民的 80.1%。我国电商直播、短视频及网络购物用户规模较 3 月增长均超过 5%，电商直播用户规模达 3.09 亿，较 2020 年 3 月增长 4430 万，规模增速达 16.7%，成为上半年增长最快的个人互联网应用，为促进传统产业转型、带动农产品上行积极助力。网络零售用户规模达 7.49 亿，占网民整体的 79.7%，市场连续七年保持全球第一，为形成新发展格局提供了重要支撑。网络购物等数字消费为推动经济内循环提供了新动力。2020 年上半年，网络零售的规模已经超过社会消费品零售总额的四分之一，对消费的支撑作用进一步增强。数字贸易不断开辟外贸发展的新空间，数字企业加速赋能产业发展。数字企业通过商业模式创新、加快数字技术应用不断提升供应链数字化水平，为产业转型升级提供了重要支撑。

3.2.3 社会环境

数字产品产业具有资本密集、技术密集、知识密集和人才密集的行业特征。近年来，各国都加强了对数字产业发展的重视力度。据中国互联网络信息中心（CNNIC）发布的第 45 次《中国互联网络发展状况统计报告》，2019 年，我国已建成全球最大规模光纤和移动通信网络，行政村通光纤和 4G 网络比例均超过 98%，固定互联网宽带用户接入超过 4.5 亿户。同时，围绕高技术产业、科研创新、智慧城市等相关的新型基础设施建设不断加快，进一步加速新技术的产业应用，并催生新的产业形态，扩大了新供给，推动形成新的经济模式。在教育培训方面，有关数字内容的培训机构相继成立，许多高等院校也开设了游戏、动漫等相关专业，为数字内容产业的发展培养了大批人才，人才资源日益丰富。许多城市相继成立数字内容产业基地，聚集了大批企业和人才，以园区为依托形成的产业聚集地，已成为我国数字内容产业发展的一项重要特征。综合中国人民大学及北京大学文化产业研究院等两大权威机构的城市文化创意指数情况，数字/文化创意发展较好的地区有北京、上海、江苏（苏州）、浙江（杭州）、广东（广州、深圳、东莞）等。

在家庭和个人用户需求方面，随着互联网应用的普及和网络电视的快速发展，越来越多的消费者通过网络获取资讯、商品等，各类服务应用也保持了较高速的增长，动漫游戏、网络文学、网络音乐、网络视频等数字创意产品的用户规模庞大，用户习惯更迭，数字内容使用率提升且偏好明显。因为数字化消费的兴起，产品信息的不对称被打破，不同地域、年龄、文化之间的消费者被数字化所连接，消费者使用各种设备通过互联网交换获取的数字内容，评论产品的优劣，这有别于 2020 年之前的数字消费习惯，它变得更普遍、更常态、更广泛，且受众人群正在以前所未有的速度增长。值得注意的是，电视触网保持了上涨，使得家庭娱乐内容的使用方式更多元。伴随用户触网程度的不断加深，越来越多的消费延伸到数字内容上，互联网数字内容领域拥抱消费升级迎来新机遇。数据显示，中国网民新闻、文学、音视频等数字内容手机应用的使用率都超过 50%。在线教育呈现爆发式增长，截至 2020 年 3 月，我国在线教育用户规模达 4.23 亿，较 2018 年年底增长 110.2%，占网民整体的 46.8%。2020

年年初，全国大中小学校因新冠疫情推迟开学，2.65 亿在校生普遍转向线上课程，用户需求得到充分释放，在线教育应用呈现爆发式增长态势。

3.2.4　技术环境

1．信息技术交叉发展推动数字产品迅速发展

近年来，移动互联网、大数据、云计算、物联网、人工智能等信息技术的突破和融合发展促进了数字产品的快速发展。

移动互联网的发展摆脱了固定互联网的限制和束缚，拓展了互联网应用场景，促进了移动应用的广泛创新。智能手机和平板电脑的市场占有量已远远超过笔记本电脑。移动互联网从 3G、4G 发展到 5G，可以满足未来上千倍流量增长和上千亿设备的联网需求。云计算技术的普及应用，降低了 IT 设施建设和运维成本，缩短了 IT 设施建设周期，提升了 IT 设施承载能力，加快了设备接入和系统部署。大数据技术推动了物联网的健康发展，使之成为重要的数据采集和数据共享平台，推动了商业应用和业务洞察力的提高。企业在数字化进程中，数据价值被企业发掘与应用，数字化运营从响应式转化为主动式。

海量的数据，经过信息系统的分析，由量变导致质变。企业可以预测发展趋势，提醒企业即将发生什么事或者正在发生什么事，并且这些预测准确，速度快，不易受偏见的影响，大数据可以为信息分析提供可靠依据，能看出数据的相互关联，能得出有用的结论，从而指导企业的发展。在商业应用中，大数据可以分析客户的构成和喜好，有利于安排促销活动，规划营业时间。有了大数据的帮助，企业不再只用因与果的思维思考事件的关系，不用主观意识决断，而是用数据说话。数据处理技术为企业数据化运营提供重要保障。

人工智能技术的发展提高了大数据自主分析能力。视频、音频甚至人类自然语言通过人工智能技术分析，可以总结出其中隐含的规律，支持智能决策。有助于解决物联网设备之间各种通信协议不兼容的问题。

2．虚拟现实、区块链等新兴技术推动数字产品持续发展

虚拟现实是显示技术的深刻变革，被看作继计算机、智能手机之后的又一通用性技术平台。与以往不同，虚拟现实提供了三维画面的展示屏，为人类认识世界、改造世界的方式方法带来巨大变革。区块链通过加密技术能形成一个去中心化的可靠、透明、安全、可追溯的分布式数据库，推动互联网数据记录、传播及存储管理方式变革，降低信用成本，简化业务流程，提高交易效率，实现互联网从信息传播向价值转移的转变。此外，高级机器人、自动驾驶、3D 打印、数字标识、生物识别、量子计算、再生能源等技术也可能成为未来的重要技术，这些技术不断创新融合，以指数级速度展开，形成多种技术整体演进、群体性突破，推动着数字经济持续发展创新。

拓展阅读二维码 3.2 《基于 PEST 框架下的爱奇艺公司发展现状探究》（罗星迪）。

拓展阅读 3.2

3.3 数字产品供给分析

在传统经济学中，产品的供给可以用一条向右上方倾斜的曲线来表示。数字产品与传统产品有所差别，数字产品的供给曲线也与传统产品不同。

3.3.1 传统供给曲线

1. 传统经济学中的供给分析

（1）生产函数。研究供给行为首先要了解生产函数的理论。生产函数表达的是企业的投入和产出的关系，产出量和投入量呈现出一定的函数关系，表达式：$Y=f(X_i)$。式中：Y为产量，X_i为生产要素的投入，如图 3.1 所示。

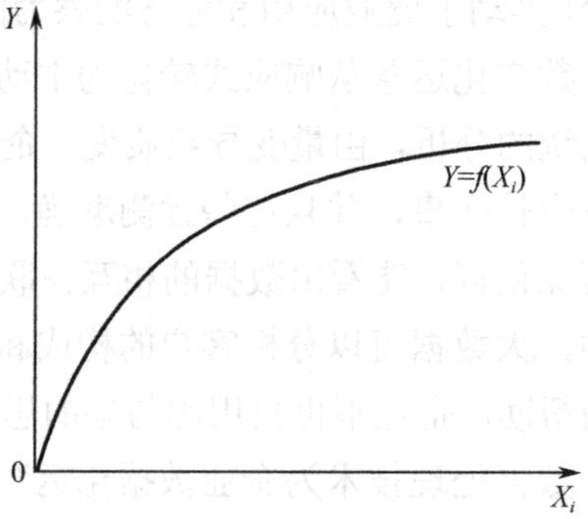

图 3.1 生产函数

生产函数由陡峭变平坦，这是边际产量递减规律作用的结果。也就是说，随着 X_i 的增加，产量Y相应增加，但产量增加的速度不断减小。例如，在一定的生产技术水平下，一个工人可以操作 3 台计算机，企业最初有 1 台计算机和 1 名工人，随着资本投入增加，设备增加，工人的生产能力得到发挥，产量不断增加，但当设备投入大于 1 名工人和 3 台计算机的配比后，再增加资本投入，其产量增加越来越小。

（2）边际收益递减规律下的供给曲线。传统经济学分析中，价格决定供给量，供给法则（Law of Supply）：价格上升，供给量上升；价格下降，供给量下降。

传统经济学分析中，供给函数用以下公式表达：

$Q=f(C,T,P_r,P_e,P)$

式中：C为投入要素的成本；T为技术水平；P_r为相关商品价格；P_e为对未来价格的预期；P为价格。

假设其他条件不变，则供给函数可以用以下公式表达：

$Q=f(P)$

$Q=-\delta+\gamma P$

式中：δ 为价格为零时的供应量；γ 为一单位价格的供给量，是供应量对价格的反应程度。

供给曲线是指厂商在一定价格下愿意而且能够提供的产品数量，也就是最低的价格，其实就是厂商的边际成本曲线。传统经济学分析中的供给曲线向右上方倾斜。厂商为了追求利润最大化，要求边际收益和边际成本相等，因此，厂商的供给曲线必然和超过其平均成本最低点的边际成本线重合，即单个厂商的供给曲线向右上方倾斜。对单个厂商的供给曲线进行叠加后，可以推出整个市场的供给曲线也向右上方倾斜。如图 3.2 所示，D 为供给曲线，如果价格由 P_1 上升到 P_2，则供给量就由 Q_1 上升到 Q_2。

如果其他条件发生变化，如投入要素成本下降或技术进步，会导致供给曲线的右移，如图 3.3 所示。供给曲线从 D_1 移到 D_2，同样的价格水平下，产品的供给量从 Q_1 增加到 Q_2。

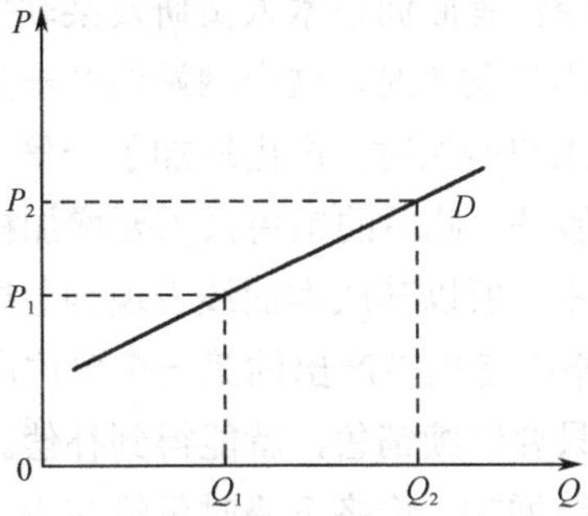

图 3.2　供给曲线

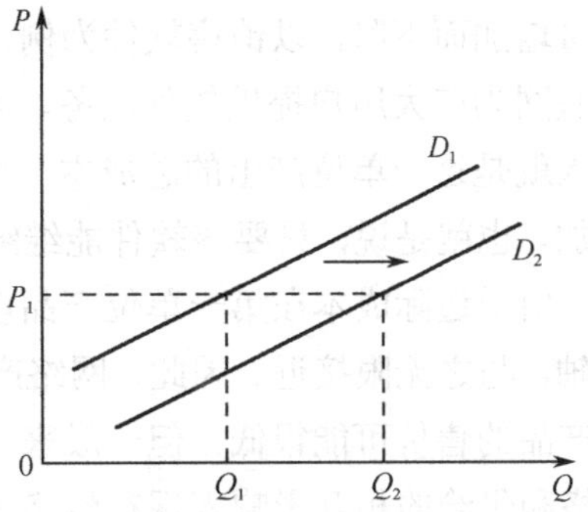

图 3.3　供给曲线右移

2．传统供给曲线解释数字产品供给的局限性

（1）传统供给曲线忽略了市场总需求小于企业平均成本达到最低点的情况。如建立成本或固定成本虽然不是很高，产品的可销售数量也比较大，但是边际成本非常低，近似于零，如软件产品中的复制现象。

（2）传统供给曲线没有考虑时间的因素。边际成本递增规律采用短期视角，未能从企业长期发展中考虑。短期内，要求生产函数稳定，至少有一种要素不变。但是在企业长期发展中，所有要素均可变，企业可以市场变化，随时调整投入要素比例，供给方在时间维度上具有报酬递增倾向，一旦报酬递增倾向超过了报酬递减倾向，厂商的单位成本就会随着产量的增加而降低，随之而来的是企业愿意接受的价格也将减少，供给曲线呈下降趋势。传统的供给曲线虽然也解释了向右移动的情况，但没有对边际收益递减规律提出例外情况。

3.3.2　数字产品的供给曲线

在网络经济中，价格对供给的影响十分有限，反过来是供给影响价格。在数字产品边际成本几乎为零的情况下，产品的供给曲线会出现何种变化呢？由于数字产品边际成本几乎可以忽略不计，对厂商来说，价格对其愿意提供的产品数量的影响十分有限，也就是说哪怕产品售价很低，只要出售的数量足够多，厂商也能得到补偿。如果以供给量为自变量，价格为因变量，可以仿照传统经济学中的供给曲线推导出数字产品的供给曲线，如图 3.4 所示。根据数字产品市场中供应量（市场规模）对价格的影响作用，可归纳为随着产量的增加，网络价格的售价越来越低。正如著名经济学家保罗·克鲁格曼所言：在网络经济中，供给曲线是下滑而不是上扬的。

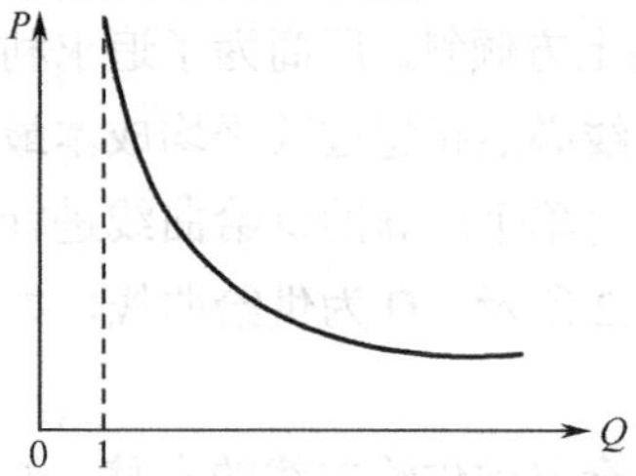

图 3.4　数字产品供给曲线

如图 3.4 所示，纵轴 P 为价格，横轴 Q 为供给量，供给量越大，价格越低。在产品的数量为 1 时，它的价格就是所有的投入。然而价格很高和供给量很低的情况实际上只能在理论上存在，随着供给量的增长，价格迅速降低，直至免费。

数字产品的上述供给规律是由数字产品的成本特征和网络外部性规律决定的。从成本特征看，在网络经济中，边际成本递减规律使数字产品的成本随产量增加而下降。因此，价格就可以随产量增加而下降。以销售软件为例，当一个经营者雇佣技术人员研发某软件后，就可以通过互联网为广大用户提供软件服务。当第一个用户购买时，这个网站的产出为一，网站的所有投入就是这一单位产出的总成本。当第二个用户购买时，产出增加了一倍，但成本几乎没有增加。也就是说，只要该软件能继续为用户服务，此后的销售只需要增加极少投入就可以获利。由于边际成本在第一单位产品以后都是零，所以其成本曲线表现为急剧下降，逐渐趋于横轴，与之无限接近。因此，网络产品的价格不是由生产出的第一个单位产品的价格决定的，产品的售价可能很低，但一般来说，商家只要继续销售，就能得到补偿。在传统经济中，价格和供给的相互影响表现在价格上升时供给增加，价格下降时供给减少。但是在网络经济中，价格对供给的影响有限。网络的边际成本很低，即使产品的售价极低，厂商也能得到补偿并愿意继续扩大产量。

3.3.3　影响数字产品供给的因素

以上讨论的是单个数字产品生产商的供给曲线（对同一个数字产品进行多次复制的供给次数曲线）。由于网络经济的各种特性，完全一样的数字产品如果因为价格不同，价格高的必然被迫降价，否则会被挤出市场。因此，对各个供应商的供给曲线叠加绘制没有意义，但是可以绘制数字产品的种类供给曲线，如图 3.5 所示，横轴表示产品的供给数量 M，纵轴表示多种数字产品的平均价格 P。供给种类数量是在一定时期下，它们的生产者愿意向市场提供的不同种类。

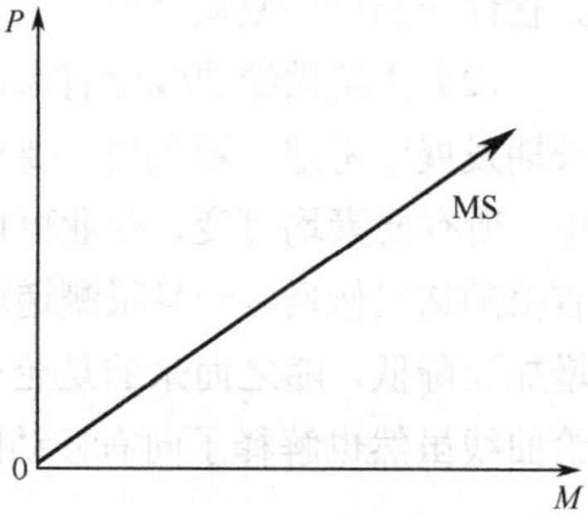

图 3.5　数字产品的种类供给曲线

由于生产者追求的是利润最大化，因此数字产品的收益越大，生产者提供的数字产品的种类就越多，直到边际收益等于边际成本为止，因而数字产品的种类供给曲线是一条向右上方倾斜的曲线。由这条曲线可知，其他因素不变时，当数字产品价格高时倾向于提供更多种类的数字产品，当数字产品的价格降低时倾向于不提供数字产品。

在实际生活中，影响数字产品供给的因素主要有科学知识和教育、专利制度、市场规模和经济政策等。

科学知识，如互联网、云计算、大数据、物联网、金融科技与其他新的数字技术应用于信息的采集、存储、分析和共享的过程中，改变了社会互动方式，特别是基础科学研究进展成为信息产品生产的最终源泉，其可为数字产品的创新提供新的途径和新的思想。数字产品作为人类智力劳动的结果，归根结底与教育有关。通过教育，可以培养从事知识产品的人才，国内外的产品市场繁荣证明了数字产品供给与科学教育有关，教育程度越发达，数字产品的供应量也越大。

专利制度的作用是有效地保护发明创造，鼓励更多的数字产品的发明，从法律层面保护发明者的权益，减少他们的后顾之忧。因此强有力的专利制度可以增加信息产品的供给。

市场规模是指对数字产品的有效需求规模。市场规模的大小与竞争性可直接决定对新产品设计开发的投资规模，规模越大，信息产品供给量就可以增加。

经济政策主要是指税收政策和金融政策，目前各国一般都采用减税、提供优惠贷款等政策促进数字产品的供给。另外，国家对数字经济发展的政策支持也可促进数字产品市场的快速发展。自 2015 年起，“互联网+”相关政策呈现井喷式增长，2017 年“数字经济”一词首次出现在政府工作报告中。以《国务院关于积极推进“互联网+”行动的指导意见》为关键节点，国家层面和省市层面均出台了一系列配套政策，旨在促进数字经济相关产业发展，同时鼓励企业“走出去”，在国际市场中率先建立数字经济规则。就政策内容而言，以产业规划和指导意见为主，形成了较为明确的产业发展方向和发展目标，全力推进数字经济发展。

拓展阅读二维码 3.3 《移动互联时代专业出版数字产品建设与市场策略的协同发展》（唐亮）。

拓展阅读 3.3

3.4 数字产品需求分析

3.4.1 数字产品需求曲线

数字产品与传统物质产品最大的区别是数字产品的边际生产成本为零，即如果市场足够大，数字产品的生产基本不受限制。传统经济学中，需求曲线是向下倾斜的，反映了价格对需求数量的影响，消费者对商品的需求是随着价格的降低而增加的，如图 3.6 所示。传统产品的消费者一般倾向于选择“更好”的产品，除非有特殊的偏好，否则很少选择某一固定的品牌。

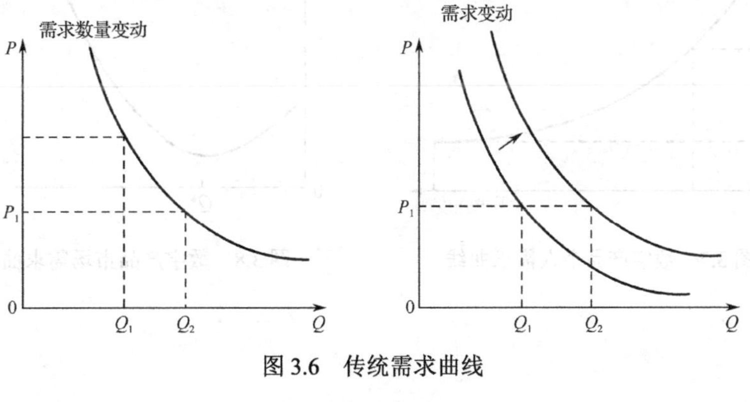

图 3.6　传统需求曲线

数字产品消费存在特殊性，消费者在基本可以满足其需要的范围内，不太可能轻易地转向其他的哪怕是更好的品牌，而是被锁定在某品牌的产品上。原因是存在高转移成本，如用户熟悉一个软件后就不会轻易改变，如果更换就需要花费时间和精力重新学习和熟悉新软件，而且还可能因为原来的软硬件不兼容造成损失。经济学上将这一类成本称为转移成本。如果消费者发现转移成本总是超过购买某个替代产品所预想的收益的话，就会发生消费者锁定。这种消费特性使数字产品使用规模一经形成便相对稳定。

同时，数字产品消费规模具有自我扩张性。一旦某种数字产品被消费者认可，且口碑良好，则该产品的使用者就会越来越多。当产品的用户基数较大时，与该产品相配套的产品种类也会变多，消费者就会预期该产品的辅助产品会更多，随之该产品的用户也会更多，消费者获得的效用也更大。这样，该产品用户规模进入正反馈循环，呈现出自我扩张的趋势。

由于数字产品具有不可破坏的特性，这种产品一旦被制造出来，就可以永远存在下去，而且无论使用时间多长，质量也不会下降。因此，对数字产品来说，分析其价格与数量之间的关系就没有意义，因为绝大多数消费者只可能购买一次。但这并不代表数字产品没有个人需求曲线。价格的变化虽然与数量无关，但却与需求强度有关，如将传统需求曲线中的需求量改为需求强度（只不过横轴的数量变成了需求强度)，同样可以绘出单一数字产品的个人需求曲线，如图 3.7 所示。

由于网络外部性的作用，数字产品的需求曲线不能像传统市场那样由个人需求曲线简单叠加而得到。数字产品的价格是由数字产品的预期量所决定的，对整个市场而言，边际效用是递增的。因某个消费者的消费导致其他消费者效用的增加，可抵消该消费者的边际效用递减。因此，随着市场需求量的增加，市场上消费者愿意支付的价格也随之提高，形成了数字产品的市场需求曲线成一条向右上方倾斜的曲线。但是由于消费者对某数字产品的需求是建立在对产品的预期规模的基础之上的，如果某数字产品的用户基数没有达到消费者认为能够产生边际效用递增的临界值之前，消费者是不愿意为更大的需求量支付更高价格的。也就是说，在该产品的用户规模达到该临界值之前，消费者仍然认为是边际效用递减。因此，随着需求量的增多，市场的价格是递减的。如图 3.8 所示，Q^*表示临界市场需求量。

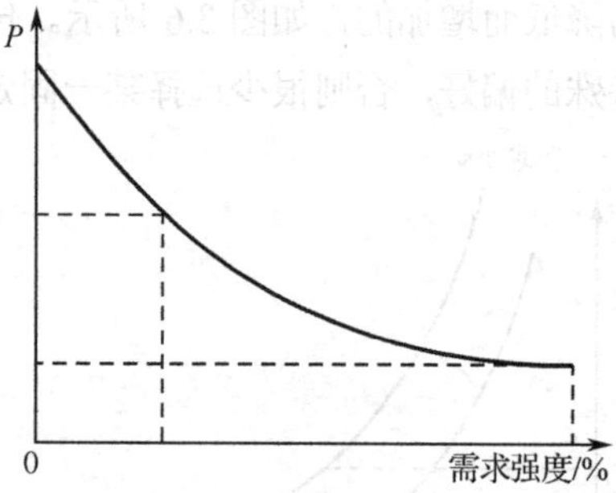

图 3.7　数字产品个人需求曲线

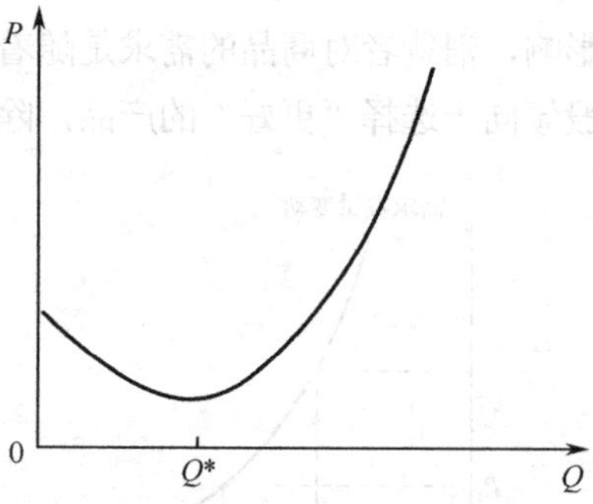

图 3.8　数字产品市场需求曲线

3.4.2 影响数字产品需求的因素

1. 消费者的时间价值

（1）消费者的闲暇时间价值。将时间看作是一种有效用的消费品，闲暇可以给人带来效用，因此可以将其引入消费者的决策行为中。假设消费者的工资是每小时 W 元，则其闲暇的价格就是他不工作而失去的工资，这样可以说闲暇的价格是每小时 W 元，假设有一个经济人甲每星期可以工作 40 小时，一周最多可以赚到 $40W$ 元的工资收入。如果消费者很富裕，则他可能愿意多一些闲暇，少一些工作。相反，如果他缺钱，他就更愿意多工作。如果将时间纳入成本来考虑，消费者在购买商品时，就会出现以下两种情况。

第一种情况如图 3.9 所示，I_1 表示有采购成本（花费时间）的预算线；I_2 表示无采购成本的预算线。假设甲购买每单位 C 商品要花费 t 小时，此时，他的预算约束为 $P_CQ_C=W(40-tQ_C-Q_{\text{闲暇}})$，效用最大化的点也要根据新的预算约束线进行变更，由 A 点移到 B 点。

第二种情况如图 3.10 所示，假设甲购买 C 商品总共花费的时间为 T，他的预算线则变成 $P_CQ_C=W(40-T-Q_{\text{闲暇}})$。效用最大化的点由 A 点移到 B 点，如在线购买的情况下，节省采购成本，就能够实现效用最大化。

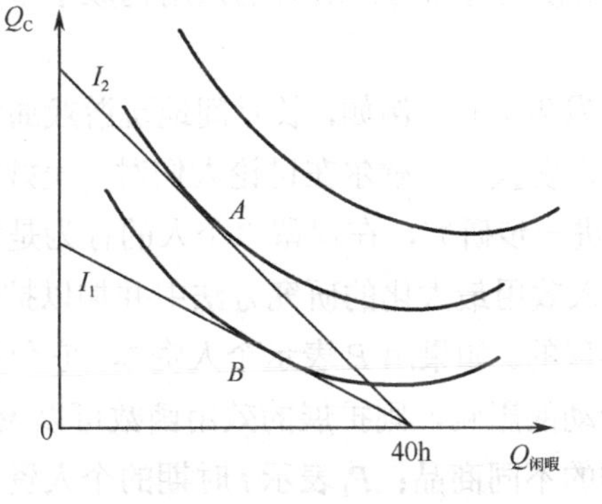

图 3.9　时间成本使效用下降

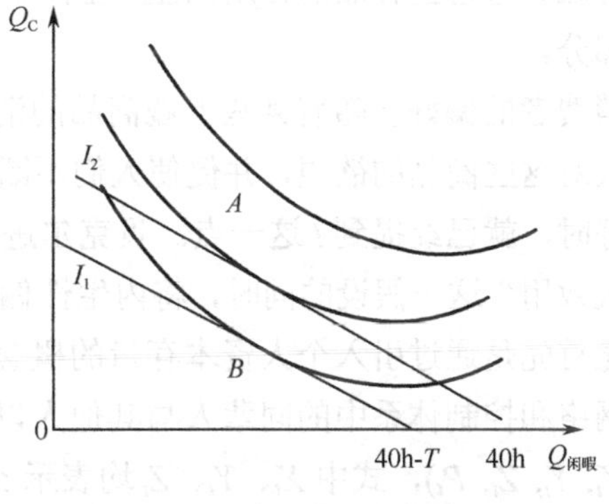

图 3.10　在线购买节省采购时间

（2）消费者的搜索成本时间价值。在完全信息假设下，交易会顺利高效，但现实生活中总会存在各种因素干扰交易，如时间、距离等。为了减少市场摩擦，交易者往往愿意花费一定的时间搜索信息。当搜索的收益小于成本时，消费者会停止搜索。投入多少资源合适，需要对搜索进行成本效益分析。如果搜索的回报随搜索费用的增加而递减，那么，交易者就要权衡获得额外信息的开支与信息回报的价值比例关系。

由于互联网赋权于消费者，扫除时间和距离障碍，减少交易市场摩擦，同时降低了搜索成本，从而提高了市场效率。交易向着有利于买方的方向倾斜。在互联网经济中，搜索技术的改进可以更好地降低消费者的搜索成本。所以随着信息搜索技术水平的不断提升，消费者对数字产品的需求水平也在不断提升，即信息搜索水平与数字产品的需求水平呈正向变动。

2. 消费者外部性与转换成本

消费者外部性是指消费者在购买产品时既受到产品本身效用的约束，也受到该产品将来可能实现信息共享的其他消费者数量预期的约束。消费者外部性也可以从消费者的转换成本角度来考虑。转换成本（Switching Costs）是指消费者用一种商品取代原来消费的商品时所产生的成本。可能表现为产品更新的机会成本、技术学习成本、时间成本和心理成本等。数字产品的转换成本与其需求价格弹性成反比。如果转换成本越高，则消费者对该数字产品的需求弹性越小；反之，转换成本越低，则消费者对该数字产品的需求弹性越大。

3. 网络经济下的个人资本和社会成本

传统经济学通过对个人需求曲线的简单叠加得出市场需求曲线，其假设为一个人在一定的偏好下最大化自己的效用，而偏好在任何时点上都仅仅由个人当时所消费商品和服务本身所决定。传统的效用函数：$U=u(X_t, Y_t, Z_t)$，式中 X_t、Y_t、Z_t 均表示 t 时期的不同商品。事实上个人的选择还受到其他力量的左右，包括个人资本和社会资本。

1）个人资本

个人资本的概念在数字经济的需求理论中需要加以考虑。因为数字产品以高技术含量为特征，需要使用者花费相应的时间、金钱来学习使用，而这将会影响人们的效用函数。同时，消费者还会考虑互补品的作用。这些互补品的剩余使用寿命对消费者的效用构成了个人资本的一部分。

消费者的偏好会随着某些上瘾商品的消费而发生变化。例如，长时间地玩游戏通常会增加个人对这些商品的欲望，并促使人们不断增加消费量。马歇尔在讨论人们对“美妙”音乐的偏好时，就已经提到 t 这一点。贝克尔进行了进一步研究，在保留“个人的行为是为了获得最大效用”这一假设的同时，将内生性偏好纳入效用最大化的研究方法中并加以扩充，这一扩充首先是通过引入个人资本存量的概念来实现的。如果用 P 表示个人资本，它包括个人社交网络和控制体系中的同辈人与其他人以往活动的影响，则扩展的效用函数可以表示为：$U=u(X_t, Y_t, Z_t, P_t)$，式中 X_t、Y_t、Z_t 均表示 t 时期的不同商品；P_t 表示 t 时期的个人资本。贝克尔认为，效用函数本身是独立于时间之外的，但如果现在的选择会影响将来的个人资本水平，那么，仅仅由所消费的商品和服务本身所决定的效用函数，即传统的效用函数是不稳定的，因为它会随着 P 的变化而变化。

在效用函数中引入个人资本后，边际效用则不一定会递减，而有可能递增。随着消费者对某一种产品消费量的增加，需求价格也可能增加，即需求曲线可能上升。

2）社会资本

社会资本的影响具体到互联网经济的需求理论中，表现为网络外部性，网络外部性表明，随着某种产品的消费量增加，其对个人的效用会随之增加，消费者的需求价格也相应增加。

加里・贝克尔把影响人们选择的社会力量用社会资本 S 来表示，并把效用函数扩展：$U=u(X_t, Y_t, Z_t, S_t)$，式中 X_t、Y_t、Z_t 均表示 t 时期的不同商品；S_t 表示 t 时期的社会资本。

当在效用函数中考虑社会资本存在时，传统经济学的将个人消费简单叠加得出市场需求曲线的方法就不再可行。当市场规模对产品的价值产生影响时，真实的市场需求曲线将是传统需求曲线的某个点的轨迹。如图 3.11（a）所示，当市场规模为 Q_1 时，传统需求曲线为 D_1，当市场规模增大到 Q_2 时，由于产品对消费者价值的增加，传统需求曲线右移，新的传统需求曲线为 D_2。真实市场需求曲线由一系列点（P_1, Q_1）（P_2, Q_2）……组成，这些点在图 3.11（a）中表现为曲线 D。采用这种方法，一旦市场规模扩大导致的产品增量超过某种程度，需求曲线就可能上升，如图 3.11（b）所示。

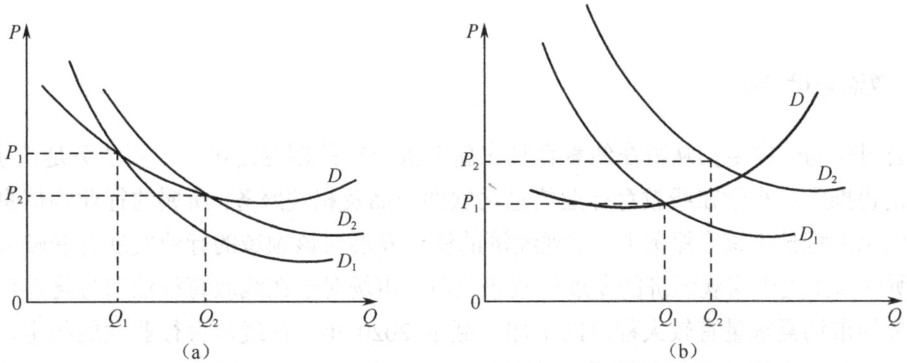

图 3.11　市场规模对产品价值产生影响时的真实市场需求曲线

综上所述，当个人资本或社会资本在个人选择中起作用时，需求方就可能出现报酬递增现象，随着市场消费量的增加，消费者的需求价格也将增大，需求曲线也可能因此而上升。

拓展阅读二维码 3.4 《非授权分享、定价分歧与知识付费平台运营策略》（刘征驰等）。

拓展阅读 3.4

3.5 案例：C公司在线教育产品运营市场环境分析

3.5.1 C公司简介

C 公司是一家专注于教育行业信息化产品设计、开发、推广运营及与教育相关的运维咨询服务的互联网公司，既是服务提供商又是服务代理商。公司近年来持续地加大研发力度，核心研发技术队伍不断壮大，研发的水平也在持续地提高，基于大数据、云计算、人工智能、深度人工学习、自适应学习等一系列自主研发的关键核心技术，已经向国家申请并成功获得了 20 余项自主的知识产权，并成功转化和应用于目前公司的一系列主营产品 K12 自适应在线智能学习平台中，形成了口语易、名师课堂直播、智学堂等一系列的智慧教育产品，实现了教与学的场景全覆盖、数据全贯通，为广大师生、家长、学校、教育主管部门提供了全面、专业、高效的一体化在线教育服务。公司收入主要来源于与电信运营商的业务合作中，电信增值业务所获得的业务支撑服务费。C 公司的业务是由客户通过业务支撑服务费直接支付给电信运营商的，公司与电信运营商按照双方签订协议所约定的比例进行分成。此外，依托电信运营商的海量用户基础，公司向电信运营商取得了服务代理资质，利用自有渠道或第三方渠道进行业务推广运营，在各省市开展自主代理服务，以获得自有产品及其以外产品的代理酬金。

2021 年 7 月，中共中央办公厅、国务院办公厅印发了《关于进一步减轻义务教育阶段学生作业负担和校外培训负担的意见》，国家限制和规范培训机构，对在线教育产生重大不利影响，很多在线教育企业面临转型。

3.5.2 C公司宏观环境分析

1. 政治环境分析

C 公司作为一家专门从事在线教育且在新三板上市的创业公司，主要业务是从事研发、运营和销售推广中小学在线教育行业信息化软件产品及相关服务，所属的行业为信息化软件与电子信息工程技术综合服务业，宏观经济的快速发展对该领域的行业发展有着较大的直接影响。所以当正处于宏观经济的发展比较景气时，市场对于在线教育行业信息化软件产品及相关服务的市场需求量有较大程度的增加。截至 2020 年，在线教育行业发展稳定，规模不断壮大。但是，在线教育的发展受政策环境影响较大，2021 年国家发布双减政策后，教培行业的发展滞缓。在线教育相关政策如表 3.2 所示。

表 3.2 在线教育相关政策

文件	主要内容	时间	出台部门
《中共中央关于全面深化改革若干重大问题的决定》	大力促进教育公平，健全家庭经济困难学生资助体系，构建利用信息化手段扩大优质教育资源覆盖面的有效机制，逐步缩小区域、城乡、校际差距	2013 年	中央政治局
《教育信息化“十三五”规划》	“十三五”期间，坚持“四个全面”战略布局，牢固树立和贯彻落实创新、协调、绿色、开放、共享的新发展理念，以“构建网络化、数字化、个性化、终身化的教育体系，建设‘人人皆学、处处能学、时时可学’的学习型社会，培养大批创新人才”为发展方向，按照“服务全局、融合创新、深化应用、完善机制”的原则，稳步推进教育信息化各项工作，更好地服务立德树人，更好地支撑教育改革和发展，更好地推动教育思想和理念的转变，更好地服务师生信息素养的提升，更好地促进学生的全面发展，推动形成基于信息技术的新型教育教学模式与教育服务供给方式，提升教育治理体系和治理能力现代化水平，形成与教育现代化发展目标相适应的教育信息化体系，充分发挥信息技术对教育的革命性影响作用	2016 年	教育部
《关于促进在线教育健康发展的指导意见》	到 2020 年，在线教育的基础设施建设水平大幅提升，互联网、大数据、人工智能等现代信息技术在教育领域的应用更加广泛，资源和服务更加丰富，在线教育模式更加完善。 到 2022 年，现代信息技术与教育实现深度融合，在线教育质量不断提升，资源和服务标准体系全面建立，发展环境明显改善，治理体系更加健全，网络化、数字化、个性化、终身化的教育体系初步构建，学习型社会建设取得重要进展	2019 年	教育部等十一部门

续表

文件	主要内容	时间	出台部门
《关于进一步减轻义务教育阶段学生作业负担和校外培训负担的意见》	做强做优免费线上学习服务。教育部门要征集、开发丰富优质的线上教育教学资源，利用国家和各地教育教学资源平台以及优质学校网络平台，免费向学生提供高质量专题教育资源和覆盖各年级各学科的学习资源，推动教育资源均衡发展，促进教育公平。各地要积极创造条件，组织优秀教师开展免费在线互动交流答疑。各地各校要加大宣传推广使用力度，引导学生用好免费线上优质教育资源。 坚持从严审批机构。各地不再审批新的面向义务教育阶段学生的学科类校外培训机构，现有学科类培训机构统一登记为非营利性机构。对原备案的线上学科类培训机构，改为审批制。 线上培训要注重保护学生视力，每课时不超过 30 分钟，课程间隔不少于 10 分钟，培训结束时间不晚于 21 点。积极探索利用人工智能技术合理控制学生连续线上培训时间。线上培训机构不得提供和传播“拍照搜题”等惰化学生思维能力、影响学生独立思考、违背教育教学规律的不良学习方法	2021 年	中共中央办公厅 国务院

2．经济环境分析

自 2009 年以来，全球政治和经济的发展都遇到各式各样的困难和问题，整体上全球经济态势不乐观，2009 年全球的经济在国际上出现了自第二次世界大战以来第一次负增长，2012 年希腊的债务危机已经导致整个欧洲出现了持续的欧洲主权债务危机。与此同时，中国经济却经历了飞速发展，其增长在全世界经济增长总值中占到了 30.3%。2013 年以后，中国经济的发展开始主动从快速可持续发展向高质量可持续发展的方向进行了转变，中国经济发展的方向和重心由传统工业向现代服务业的方向进行了转移。中国的互联网、通信行业也都获得了前所未有的发展，从 3G 时代以前落后于西方发达国家，到 4G 时代基本与西方发达国家平起平坐，再到 5G 时代世界领先，中国教育信息化的建设快速发展。从在线教育信息化 1.0 到在线教育信息化 2.0 的结构性转变，也为在线教育信息化发展的起步提供了良好的市场环境和基础。但是从教育资金投入的方面和角度来看，据有关国家财政部门公开的数据和资料显示，全世界国家财政投入占比中，教育信息化投入的占比约为 7%，发达国家约占 9%，发展中国家约占 4.1%。我国 2019 年国家财政性教育经费支出首次突破 4 万亿元，年均增长 8.2%，占 GDP 比例为 4.04%，连续八年保持在 4%以上。尽管随着中国经济的快速增长，教育投资也逐渐增加，但不可否认的是，中国的教育投资仍远未达到国际水平。

3．社会环境分析

社会环境所包括的方面较多，主要内容包括人口的变动、文化传统、教育理念、价值观等。就教育理念和收入消费而言，2012 年以前因为移动互联网还停留在 2G 时代，在线教育发展较为缓慢，随着 2013 年 3G 时代的来临，教育信息化 1.0 的提出，在线教育规模有所增长，人们对于教育的思维逐渐发生转变，2018 年随着教育信息化 2.0 的提出，用户呈现爆发式增长，2020 年中国在线教育用户规模达到 3765 万人，市场规模达 4858 亿元。从“三通两平台”的教育服务模式建立，到现在基本达到“三全两高一大”的教育改革发展的战略目标，加快深入推进“互联网+教育”，构建起一个面向网络化、数字化、智能化、个性化、终身化的教育信息服务体系，建设人人皆学、处处能学、时时可学的学习型社会，实现更加开放、更加安全适合、更加回归人本、更加平等、更加可持续的高等教育，在线教育将更加深入到人们的教育思维里。2020 年爆发的“新型冠状病毒”，反而为在线教育的发展提供了一定的机遇，被广泛运用的在线教育教学方式让人们对此有了更进一步的认识。

4. 技术环境分析

随着 5G 时代的到来，“互联网+教育”被更多地提及，物联网与移动终端广泛对接，搭载在云生态下进行融合正逐步形成一个教育生态系统。利用云平台，在线教育可以将无时间、空间限制，碎片化学习、海量内容靶向学习等特点发挥得淋漓尽致；人工智能技术也被广泛运用到教育行业，人脸识别、自适应评分、语音识别等人工智能技术为在线教育发展带入了高科技的标志，使得在线教育更加智能化、个性化；在技能实训、语言学习、学习环境设定等方面，虚拟现实技术与在线教育的结合，逼真的模拟场景更加增强了在线教育的体验感。互联网技术和通信技术的不断升级革新为整个在线教育行业带来了质的飞跃。

随着现代物联网的升级，设备更新换代，平板掌上电脑、互动答题卡、教室内的全景教学摄像头、电子课堂教学演示白板等在线电子课堂教学设备纷纷进入了课堂，让传统的教学模式受到了一定的挑战和冲击。阅卷管理系统、个性化的学习指导手册、智慧电子课堂等越来越多的在线教育电子产品被广泛用来辅助课堂教学，人工智能代替教师的重复性工作，既可提高教学效率，又可为学生带来新的学习方法。随着 5G 时代的到来，未来的 AI+教育必将有更多可能，连接大数据，接通云计算，拓宽双师课堂，开发新产品，研发 VR+教育全场景教学。

3.5.3 竞争对手分析

在线教育行业是随着在线学习的兴起而崛起的新兴行业，市场前景巨大，传统的教育企业纷纷在该领域试水，市场竞争日益激烈。下面从现有竞争者的竞争能力、潜在竞争者进入的威胁、替代品的替代能力、供应商的议价能力和购买者的议价能力五个方面分析 C 公司在线教育产品的市场竞争格局。

1. 现有竞争的竞争能力

目前，中国在线教育市场蓬勃发展，在线教育产品遍地开花，市场化、同质化程度较高。C 公司的核心价值和竞争力主要体现在产品和内容的运营上，拥有强大的研发团队，师资力量强大。目前 C 公司在中国广东、江西地区与移动合作的教育领域主要的竞争对手为广州 HT 科技公司。HT 科技是一款为教师的备课授课、个性化课堂教学、学生的课前预习、课后复习自主学习提供帮助的教育产品，可辅助课堂教学，与 C 公司教育内容型产品存在一定的差异，并且随着各学校自身科技硬件投入的加大，辅助教学工具的增多，自 2019 年以来，C 公司产品及服务用户数实现了对 HT 科技公司的赶超。

2. 潜在竞争者进入的威胁

随着 5G 时代到来，信息技术的飞速发展，“互联网+教育”和“智能+教育”等创新概念逐步被提出，教育的信息化 2.0 正在向既定方式的信息化进行创新发展，在国家大力倡议发展的过程中，在线教育市场出现了无数的商机，据统计，2009—2016 年中国在线教育的市场中投融资事件频频发生，在 2016 年全年更是首次达到了 130 次的历史性投融资巅峰，大批市场竞争者进入。而现阶段由于我国在线教育运营公司的发展还不成熟，许多在线教育运营平台的方向不够明确，认为在线教育可以完全地取代传统教育模式，尝试发展碰壁后又转而与其他传统教育公司寻求战略合作。但是这并不影响在线教育深受资本青睐，传统的中国互联网行业巨头 BAT（包括百度、阿里巴巴和腾讯）和其他中国互联网巨头新贵，如字节跳动等也都想利用各自流量与用户数优势进军在线教育市场。

3. 替代品的威胁

替代 C 公司在线教育产品的情况主要分为两种。第一种就是目前的线上辅助教学模式被取代，如新兴的 OMO 模式，即 Online-Merge-Offline，线上与线下相融合。2019 年，OMO 已成为教育行业最热门的词汇之一，互联网给传统的线下教育带来了机遇与挑战。新东方、好未来、巨人教育纷纷转型，从线下探索线上教育的边界，也催生了一些线上线下相结合的新锐教育机构，如线上教学、线下体验店服务的洋葱数学，线下教学、线上微信公众号服务的壹书阁，或线上线下兼具教学和服务的新东方、好未来等。这些新的模式势必对纯粹的线上教育模式带来一定冲击。第二种就是学校在进行教育信息化建设的过程中，开发的多媒体教学软件。教师通过使用教室中升级的多媒体资源和与班级相连的互联网将在线视频课程和材料转换为离线教学材料，从而减少了学生数量和在线学习时间，这反过来影响了 C 公司的利润。

4. 供应商的议价能力

供应商的议价能力在很大程度上直接影响公司的运营成本，对于目前 C 公司在线教育的产品来说，供应商主要指的是在线教育产品内容的供应商，C 公司的主要产品均为公司自主研发，内容上一方面来自全国初高中名校的一手资源，另一方面来自国内知名的教育辅导机构。目前优质师资较为稀缺，需要合作学校提供顶级的师资资源。C 公司选择的教育辅导机构均为行业翘楚，产品质量上佳，但是由于在线教育公司的增多，所以 C 公司议价能力不强，价格相对较低。

5. 购买者的议价能力

一般来说，在线教育平台的产品价格是由平台研发者自己制定的，定价的主动权在产品方，购买者本身并没有强大的市场议价能力。但由于新入企业较多，新入企业一般在前期会通过价格战来获取客户，产品方的议价能力被削弱，产品价格有所下降，但是购买者的议价能力却并没有得到提升，例如，对于 C 公司“口语易”产品而言，应对冲击能力较弱，但对于优质的教学内容型、提分型产品，类似 C 公司的“智学堂”，议价能力对于高中学生特别是高三学生还是很强的。由于购买者的议价能力较弱，供应商的实际议价能力与其教育资源稀缺性密切相关，全国顶尖品牌高中的议价能力较强，而很多线下的教育辅导培训机构都急需代理商来抢占市场，争夺更多高净值的客户，所以供应商议价的能力较弱。

3.5.4 消费者需求分析

伴随着互联网和移动电子商务的发展而成长起来的 90 后，从小就已经习惯于影视语言和移动互联网语言，为在线教育所需的目标客户和群体奠定了坚实的基础。从消费者购买在线教育行为的角度来分析，消费者的主权得到了极大的促进和增强，消费者拥有了更多的决策权来选择购物和消费。

1. 在线培训效果

在线教育产品的学习效果的评定主要体现在两个方面：一是消费者在每次使用该类教育产品后能否在最短的学习时间内明显地获得得分的能力或者学习分数是否能显著提高；二是在消费者每次使用在线教育产品或者得到服务的过程中能否明显地感受到自己的进步，或者说能否具有一定可以量化的进步效果。在线教育培训效果不是立竿见影，需要消费者持续不断地增加投入学习的时间。为此，在线教育产品要吸引消费者，必须具有趣味性和互动性。C 公司在线教育的产品“口语易”，在中小学课程的设置上，首先可以同步目前市面上中小学所有的英语教材单元内容，其次可以将中小学课程的训练与英语教材单元匹配，在训练的内容上根据学生掌握水平的不同，分级别进行测试，通过自适应在线学习平台系统对每个训练题目进行一次实时的打分，并针对训练的薄弱环节进行有针对性地分析，给出每个阶段对应的类型题目。自适应在线学习系统一方面可以对各个学生的学习过程和各阶段学习状态进行系统、完整的跟踪，另一方面还可以很好地基于不同的层次为每个学生量身制订一套个性化的学习方案和建议。但是，不同的学生在线学习的知识技能掌握也不一样，而这是影响学生在线学习课程有效性的因素之一。

2. 职业教育的需求

在高等学历以上职业教育和中等职业培训共同构成的成人在线教育培训市场上，2020 年“新型冠状病毒”疫情导致成人就业的形势愈发严峻，各地政府纷纷主动出台对员工参加职业技能提升培训的补贴扶持政策，鼓励更多的在职人士积极参与成人在线教育职业培训，职场技能的提升已经逐渐成为刚需。成人因为年龄渐长，其注意力、记忆力等方面较以前的水平有所下降，但是他们对自身的专业和领域的特点及问题却有较为深刻的理解和认识，看问题更为实际、深入。他们希望在线教育能够针对他们目前的实际工作状态进行培训，即需要个性化的在线教学。通常，对服务质量的要求主要包括服务提供的准确及时性、服务的专业性、服务承诺的信誉度等。在线教育对服务质量的评估将直接与教育在线的评分、浏览和在线点击率直接挂钩。

3. 购买成本

消费者根据其购买的产品所处行业的不同，其购买成本的构成也不尽相同。对于购买教育行业相关产品的消费者而言，和大多数购买行为发生的成本考虑因素大致相同，主要是时间成本、体力成本和风险成本，C 公司需要做的就是降低各种成本来促进消费者购买行为的发生。在线教育不受时间、地点限制的特点大大地满足了消费者的需求，为消费者减少了交通费和出行体力消耗。产品购买的风险成本，消费者可以通过互联网信息的大量反馈，比如淘宝、大众点评、美团等来更大程度地了解产品的使用评价，并以此来控制风险成本。对于在线教育机构，可以通过信誉良好的售后服务来消除各种顾虑，为消费者降低风险，为客户创造价值。

4. 价格要求

消费者根据自身收入、背景以及对产品价值进行评估的差异会导致其对价格要求不一样，主要可以分为价格敏感型消费者和价格不敏感型消费者。价格敏感型消费者，他们期望价格越低越好，对于此类消费者，标准化产品将体现价格优势。而对产品价格不敏感型消费者更可能关心结果和用户体验使用过程的质量，针对此类消费者可以通过优先考虑为其提供各种个性化的教育定制服务产品和服务。在线教育在硬件和基础设施配置方面仍然具有一定的成本优势。但是随着消费者对在线教育的效果和更好的服务，以及教育质量的认识和要求的进一步提高，在线教育将可能会投入更多的人力或者物力资源来提供更好的产品和服务，因此成本也可能会增加，进而直接影响价格。当前，我国的在线教育市场仍然处于发展初级阶段，盈利模式不够清晰，大多数在线学习都是完全免费的，收费教程仍在开发和试用中，并且课程的收费相对较低。在线教育价格的制定往往没有固定的市场参考和标准，而更多地集中在吸引客流以制定价格策略的目的上。因此，在线教育公司需要使用技术来改变企业的成本结构，以便在未来激烈的市场竞争中获得一席之地。

3.5.5　总结

在一个企业运营和发展的整个过程中，其所处的外部环境占据举足轻重的地位和作用。外部环境直接影响着一个公司的市场战略定位、竞争模式、战略谋划和其经营方向，任何时候一个企业都不能完全忽视。本案例主要分析了 2021 年国家“双减”政策发布之前，C 公司在线教育所处的政治、经济、社会文化和信息技术四个方面的宏观环境，从微观的同行内竞争者的竞争能力、潜在竞争者进入的威胁、替代品的替代能力、供应商的讨价还价能力、购买者的讨价还价能力，以及如何满足消费者的需求等方面进行了深入分析。

思考题

1. 简述数字产品市场与传统产品市场的异同点。
2. 简述数字产品供给曲线与传统产品供给曲线的区别。
3. 简述影响数字产品供给曲线和需求曲线的因素。
4. 简述数字产品需求曲线。

第4章 数字产品生产

本章引言：

好的产品是运营的基础，能否生产出适销对路的数字产品是企业能否在市场中立足的关键。企业对产品各种指标越了如指掌，那么在产品运营推广时，就越可以详细地告诉用户各种产品性能之间的差别，让客户产生信任感。数字产品生产不同于实体产品生产，不管是设计还是运营人员，都需要了解数字产品的生产。本章主要以数字内容企业为例，介绍生产架构、生产流程和生产模式。

本章重点和难点：

- 数字内容企业生产流程；
- 内容选题的原则；
- 内容产品生产流程。

教学要求：

了解数字内容企业内涵、数字内容企业产品架构和内容类数字产品生产的不同模式；掌握数字内容企业生产流程、内容类产品生产的关键词及选题原则和流程。

本章微教学：视频二维码 4.1　数字产品生产。

微教学视频 4.1

4.1 数字内容企业产品架构与生产流程

市场上常见的数字产品有内容类、工具类和在线服务类三大门类，它们往往以互联网为平台，运用各种营销方式，实现盈利。数字产品因类别不一样，生产差异较大，工具类和在线服务类一般由专业机构集中科研人员研发，如常用的360杀毒软件由北京奇虎科技有限公司开发出品，谷歌翻译由谷歌公司研发，开发完成后供用户免费使用。而内容类产品的生产更为复杂，不同的内容产品生产模式也不一样。本节以数字内容企业为例介绍生产架构与生产流程。

4.1.1 数字内容企业内涵

随着信息技术的发展，信息资源数字化进程不断加快，数字内容产品已成为人们生活的重要组成部分，众多企业围绕信息内容展开重组，逐渐形成了以数字内容为中心的产业链。数字内容产业是运用信息技术进行数字化并加以整合运用，向用户提供数字化的图像、字符、影像、语音等信息产品与服务的新兴产业类型。如手机电视，它们是以产品形式生产、存储、发布、传播、展示和销售数字内容的企业，是信息技术与文化创意高度融合的产业形式，涵盖数字游戏、互动娱乐、影视动漫、立体影像、数字学习、数字出版、数字典藏、数字表演、网络服务、内容软件等，为三网融合、云计算、无线网络等新兴技术和产业提供内容支撑。如道琼斯、彭博社、万递资讯、中国资讯行、掌上万维、腾讯等都是知名的数字内容企业。

数字内容产业是信息内容产业的一部分，“数字”两字强调信息内容加工过程中某些环节所采用的技术手段。和传统的内容产业相比，现代意义上的内容产业的一个突出特征就是“数字化”。正是由于“数字化”的影响，信息内容对载体的依赖性不断降低，并使得传统内容产业的生产方式和运行体系发生了变化，催生了新兴的以互联网为特征的服务方式和内容。数字内容企业与物质生产企业、服务企业不同，它兼有两者的特性。从生产运作角度对比发现，数字内容企业既有工业企业的标准化和模块化生产特征，又有服务业的流程化、个性化服务特征。这种混合型特征使数字内容企业既像传统的传媒企业，又像现代的软件企业，如表4.1所示。

表4.1 数字内容企业特征分析

特　征	信息企业和数字产品	工业企业和工业产品	服务企业与服务
投入成本	大，沉没式	不确定，可回收	不确定，可回收
投入	信息和劳动	物质和劳动	劳动
信息资产	核心资产	辅助资源	辅助资源
生产线分工	不明确	明确	较明确
产品标准	标准少，制定难	标准多，要求高	标准少，制定难
工作量计算	方式不确定，计量不方便	方式多，计量方便	方式不确定
质量管理	检测难，改进难	检查容易，改进方便	检查难，改进难
产品存放	数据库、文件系统等	仓库	无
产品（服务）品质	不易观察	易观察	无
网络经济特性	明显	不明显	不明显
规模经济特性	明显	不明显	不明显
市场竞争环境	多寡头垄断	多种多样	多种多样
产品（服务）投放市场渠道	互联网平台	供货商、中间商	无
产权保护	侵权容易，保护难	侵权难，保护相对容易	侵权难，保护相对容易

4.1.2 数字内容企业产品架构

在一般的制造型企业中，信息资源作为一种管理性资源存在，主要用于辅助生产，不直接作为生产原材料进入生产流水线。但在数字内容企业，信息资源就是数字内容企业的核心资产，既是企业的生产原材料，又是企业的产成品。

信息本身的天然特性决定了信息产品的架构具有很大的特殊性。最早研究信息产品架构问题的是美国东北大学的Marc H. Meyer和Michel H. Zack。1996年，他们在《斯隆管理评论》杂志首次发表了对信息企业生产模式的研究报告。他们认为，信息产品既有可组装性，又有不可组装性，和物质产品一样，信息产品也有产品系列、产品加工平台和产品衍生物。他们通过观察生产信息产品的企业给出了一个信息产品的生产框架图，如图4.1所示。

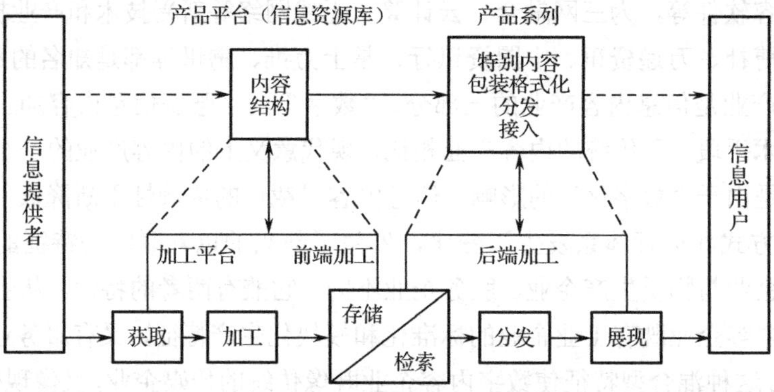

图4.1　信息产品生产框架

Marc H. Meyer和Michel H. Zack认为，信息产品的生产流程包括五个环节，分别是信息获取、信息加工、信息存储/检索、信息分发、信息展现。这五个环节中的前三个形成了“前端加工”流程，就是信息元库的开发流程；后两个形成了“后端加工”流程，就是信息产品开发流程。它们以信息元库为纽带，通过管理活动驱动，联合形成信息企业的资产和产品供应链。

信息产品既有硬件产品的可组装性特点，又有软件产品的无实体性特点。数字内容企业的信息产品平台就是其信息元库，它包括信息内容和信息结构。信息内容是信息产品的本质基础，它以信息单元（Information Unit）的形式存在于信息元库中。例如，数据库中的数据元素，文档库中的文章、图表、视频等都是信息单元。信息结构是信息单元在资产库中的存在状态，它与信息内容的标引、索引、关联、参照架构相关，决定着信息资产库存储、获取和查找信息的能力。

作为信息产品的生产基础，信息产品平台的范围、深度和复杂性决定了信息产品生产的灵活性。信息资产库的粒度、复杂性、关联关系则限制了信息企业的产品开发能力。例如，将视频按单个文件存储与按照标题、作者、正文等结构化存储，形成的信息资产库的可开发能力是完全不同的。

4.1.3　数字内容企业生产流程

1. 数字内容企业核心业务流程

随着模块化开发思想和中间件技术在软件企业内的普及应用，单个组件单元已经成为大规模软件开发流程中的原材料，使得软件企业具有了标准的工业化大生产的特征。数字内容企业的生产活动与软件企业类似，开始进行流水线式作业。但由于生产原材料的不同，数字内容企业和软件企业一样，还是具有与一般工业企业不同的生产特征。根据数字内容企业的生产特征，将其内部的生产活动分为核心资产开发活动、产品开发活动、技术和组织管理活动三类。如图 4.2 所示揭示了这三种基本活动的交互作用机理。

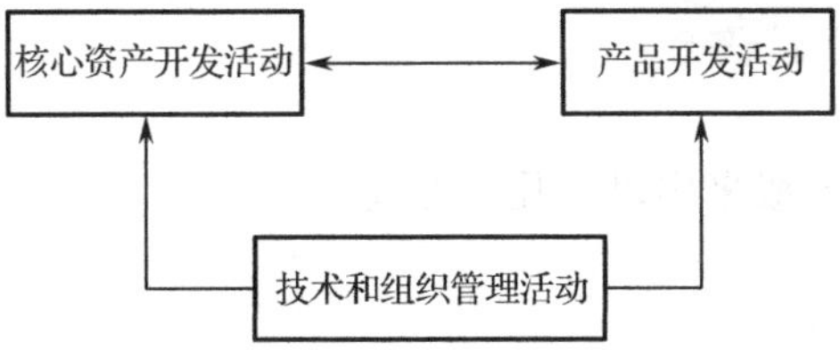

图 4.2　数字内容企业基本活动

核心资产开发活动主要是信息资产库的维护开发活动，产品开发活动是信息产品生产和研发活动，技术和组织管理活动是给核心资产开发与产品开发提供技术和管理支持的活动。核心资产和产品之间互相反馈，资产价值通过产品体现，产品开发又可以充实资产。技术和组织管理活动则是这两者的基础，提供内容生产的平台和环境，使核心资产开发和产品开发能够交互影响并产生正反馈。这种特征是数字内容企业特有的，反映了数字内容企业特殊的生产体系。

2. 数字内容企业中的生产平台系统

数字内容企业的生产平台系统包括数字内容库、信息生产平台和信息产品系统三个模块。

数字内容库是存储原始信息和成品信息的集合体，对数字内容具有管理和应用双重作用。它一般由数据库管理系统（DBMS）和数据库应用系统组成。数据库管理系统具有数据采集、处理、加工、存储、传输等综合功能。数据库应用系统负责编辑、抽取、复制、同步、传输数据。数据库体系可能是集中式的，也可能是分布式的。

信息生产平台是指负责采集、处理、加工、存储、传输、发布信息的综合软件系统。这类软件系统既是企业的管理平台，也是企业的生产平台，可以完成信息产品的大部分生产流程，其内部可以实现信息流、业务流、工作流的统一。

信息产品系统主要是信息展示系统，它们处于数字内容企业信息流程的末端，用于接收和展示信息。它们可以是信息终端，也可以是 Web 网站或者 PDA。

拓展阅读二维码 4.2 《作为生产机制的平台：对数字内容生产的多案例研究》（任天浩等）。

拓展阅读 4.2

4.2 内容类数字产品生产

内容类产品要解决内容从哪里来，到哪里去，如何去这三个问题。从哪里来，指的是内容的来源是什么，也就是内容的生产者，是自己生产还是来源于第三方，是 PGC 还是 UGC。到哪里去，指的是内容的消费者，哪些人会消费哪些内容。如何去，则指的就是如何将内容的生产者与消费者连接起来，也就是内容的加工者这个角色。作为内容的生产者，如何给用户提供感兴趣的内容，长时间地留住用户，内容生产尤为重要。

4.2.1 原始内容生产

内容型产品早期用户一般采用以下几种方式。

1. 社区编辑

在产品早期阶段，社区编辑一是编辑产品内容，二是到各个社区去私信或者发帖邀请达人来编辑内容。运营人员需要到热门社区，如豆瓣、人人、新浪微博等，找到相关的达人来做社区的早期用户。

2. 创始人或投资人

产品的创始人或投资人一般在自己的产品领域有优秀的人脉资源，在内容的预运营阶段最好是自己编辑+亲自监督+亲自邀请。

3. 朋友

邀请自己的朋友来社区玩，一是能够让他们为社区产生内容，二也是方便让朋友知道社区做什么。通过朋友的体验反思自己的产品到底是否符合用户需求。

4. 真实用户

邀请代表性用户，可以通过利益驱动用户来社区贡献内容。比如可以在社区加一个置顶帖："凡是在社区发布原创精华帖一篇奖励 5 元，每周选出 5 名贡献值最大的用户获取 1000 元奖励。"适当的物质奖励可以调动用户的积极性，从而扩大产品的影响力，这在产品初期非常有必要。

4.2.2 内容生产模式

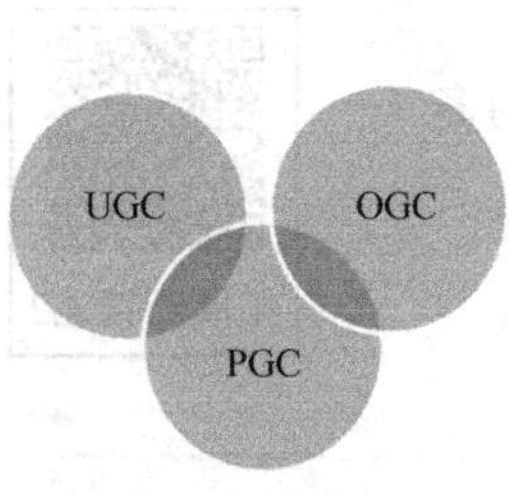

图 4.3 内容生产模式

内容生产主要有三种模式：PGC（Professionally-Generated Content，专业生产内容）、UGC（User-Generated Content，用户生产内容）和 OGC（Occupationally-Generated Content，职业生产内容），如图 4.3 所示。

各种模式的区别如下：UGC 和 PGC 的区别是有无专业的学识、资质。PGC 和 OGC 的区别以是否领取相应报酬作为分界：PGC 往往是出于"爱好"，义务地贡献自己的知识，形成内容；而 OGC 是以职业为前提，其创作内容属于职务行为。UGC 和 OGC 一般没有交集。

1. PGC 模式

PGC 模式平台的内容运营对内容掌控严格，采取审核+推荐或专题集合的形式进行内容展示，主要覆盖了单篇内容、内容聚合、内容索引三大块，由企业或机构自产内容，一般适用于内容量少的产品。这类平台主要有新闻单位、非新闻单位网站或者平台，基本是走媒体型的路线，可以进行原创、伪原创稿件、专题栏目制作等。目前的专业视频网站、高端媒体等大多采用 PGC 模式，内容质量有保证。单篇内容，如一篇文章、图片等，是内容的最小单位。内容聚合是靠专题、相关推荐等手段，打包呈现内容给用户的，如网易云音乐官方歌单，如图 4.4 所示。内容索引是用分类、算法推荐、信息流等方式迎合用户的需求的，如亚马逊首页的“为你推荐”。

图 4.4　网易云音乐官方歌单

2. UGC 模式

UGC 模式一般采取个性化关注定制和机器算法推荐，让用户自己生产内容自己消费。UGC 模式并不是让用户在论坛发帖、灌水。运营人员要做的是引导用户群自发生产产品的内容，如企业产品刚投入市场时，运营人员通过注册多个小号，不断寻找话题，发帖、讨论，营造社区热闹的氛围，吸引其他用户进入话题讨论，接着鼓励用户在其他社交媒体上发布内容，让更多用户进入社区，保证内容持续供给。

案例：小红书

小红书成立于 2013 年，通过深耕 UGC 模式购物分享社区，大量真实案例分享与产品功效介绍笼络了一大批用户，从跨境电商到内容社区，截至 2019 年，小红书聚集了 2 亿多用户，成为 200 多个国家和地区年轻消费者必备的“购物神器”，2018 年时其估值已达 30 亿美元。2019 年 1 月，小红书用户数突破 2 亿；11 月，小红书宣布推出创作者 123 计划，将推出品牌合作平台、好物推荐平台和互动直播平台，从创作者中心、活动和产品三方面帮助创作者。2020 年 1 月，小红书创作者中心正式上线，个人粉丝数超过 5000、在过去 6 个月内发布过 10 篇或以上自然阅读量超过 2000 的笔记且无违规行为的博主，都可以在 App 内申请创作者中心使用权限。据《财经涂鸦》消息，“小红书关闭上海所有线下体验店，线上、线下联动策略遇挫”；8 月，小红书发布健身和手工创作者荣誉榜，选出了最受粉丝欢迎的 10 位“红人”和 10 位“新人”。2021 年 4 月，小红书《社区公约》上线，从分享、互动两个方向对用户的社区行为规范做出规定，要求博主在分享和创作过程中如受商家提供的赞助或便利，应主动申明利益相关。在申明利益相关的前提下，由用户自行判断是否“被种草”。

最开始它只是专注跨境分享的移动社交平台，而现在登录小红书不仅能看到“明星带货”，还有一些用户日常分享的健身、美容、美食等各个领域的内容，大家可以根据用户分享的内容找到自己感兴趣的内容。

当越来越多的年轻人成为社区的主流用户时，小红书的作用不仅仅是为用户提供购物的平台，更多人是为了在小红书里分享原创内容而来，这里是年轻人展示生活方式的平台，也日益成为小红书最大的潜力所在。对于小红书而言，在内容上的专注是获得阿里、腾讯等资本青睐的最主要原因之一，也是小红书接下来增长用户规模和企业持续发展的动力。

3. OGC 模式

OGC 模式以职业为前提，其创作内容属于职务行为。生产者有着一定的准入门槛，一般是具有一定知识和专业背景的行业人士，如视频网站的编辑、新闻网站的编辑记者等，能够服务于具体的信息平台，按照生产规范进行内容生产从而获取报酬。其特点是专业化、职业化和有偿性。

拓展阅读二维码 4.3　央视新闻：抖音短视频的内容分析（孙玉凤）。

拓展阅读 4.3

4.2.3　内容生产关键词

1. 生产内容时要记得经常问五个问题

（1）内容是否方便用户阅读。该问题从内容结构入手，要考虑内容结构是否清晰？内容问题是否细分？每部分内容论点是否清晰？

（2）内容是否方便用户理解。该问题从内容表达入手，要考虑内容是否采用恰当表现形式？内容是否阐述清楚事情的来龙去脉？内容能否被目标受众清晰理解？

（3）内容能否吸引目标受众。该问题从内容目标出发，要考虑内容是否提供了目标受众评论的渠道和行动方式？是否提供了相关内容的链接？

（4）目标受众是否会去分享你的内容。该问题从内容传播角度入手，要考虑内容能否激起受众情绪反应？是否提供了便捷的分享方式？

（5）你的内容是否容易被受众找到。该问题从接触目标人群出发，要考虑内容标签是否清晰完整？内容标题、摘要、关键词等是否完整？与其他相关内容是否进行了互链？

2. 3R 法则

（1）Reorganize（重新组织）。根据不同用户喜好选取适当的形式展示产品内容。有些用户喜欢信息图的表现形式，有些倾向于 PPT，有些喜欢视频，有些喜欢图片。所以，可以选取适当的内容将它们以不同的形式展现出来。

（2）Rewrite（重新编写）。对有价值的话题可以进行深入探讨。一般来说，重新编写比原创省时省力。比如可以更新、添加最新的数据，可以更新过时的设计，让设计符合当下的流行趋势。

（3）Retire（撤除过时内容）。已经过时的内容会损坏企业的形象，会使目标受众降低对其他优秀内容的评价。

4.2.4　内容选题的原则

1．重要性——选题质量的第一决定要素

好的选题是内容被人关注的第一步。传播信息首先要选择重大且有轰动效应的信息，在一定的时间和地域内让大多数人共同关注的事件。当然，对于不同的平台或媒体，重要性"大"与"小"的界定需要根据自身定位来判定。比如，行业类媒体主要关注行业的动向，都市报媒体，更为关注社会新闻和服务类新闻。

2．贴近性——赢得话语权的关键

作为普通人，人们希望被看见、被记录、被分享、被认同。作为平台或媒体，不论是大事还是小事，都需要找到大众关心的那个切入点，要站在大众的立场来思考选题，选择受众关心的话题，通过议程设置，赢得话语权，扩大影响力，才能影响更多的受众，如此便形成良性的传播互动关系。短视频作为有着草根基因的视频表现形式，则更是如此。

3．时效性——资讯短视频内容热度发酵的"酵母"

随着网速越来越快，移动设备的拍摄、剪辑功能基本能够满足网络播出需要。快速，这个要求比之前任何时候都更重要。但在快速之外，"时机"的拿捏对于内容热度的形成也是非常重要的。这个"时机"可以是议题的设置时机，也可以是长线报道中的一个重要时间节点。

对于目前流行的短视频内容，还要具备以下两个特征。

（1）视觉性。这是视频表达的基础。人类感受外部信息，有 90%靠的是"视觉"。大脑神经细胞中与视觉相关的也占了很大的比例。短视频相对于文字图片来说，声画结合、内容丰富、表现力强、直观性好、现场感强。短视频拓宽了视觉传播领域的发展空间，升级了用户在视觉上的体验。但如果是毫无视频素材，现场平静毫无表现力，那么最好选择其他表达方式。

（2）新鲜性。这是短视频的活力所在。与报纸、电视甚至门户网站的传统受众相比，短视频主要群体以年轻人为主，有趣的灵魂是这类群体中流行的标签，他们对于新鲜事物接受度高、好奇心强，在传递价值的同时还要让短视频的内容变得独特、吸引人。因此，新鲜有趣的事件和表达方式就更易被分享传播。例如，2019 年 8 月，新华社现场云发布新闻短视频《看！清华大学这辆自行车"成精"了！》中安装了人工智能芯片的自行车能够"自行"，还能避障和"听"人的指令做出相应的行动。短视频发布后影响巨大，美国《麻省理工学院技术评论》和《纽约时报》等还就此发表文章对中国研制专业人工智能芯片的能力予以肯定。

拓展阅读二维码 4.4 《内容生产：打通新闻、产品、场景全链条》（赵勇）。

拓展阅读 4.4

4.2.5 内容采集和编辑——以短视频为例

1．采集

拍客是最广泛的内容来源之一，他们是一群富有社会责任感、爱心和公信力的主流网络群体，他们眼界宽广，善于思考，习惯用视频影像表达和记录心情，表达他们对世界和人文的真实感受。拍客一般有机构拍客和个人拍客两种。以新浪网为代表的主流门户网站将“拍客”的概念衍生为“新浪拍客训练营——你我镜头下的行进中国”。因为随着手机和 DV 的结合，越来越多的人有机会用他们随身携带的设备记录下一些存在于身边而经常被错过的突发事件，并通过视频网站传播出去。目前，主流媒体和商业互联网平台都在积极组建和维护拍客队伍，利用 UGC 力量扩充短视频产能，提升视频新闻的及时性和丰富性。

媒体聚合是大量优质内容的来源。从 2017 年开始，一批正在转型的传统媒体逐渐以“联盟”的形式互相合作，从内容产出和发布两个方面进行聚合式生产。这一方式在一定程度上借鉴了传统电视媒体间的合作——素材平台共享，互通有无。但其中涉及的版权、运营等问题更复杂，因此这种“联盟”结构相对松散。目前很多媒体正在借助新华社的平台资源优势，通过现场云上载发布原创内容。

记者仍是新闻短视频采集的核心力量。媒体记者深入一线采集现场素材，新闻敏感性强、内容制作能力强。他们了解媒体内容定位和风格，内容更倾向于深度和高度。这部分内容成本高，需要前后方合作花更多的精力和时间来打磨，位于内容金字塔顶端。

2．编辑

仅选题好还不够，还要标题好、表达好。媒体人先要放低身段，作为讲故事的人，可以先想想自己的标题能否吸引人，如果自己是听故事的人会喜欢什么样的语态，会关注哪些细节。同时要代替受众去感受，增强代入感。

注重表达的细节，为受众全面考虑。比如在设计短视频包装的时候，要考虑到手机收看屏幕小，视频中的字幕能否被清楚看到；将最有吸引力的画面放在最前面；现场细节要突出重点内容；很多受众的观看场景不便打开声音，现场声音加字幕辅助观看等。

4.2.6 内容审核

2018 年以来，国家加强对内容平台的监管。快手、火山小视频、网易云音乐、荔枝 FM、喜马拉雅、小红书都曾经历过下架风波。为了降低内容风险，各家公司除了建立自己的风控体系、强化人工运营和审核之外，一些公司也会找第三方合作，探索更多内容审核方式。

内容审核有两种机制，一是先审后发，二是先发后审。

1. 先审后发

先审后发指的是平台先审核用户上传提交的内容，符合平台规则后才能发布。其优点是内容信息质量较高，缺点是信息的流动性慢和时效性弱，平台的工作量很大。在人工智能的辅助下已经能够实现关键词黑名单、专家干预、贴标签机器学习和无监督机器学习等方式拦截有害内容，再配合以舆情监控和人工审核，能够帮助企业大大提高效率。目前绝大部分内容平台采用机器审核与人工审核相结合，机器审核主要是设定一些敏感关键词和特殊逻辑，内容一旦出现，机器自动判定审核不通过。机器审核大大降低了内容运营人员的工作量，但很多从业者会想办法突破平台设置的敏感关键词规则，所以关键词库和逻辑需要不断完善。

2. 先发后审

先发后审则是一种事后处理方式，其优点是优先信息及时流通与时效性。如百度贴吧主要以先发后审为主。对用户新发的帖子，首先机器会扫描一遍是否符合标准要求，对不符合内容标准的帖子，由吧务管理团队进行删除或者封禁处理。

4.3 旅游类数字产品制作

4.3.1 PGC生产（主要为平台开发前期内容来源）

1. 前期策划准备

人员：策划人员和主创人员。

步骤内容：从热点与热门景点出发，选择切合热点或口碑良好的旅游景区及城市作为内容题材。自媒体内容包括到达交通方案，景点介绍，景点图片，游玩攻略，人均花费等。确定好内容包括的模块，要拍什么样的图片，要写什么文案。策划及主创负责完成大纲的撰写及其他工作人员（如摄像、文案）的任务分配。

2. 录制与拍摄

人员：主创、摄像人员、录音人员。

设备：两个机位以上摄影机、收音工具、相机。

步骤内容：主创负责在视频内容中出镜，介绍旅游景点及攻略内容；摄影人员负责拍摄录制主创在景点游玩的视频及图片素材、攻略所需的素材及其他素材；录音人员负责在拍摄现场收音。

3. 视频及图片后期

人员：图片处理、音视频编辑技术员。

材料：前期录制的视频素材、照片及音频文件。

步骤内容：对视频与音频素材进行剪辑和后期制作，最终以 Vlog 的形式呈现；对图片进行后期处理。

4．文案编写及内容编排

人员：文案人员、编辑。

材料：在第 3 步中得到的视频素材与图片素材。

步骤内容：根据策划及拍摄好的视频内容，进行文案创作，总结并编写景点及城市的简介，撰写旅游攻略的具体详细内容；对文案及图片进行编排。

5．内容发表

人员：运营人员、编辑。

材料：在第 3 步及第 4 步中得到的内容。

步骤内容：通过修改、调整及平台上的二次编排形成内容的最终版本，对内容进行自我审查，要求符合国家法律和政策规定，然后发表在相应的自媒体平台上（如微信、微博等）。

4.3.2 用户生产内容

任何人都可以作为内容的生产者进行内容输出，还可以请一些 KOL 进行内容创作。

1．用户投稿

人员：用户。

步骤内容：用户通过自身的旅游经历及经验创作出较为优秀的内容，以图文或 Vlog 形式投稿至自媒体。

2．内容审核

人员：运营人员、主创、策划。

材料：通过用户投稿获得的内容素材。

步骤内容：主创及策划及时查看运营人员提供的用户投稿，通过审核、讨论来选取来自用户的优秀内容，并对进一步加工进行工作分配。

3．内容加工

人员：文案编辑、图片及视频编辑。

步骤内容：对用户提供的内容进行二次加工，包括图片及视频的后期处理与文案的编写、修改。

4．内容发表

人员：运营人员、编辑。

材料：在第 2 步及第 3 步中得到的内容。

步骤内容：通过修改、调整及平台上的二次编排形成内容的最终版本，对内容进行自我审查，并发表在相应的自媒体平台上（如微信、微博等）。

5．自媒体主页产品呈现

自媒体主页产品呈现页面如图 4.5 所示。

图 4.5　自媒体主页产品呈现页面

4.4　案例：在线教育网络课件制作

4.4.1　在线教育简介

在线教育即 e-Learning，或称远程教育、在线学习，一般是指一种基于网络的学习行为，与网络培训概念相似，是通过应用信息科技和互联网技术进行内容传播和快速学习的方法。e-Learning 的“e”代表电子化的学习、有效率的学习、探索的学习、经验的学习、易使用的学习、增强的学习。美国是 e-Learning 的发源地，1998 年以后，e-Learning 在世界范围内兴起，从北美、欧洲迅速扩展到亚洲地区，目前 e-Learning 正成为知识经济时代的正确抉择。e-Learning 不只是一种技术，技术只是传送内容的手段，重要的是内容本身及通过学习产生的巨大变革，这才是 e-Learning 的主要意义。

在线教育是以网络为介质的教学方式，通过网络，学员与教师即使相隔万里也可以开展教学活动；此外，借助网络课件，学员还可以随时随地进行学习，真正打破了时间和空间的限制，对于工作繁忙，学习时间不固定的职场人而言，网络远程教育是最方便的学习方式了。对于网校，利用好就是自己的财富，利用不当，便是浪费资源。选择网校，一定要选择那些比较著名的网校，切不可因贪图便宜而上当受骗。

在线教育平台即在线培训系统是实施在线培训、在线教育的工具软件，是一个运用网络技术与软件技术，可以定制和扩展的远程网上教育学院。它通过简单易用的课件、试题导入和制作功能帮助政府、行业或企业快速组建自己专有的知识库体系，并提供培训需求调查、培训目标设定、课程体系设计、培训计划管理、培训过程监控及考核评估等功能帮助客户高效地实施员工培训和考核任务。

2019 年 9 月，教育部等十一部门印发关于促进在线教育健康发展的指导意见，提出在线教育是运用互联网、人工智能等现代信息技术进行教与学互动的新型教育方式，是教育服务的重要组成部分。发展在线教育，有利于构建网络化、数字化、个性化、终身化的教育体系，有利于建设“人人皆学、处处能学、时时可学”的学习型社会。其指导思想是坚持以习近平新时代中国特色社会主义思想为指导，全面贯彻党的教育方针，落实立德树人根本任务，遵循教育发展规律，充分运用现代信息技术手段，提供在线教育服务，增加教育资源有效供给，创新教育组织形态，丰富现代学习方式，加快建设学习型社会，努力培养德智体美劳全面发展的社会主义建设者和接班人。

4.4.2 课程建设前期准备

1. 确定教学大纲

教学大纲以纲要的形式规定出学科的内容、体系和范围，它规定课程的教学目标和课程的实质性内容，是编写网络课程的直接依据，也是检查网络教学质量的直接尺度，对网络教学工作具有直接的指导意义，对学生了解整个课程知识体系也有很大帮助。

2. 确定教学内容

教学内容的选择在课件制作中至关重要。首先是选择教材，如果已有优秀教材，可以直接选用。如果没有合适的教材，就需要根据教学大纲，编写教材。教材内容的选择应符合社会实际需求，反映本学科最新前沿动态，坚决删除过时的或陈旧的内容，合理、有序地设计知识单元和拆分、配置知识点及技能点。

3. 总体设计和网络课件原型实现

总体设计是设计过程中最重要的一环，决定了后续开发的各个方面，课件设计过程所要遵循的原则，都要在这一阶段得到体现。通过总体设计，确定网络课件的总体风格、界面、导航风格素材的规格及脚本编写的内容。具体操作中，选择一个相对完整的教学单元，设计出一个教学单元的网络课件原型，原型实现后，应在一定范围内征求意见，尤其是征求学生的意见，进行修订，减少后续开发过程中修订的工作量。

4．脚本编写

脚本包括文字脚本和制作脚本。文字脚本是教师按照教学过程的先后顺序，将知识内容的呈现方式描述出来。制作脚本包括学习者将在计算机屏幕上看到的信息内容呈现的细节。脚本是教学人员与技术开发人员沟通的桥梁，脚本编写要根据计算机的特点，写出相应的设计文本，网络课件的脚本编写要充分考虑原型设计阶段所确定的内容表现、导航、教学设计等课件的总体风格。脚本描述既是设计阶段的总结，又是开发和实施阶段的依据。从其内容来看，它是网络课件中教学内容和教学方法的载体，而不是课本或教案的简单复制。

5．素材准备

根据脚本的要求准备所需要的素材，包括文字、图片、声音、动画、视频、案例等通过课件原型的设计和脚本的编写，对教学内容、教学方法、教学手段等进行统筹、集成，有助于提高学生的学习兴趣，改善教学效果。

简单来说，素材准备就是将要讲述的某类课程制定好，要讲哪些内容，要分多少节来讲述，每一节的重点是什么，学员在听过完课程之后可以收获到什么。根据这几个要素制定好课程，并且根据课程重点具体安排到多少节。

4.4.3　选择课件制作软件

常见的课件呈现方式有思维导图、PPT、文档等，在每一节课录制前都要先整理好自己的思路，清楚知道这节课的重点在哪里。

课件质量一定要精练，没有过多啰嗦的东西，有些用作例子的小故事最好在课中直接讲述出来，不要放在课件里，这样会显得课程更生动、形象。课件视频制作要注意以下几个事项。

1．每次课时间安排

录播课学员有很多快进因素，课程时间过长影响视频观看完成率。讲述的内容尽量控制在 10～15 分钟以内，学员买录播课程是想在短时间内获取知识重点，而不是冗长无意义的话语或已熟知的知识点。因此一节课不要超过 45 分钟。

2．知识点分解

课件设计一定要根据知识内容来制定，由浅到深，由表及里，呈阶梯性，能更好地照顾到大部分学员的学习特点，要把内容简化成一个个小章节来讲述。

4.4.4　选择录课方式

录课有很多种形式，从人手配置、拍摄环境、所需软件和设备、优势等方面可以采用以下两种形式。

1．录屏

录屏是最简单的录制方法，即将要讲述的内容直接以思维导图或者 PPT 课件的形式在计算机内打开，直接录制计算机屏幕，同时录入讲课音频即可。

很多人可能会怀疑这么简单的录屏方式能不能卖出去？会不会显得不专业？用户会不会愿意为其付费？其实不然，在线教育用户买的是一个潜在的可能性，而不是视频。视频的呈现方式不是很重要，相反，这种录屏的方法有时候会显得更加真实、朴实。

录屏所需的配件也比较简单，你只需要一个声卡、计算机、录屏软件、麦克风、课件即可。建议声卡和麦克风的配置质量尽量好一点，因为录播对声音和环境的要求是很高的。所有的产品都可以在万能的淘宝购买。

录屏软件可以使用录屏大师、班迪、EV 录屏等一些剪辑软件，如万兴、爱剪辑、威力导演、PR 都是自带录屏的。

2．真人出镜

真人出镜比录屏多了一个真人出镜的镜头，会显得课程更加专业，并且分享的屏幕上是一屏两镜。简单来说就是一个分享屏幕上左侧是老师真人讲述的镜头，右侧是课件内容。这种录制课程更多适用于专门卖版权课程或申报精品课程。如果选择真人出镜的话，成本上会比较高，往往需要专业的设备。

中国大学慕课上的课程，录播课程主要是以真人出镜的方式，老师真人出镜站在一块幕布前面讲解课程知识，后期将课程图片剪辑进去，视频内容下还有自己学院的 Logo。这种形式的成本花费比较大，但制作出的视频比录屏更精美耐看。

注意：

（1）真人出镜对教师的要求较高。如果教师的准备工作做得不是很充分的话，简单的 15 分钟课程可能需要录制二三个小时，甚至更久。所以在录制之前教师需要充分备好课，最好可以做到脱稿，也可以用大字报放在镜头后面提醒教师。

（2）取景范围可以控制在人物头部至肩、腰部左右。而在录制完成之后，后期专业的视频剪辑人员也是不可少的，可以加上字幕。

4.4.5 视频剪辑发布

视频剪辑发布是最后一个步骤。后期剪辑时可以将重点内容用特效放大，以便更能突出课程重点。但也是最考虑专业技术的，建议可以找一个专业的视频剪辑人员来完成这个步骤。一个完整的视频需要有片头、片尾、字幕、转场等因素存在。但是大家也不需要把视频剪辑看成一个很难的步骤。

如果没有专业剪辑人士，建议可以使用爱剪辑等这类比较简单的剪辑软件，一般都是自带片头片尾特效的，也可以添加字幕、音乐等。对于有一定专业剪辑基础，或有配置了专业剪辑人员的话，建议使用 PR、AE 这种专门的影视后期剪辑软件，视频效果肯定会更好，但是也会更考验专业技术。

4.4.6　总结

在疫情期间，为了保证学生们的安全，在线教育成了学生、学校、教师三者之间交流的平台。全新的模式、全新的技术，都刷新了用户对在线教育的体验。线上教育、线上消费等迎来了全新的发展机遇。但不管怎样，在线课程必须精心设计内容、精心制作，从学生实际的需求出发，满足个性化的需求，才能在竞争中取胜。

思考题

1. 联系实际说明数字内容企业的生产流程。
2. 按内容类生产流程制作一款媒介产品。

第5章 数字产品定价

本章引言：

商品的价格直接影响商品的销售，定价是企业最重要的决策之一。企业如何根据产品成本、消费者心理特征，制定合理的销售价格，对企业的发展至关重要。数字产品基于成本构成的特殊性，定价理论区别于传统产品。本章主要介绍数字产品的动态定价理论及动态定价策略。

本章重点和难点：

- 数字产品成本结构；
- 数字产品动态定价理论基础；
- 数字产品定价策略。

教学要求：

了解数字产品动态定价对产品运营推广的影响；掌握数字产品动态定价理论和动态定价策略。

本章微教学：视频二维码 5.1　数字产品定价。

微教学视频 5.1

5.1 数字产品定价基础

人们对价格的认识是随着社会经济条件的变化而发展的。传统价格理论认为，价格主要取决于社会必要劳动时间和供求均衡状况。在现代新技术经济条件下，产品定制/定做革命正在改变产品的生产方式和销售方式。产品生产小批量化，甚至可以做到没有一件产品是相同的。在网络条件下，等价交换的价值规律正在受到冲击，一物一价、一时一价、一人一价，价格逐渐变成个体时点指标。20 世纪 60 年代初，雷曼德·考利（Ryamond Corye）就提出“定价是极其重要的，整个市场营销的聚焦点就在于定价决策”。数字产品定价是企业最重要的决策之一，影响企业市场占有率及获利性。

5.1.1 数字产品定价的经济学分析

传统经济学中商品的价格是由供需关系决定的，供给曲线和需求曲线的交点，就是商品的均衡价格点。商品的价格通常是通过边际分析的方法来确定的，根据 $MR=MC$ 原则给产品定价。在边际成本递增，边际效用递减的情况下，价格等于边际生产成本时消费者获得效用最大化。

然而，数字产品本身的特性使得这一传统的经济学理论的解释能力降低，导致传统的供求曲线和均衡分析的失灵，数字产品定价理论发生了巨大变化。第一个变化是在价格中起决定性作用的不再是物质资源，而是信息资源；第二个变化是从产品和服务，生产者和消费者，企业与企业之间的关系从分离转变为边界模糊；第三个变化是从产品的供给不足到需求不足；第四个变化是边际效用从原来的递减到递增，边际成本从递增到递减；第五个变化是规模经济的主要作用从供给方到需求方；第六个变化是从劳动、资本、土地是生产要素到知识、客户、网络是生产要素。

5.1.2　数字产品定价的特殊性

1. 数字产品效用评价的主观性

任何产品的需求都随消费者个人偏好而变化，而对数字产品的需求似乎更容易变化。数字产品没有实物形式，对于它们的用途和价值，不同的消费者有不同的理解，主观性强。因此，在制定数字产品的价格时一般根据消费者的边际支付意愿进行，并依赖消费者类型或其他的信息进行产品定制。

2. 数字产品的先验性

先验性是指数字产品是一种经验产品。所谓经验产品是指对于新产品消费者必须先尝试，然后才能对它进行评价。在使用数字产品之前，消费者无法对其价值进行判断，无法知道是否会喜欢，是否会愿意为其付费，很多用户会根据该产品已有用户的评论和销售数量进行判断。对于数字产品来说，它每次被消费的时候都是经验产品。消费者在确定商品价值前会谨慎消费，所以，对数字产品的提供商来说，确立数字产品消费偏好显得非常重要。企业只有通过各种手段帮助消费者了解该产品的效用，降低商品质量信息的不确定性和信息的非对称性，这样消费者才能确定自己的购买偏好。

3. 数字产品的网络外部性

关于网络外部性，梅特卡夫定律认为“网络的成本会随着网络的规模呈直线型扩张，而网络的价值以节点数平方的速度增长”。网络外部性分为直接网络外部性和间接网络外部性。直接网络外部性，如电话、在线服务、E-mail 等，随着某一产品消费用户数量增加而直接导致的网络价值的增大。间接的网络外部性，如互联网与网站、电子书等，随着产品使用者数量的增加，该产品的互补品数量增多，价格降低。

5.1.3　数字产品成本的特殊性

1. 数字产品的成本结构特征

数字产品易复制性的优点使得数字产品的生产形成特殊的成本结构，其特征如下。

（1）前期研究与开发成本高，生产制造成本低。耗资几百、几千万元开发出来的软件，花费很小的成本就可以轻松地被复制到 U 盘等介质上去。例如微软公司开发 Windows 时投入了 2 亿美元，即生产 Windows 光盘支出 2 亿美元，而后期每张光盘只需支付 50 美分。

（2）生产过程中固定成本高，变动成本低。数字产品可变成本的特殊性是将已经生产的产品大量复制，其成本增加很少，甚至可以忽略。软件生产商有能力生产一份拷贝，就能以几乎相同的单位成本生产 100 万份拷贝或 1000 万份拷贝，因此对数字产品生产能力通常没有自然限制。正是这种低增量成本和大规模的运作使微软公司得以享受 92%的毛利率。这种成本结构产生了巨大的规模经济效益，供应商生产得越多，平均成本就越低。数字产品成本与规模的关系如图 5.1 所示。

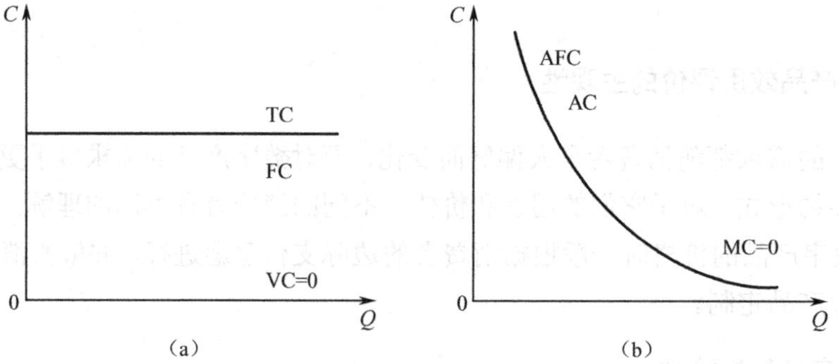

图 5.1　数字产品成本与规模的关系

在图 5.1（a）中，VC 为可变成本；FC 为固定生产成本；TC 为总生产成本。假设厂商生产的可变成本为零，则总成本就是固定成本，总成本和固定成本是一条与产量平行的直线，其大小与生产规模无关。在图 5.1（b）中，MC 为边际成本；AC 为平均成本；AFC 为平均固定成本。假设厂商生产的边际成本为零，平均固定成本就是总平均成本，平均固定成本和总平均成本为一条向右下降的曲线，生产规模越大，单位产量分摊的成本越少，则平均固定成本和总平均成本就越低。

因此，企业如果将数字产品价格定在与边际成本相等，企业就会亏损。例如，一个软件公司编了一款产品推广 App，总计固定成本 10 万元。若 App 设计制作完成后，每复制一份的边际成本是 1 元。假设其面对的是一个垄断竞争市场，该出版商若将价格定成与边际成本相等，则出版商将遭受 10 万元的经济损失。数字产品的这种成本构成决定了它们与非数字产品的成本定价方式相比，更适合采用价值定价。

（3）数字产品生产的固定成本绝大部分是沉没成本。数字产品的生产通常分成两个阶段：第一阶段是智力的创造性劳动阶段，需要大量的投入才能创造出第一个数字产品。这一阶段所投入的成本，布鲁斯 · 金格马（Bruce R Kingma）形象地称之为“首稿成本”。生产的第二阶段主要是机械性复制阶段，由于复制信息的成本很低，因此，只需很低的边际投入便可以通过复制生产出大量的同类数字产品。与高额的首稿成本相比，数字产品的边际成本几乎为零。

沉没成本是企业在以前经营活动中已经付出且不可收回的成本，是投资者在生产开始以前预付，主要是第一阶段所投入的成本，具体包括计划费用、产品设计费用、程序设计费用、取得数字产品技术可行性之前的数字产品检测及编译费用等。沉没成本常用来和可变成本做比较，可变成本可以被改变，而沉没成本则不能被改变。数字产品的固定成本大多为沉没成本，一旦中途停止，前期投入的人力、物力、财力等固定成本将无法被收回。数字产品的可变成本称为边际成本，而低廉的边际成本是由于生产拷贝的数量不受自然能力的限制，多份拷贝可以以大致不变的单位成本生产。

由于数字产品的边际成本几乎为零，使生产者能够实现没有限制的规模经济，也产生了先进入市场者垄断的可能性，一旦先进入者面临潜在竞争者，其就可以凭借成本优势大幅度降价抢占市场，提高市场进入壁垒。但是该成本特征也使后进入者模仿成本趋近于零，先进入者的产品一旦被模仿，沉没成本便难以收回。

（4）销售过程中生产成本低，销售成本高。数字产品往往需要花费极大的销售成本来推广产品，被消费者认识、接受，甚至要花费极大的培训成本，对消费者进行使用方法的培训。

2. 数字产品成本共享

数字产品成本的共享性构成了数字信息产品和信息资源共享性的基础。数字信息产品和信息资源的共享性存在约束条件。

假设数字产品提供商为了收回高额的研究与开发（R&D）投入，只能向消费者索取高额要价，厂商的利润函数 $f(p_1)$为：

$$f(p_1)=r(y)*y-cy-F \tag{5-1}$$

式中：y 代表消费者人数；$r(y)$代表消费者购买信息产品的支付意愿；c 代表生产信息产品的边际成本；F 代表信息产品的研究与开发费用。

数字产品市场上购买意愿低的消费者可能无法独立购买该数字产品。假设每 k 个愿意购买数字产品的消费者集合成一个可共享数字产品的消费者群体，且形成 x 个消费者群体。这样，如果厂商销售 x 个产品，就有 kx 个消费者可以共享。又假设每个消费者为实现共享而支付的成本为 t，具有最低购买意愿的消费者的购买意愿为 $r(kx)$，即第 kx 个消费者为最后一个愿意加入该群体的消费者。这样，厂商的利润函数 $f(p_2)$为：

$$f(p_2)=[r(kx)-t]kx-cx-F \tag{5-2}$$

经交换移项后，公式如下：

$$f(p_2)=r(kx)kx-(t+c/k)kx-F \tag{5-3}$$

对于厂商而言，式（5-3）中的 kx 就是式（5-1）中的 y，因此，代换 $y=kx$，得：

$$f(p_2)=r(y)y(t+c/k)y-F \tag{5-4}$$

比较式（5-1）与式（5-4）可知，当且仅当满足

$$(t+c/k)<c \tag{5-5}$$

的条件时，式（5-4）的解 y_2 将大于式（5-1）的解 y_1，即实现信息资源共享给消费者带来的福利高于没有实现共享的福利。其中，式（5-5）为实现数字产品共享的约束条件，一般改写为：

$$t<c(k-1)/k \tag{5-6}$$

式（5-6）表明，当为实现共享信息而产生的每个消费者的共享成本低于厂商生产该数字产品的边际成本（$t<c$）时，就能实现数字产品的共享，且厂商和消费者都可从共享中获得收益。

厂商可按原先较高的价格销售更多的产品，因为式（5-4）的解 y_2 大于式（5-1）的解 y_1，同时有 kx 个原先为较低购买意愿的消费者获得该数字产品，从而提高了社会的信息福利。

5.1.4 数字产品成本定价对运营的影响

成本定价问题是数字产品运营推广中的一个核心问题。例如，一款软件采用阶段性许可销售，每年价格是 300 元。那么这个定价的依据是什么？为什么不是每年 30 元或者每年 3000 元？价格的高低对产品的销售有很大的影响，那么，300 元是不是最优价格？某一价格在今天是最优的，不能保证同一价格在下一个月甚至第二天还是最优的。同时，有很多在线企业可能采取了正确的定价方式，但是却没有达到预期的目的，那是因为他们在定量地确定具体价格的时候，没有找到正确的价格点。Stahl＆Siegel 对有偿内容性数字产品的非线性定价进行了实证分析，采用了德国的支付提供商 FIRSTGATE（具有 2500 家内容提供商和 250 万注册用户）提供的数据，研究了 55 个供应商的数据样本，这些供应商的有偿内容性数字产品的定价都是非线性的。例如，供应商提供产品订阅，为客户提供不同时间的选择：1 个月、6 个月、12 个月，订阅时间越长平均每月费用越低。调查结果显示，只有 28%的供应商选择在高价格数量段的交易量多于在低价格段，也就是大部分非线性资费设计存在问题，原因在于高段的单价让利太少，平均只有 16%。而成功的设计一般在高段的单位价格让利平均达到 38%。研究结果说明，在线供应商在产品定价上不仅要研究正确的价格点，而且要研究数字产品的价值构成，使商家能够最大可能地获得消费者剩余。因此，数字产品的定价必须根据数字产品的特性而定。

拓展阅读二维码 5.2 《软件产品定价的常见问题及定价策略》（陈小妹）。

拓展阅读 5.2

5.2 数字产品动态定价机理

5.2.1 动态定价的理论基础

1．价格歧视理论

（1）价格歧视概念。通常的价格理论都是假定市场上的消费者是同质的（Homogeneous Or Identical）。而在现实生活中，消费者大多是异质的（Heterogeneous），不同的消费者有不同的偏好，他们对同一商品的主观评价也不同，也就是说每个消费者对同一商品的保留价格（Reservation Price）是不一样的。这就使垄断企业可以利用差别价格，实现利润最大化。而同一产品按照不同的价格销售就是价格歧视。

歧视性定价有以下三个特点：第一，价格歧视的实施者必须是同一卖者，如果是众多卖者对同一种商品采用不同价格，这称为价格离散现象；第二，所卖的商品必须是相同产品，即质量相同、成本也相同；第三，价格歧视的被实施者可以是同一消费者，也可以是不同的消费者。

价格歧视不能出现在完全竞争的市场上。在竞争的市场上，有许多以市场价格出售同一种物品的企业。如果企业可以用较高的市场价格出售，没有一个企业愿意收取低价格。如果企业想要以较高的价格出售，顾客就会流失，转向其他企业购买。所以，能够实施价格歧视的企业通常具有一定的市场控制力量。

（2）实施价格歧视的条件。价格歧视可以为企业带来更多的利润，但实施价格歧视必须具备以下条件。

第一，企业具有一定的市场垄断能力。企业具有一定的市场力量并不等于市场完全垄断，而只是需要有一定垄断能力，即企业有能力将价格定在边际成本以上。也就是说，产品提价时企业不会失去所有的消费者，从而为实施价格歧视提供可能。

第二，企业要能区分消费者，有可能根据价格弹性的不同，把企业的产品市场分为几个不同的市场。如果企业不加区别地对所有消费者降价，不可能增加很多利润。如果能保持高消费群，单独对边际消费者降价，那就会带来更多的利润。这时候企业就需要根据商品的价格弹性区分不同的消费群体，对弹性较小的商品，可以制定较高的价格；反之，对价格弹性大、替代性强的商品，制定价格时就要谨慎。

第三，企业可以防止套利行为。企业生产的商品必须不能在各个不同市场进行倒卖或者倒卖成本很高，即低价购进的商品不可能再以高价卖出。如果存在中间套利者，那么利润会被中间商分走，企业价格歧视政策便会失灵。

只有同时具备以上三个条件，企业实施价格歧视才会成功。

2．基于价格歧视理论的动态定价分类

（1）固定价格和差别定价。固定价格包括标签价格（Posted Price）或菜单价格（Menu Price），是最常见的价格决定方式。企业会把每个商品进行标价，如果消费者认为价格合适，他就会选择购买某种商品。如果消费者认为商品价格过高，他可能转向其他的卖家，不会跟卖家讨价还价。固定价格有时可能是一个供买卖双方讨价还价的起始价格，有时可能是一个计算折扣的基准价格。固定价格的优点是可以节约交易的时间成本。一般来说，卖方不敢把价格定得太高，否则会失去消费者。固定价格的最大特点是具有一定的稳定性和持续性。价格一旦以标签价格的形式出现，就具有了一种黏性。固定价格也不是说价格一成不变，它会随着时间进行调整（但一般不会频繁调整），且调整时对所有顾客一视同仁。

差别定价就是相同的产品在销售的时候，单位价格可能会因人、因时而不同。比如，拍卖商品时通常一人一价。另外讨价还价也是典型的差别定价。

（2）静态定价和动态定价。静态定价和动态定价的区别主要是依据价格是在交易中还是在交易前决定的。

静态定价是指卖方在交易前就确定了价格，典型的就是固定价格。还有就是卖方事先制定好了的数量折扣政策或价格套餐政策，这种定价属于差别定价中的二级或三级差别定价。

动态定价是买卖双方在交易时确定的价格。典型的是一级差别定价。交易双方在交易之前只知道大致价格范围，在交易当中，消费者根据商品的质量、供求形式和卖方的要价，经过讨价还价，来调整自己的支付意愿。

5.2.2 数字产品市场价格歧视的应用

数字产品市场上不仅在理论上具备价格歧视的条件，而且在实践中已经有一些价格歧视在市场中得到了应用。在数字产品市场上，价格歧视的主要表现如下。

1. 个性化定价

随着网络技术的发展，在电子商务环境下，企业可以通过消费者在网站注册时留下的个人信息、记录和跟踪消费者的网上行为，了解消费者的个性化需求。企业能够收集到消费者偏好，进行个性化产品定制的成本也下降，使企业有条件实施个性化定价。

2. 版本划分

由于网络技术的应用，企业可以按不同需求划分出不同版本，消费者根据自己的需求选择适合自己的版本，企业可以通过这种方式获得更高的产品价值。如 PAWWS 财经网络公司，该公司主要向客户提供证券报价的信息服务，需要实时报价信息的客户每月收取 50 美元，对延迟 20 分钟报价信息的客户每月收取 8.95 美元。

3. 群体购买

这是三级价格歧视在生活中的应用，三级定价以消费者的身份为定价的基础，对不同的消费者群体索取不同的价格。如最常见的群体定价方式是企业针对会员与非会员提供不同的价格和服务组合。会员根据不同的级别享受到不同服务，而非会员一般只能享受低端的服务和很少的价格优惠。

5.2.3 数字产品动态定价的条件

从普遍意义上讲，数字产品具备价格歧视的条件，可以实施动态定价。

1. 数字产品具备防止套利技术

数字产品市场本身就具有防止套利的特点，其可定制、可改变性使之具有独特的防止套利能力。例如 ERP 软件，就是根据企业的规模、特点等具体情况而定制不同的功能模块的。在一些价值小的数字产品上，一般可以采用数字水印、注册等手段防止非法传播。当然，技术不能完全阻止消费者之间的再销售和传播，还需要运用相关法律措施。两者相结合，有利于阻止消费者之间的套利销售。

2. 获取消费者支付意愿的信息成为可能

在传统市场上，完全了解消费支付意愿只能是一种理论假设。在现实经济中，企业几乎不可能了解每个消费者的支付意愿。同时，普遍流行的固定价格方式也限制了企业根据不同需求的消费者采取个性化定价。在网上交易中，企业通过注册、Cookie 技术或用户跟踪等方式可以了解消费者的信息。关于个人的信息，涉及消费者隐私，所以部分消费者在注册的时候不愿意提供真实信息，从而会对一些身份信息进行隐瞒，但是为了收到货物，提供的姓名和地址一般都是真实的。企业可以通过跟踪分析消费者网上行为，例如，网站可能会向消费者的终端计算机植入 Cookies，以此跟踪、识别消费者的网上行为；有些网站还可能根据消费者的登录账号来识别消费者的行为。企业可以通过拍卖和谈判获取消费者支付意愿。由于每笔交易的价格都是在具体的商家与消费者之间交互的交易过程中确定的，不论是买方还是卖方，事先都没有能力完全准确地决定或预知具体的成交价格。因此，这种定价方式是完全的动态定价。

5.3 数字产品定价策略

数字产品定价时，应当考虑商品的特性、营销环境和消费者对商品的主观评价。其中，消费者的效用是数字产品定价的基础。如果企业单纯通过降价，而没有充分地考虑消费者的想法和需求，除了一小部分对产品价格特别敏感的消费者之外，降价策略并不一定会成功，因为大量消费者更注重其他获取成本和效用。所以要根据消费者购买产品愿意付出的成本和代价制定产品价格，以更好地满足消费者需求。

5.3.1 差异化定价

由于数字产品的定价是以消费者的评价为依据的，所以针对不同的评价，价格自然也不同，这就产生了差别定价。产品差异化是指对同一种产品根据消费者的偏好从产品特性或质量方面加以区别，从而满足不同的消费需求。

1. 什么是差异化定价

差异定价一般指同一产品以不同的价格卖给不同的消费者。差异定价既包括产品差异化后形成的价格差异，又包括同一产品的不同定价。价格差异一般有以下三种。

（1）完全价格差异，也叫一级价格歧视，是对每一个购买者都设定一个价格，分别定价。价格的设定通常由用户最大支付愿望决定。

（2）二级价格差异，基于用户自愿选择的方式，即当企业不能识别不同用户时，由用户自主选择机制决定价格。

（3）基于群体的差别定价，也叫三级价格差异，是企业针对不同群体设置不同的价格机制。

2. 差异化定价方法

经常用到的差异化方式有横向差异化和纵向差异化两种。横向差异化是根据消费者的偏好进行定价，价格通常是一致的，没有好坏之分。纵向差异化是根据产品的质量进行定价，价格通常是不同的。企业通过产品差异化定价，可满足不同偏好消费者的需求，也可扩大市场份额，使企业获取超额利润。

如图 5.2 所示，当厂家价格定为 80 元时，将有消费者 100 万；如图 5.3 所示，当价格定为 20 元时，将有消费者 400 万，两者都能有 8000 万元收入。但是如图 5.4 所示，如果能以 80 元出售 100 万份，20 元出售 400 万份，则将有 16000 万元收入。在这种情况下，商家更愿意选择差别定价。

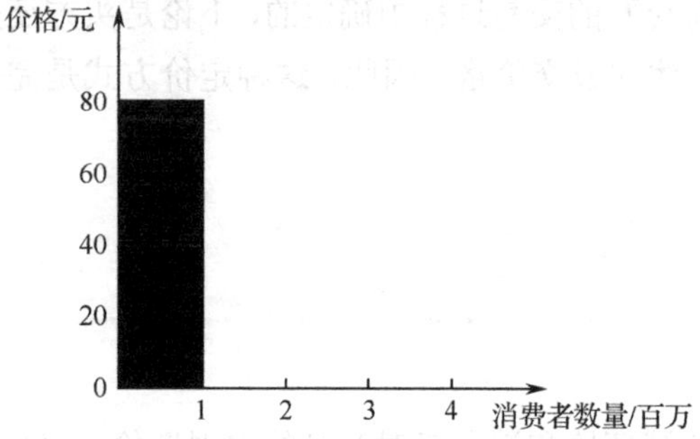

图 5.2　高定价

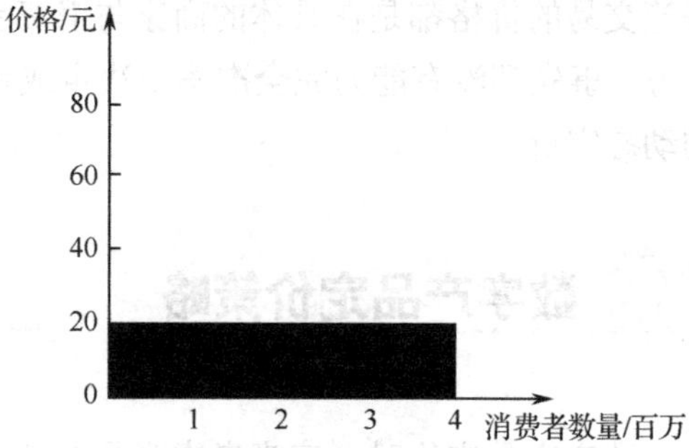

图 5.3　低定价

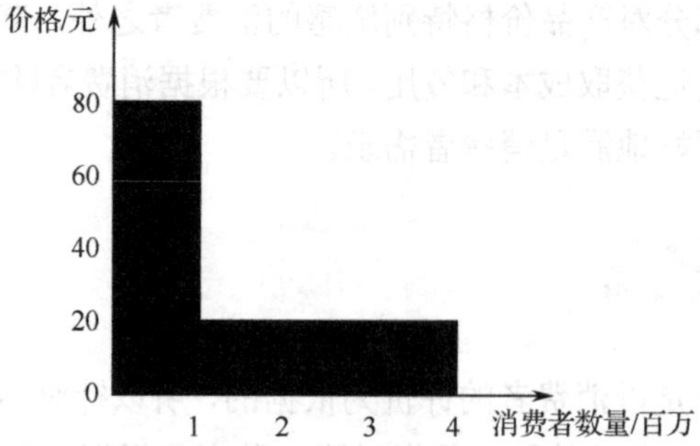

图 5.4　差别定价

拓展阅读 5.3

拓展阅读二维码 5.3 《垂直差异化竞争软件产品的最优定价策略》（官振中等）。

5.3.2　个人化定价

互联网在了解消费者信息方面有着得天独厚的优势，如 Web 服务器可以记录访问者的域名、IP 地址、访问时间、下载行为和访问过的文档，了解客户的来源、位置、计算机和浏览器的类型及消费者在服务器上访问过的网页。Cookie 技术可以使服务器实现更复杂的功能，在它里面包含了消费者的姓名、爱好、消费项目或支付方式的信息等，可为个人化定价打下基础。

根据美国经济学家卡尔·夏皮罗（Carl Shapiro）和哈尔·瓦里安（Hal Varian）进行的市场研究，在信息价值基础上的信息价格有两种主要的定价模式：个人化定价模式和群体定价模式。所谓个人化定价模式是指针对不同销售时期不同的消费者对同一产品采取不同的价格制定方式。

个人化定价通常表现为产品定制，就是企业按照消费者的要求和标准来生产产品。定制与产品差异带来了一个完全不同的经济学问题。互联网的发展与信息技术的应用使得产品个人化成为可能，传统的大批量生产可以降低生产成本的方法已不再适用于数字产品，因为其再生产的成本非常之小。定制降低了经济效率与经济规模的关联度，而与产品匹配、减少需求的不确定性联系在一起。定制的价值在于产品更符合消费者的需要，定制的产品降低了用户套利的可能性。因为传送给某个用户的产品可能对其他人并没有什么价值。另一方面也使整个社会的资源更合理。实施个人化定价的企业能够减少资源浪费，获取最大的消费者剩余。

5.3.3　免费定价策略

在网络经济中，免费价格不仅仅是一种营销手段，它还是一种非常有效的定价策略。免费赠送产品和服务成为 20 世纪 90 年代中后期网络及软件企业经营中的时尚。比如，Sun Microsystems 公司把自己十年来最重要的技术产品 Java 软件赠送给了用户；微软和网景为抢夺浏览器市场，争相将自己的产品以各种各样的手段免费赠送给了公众；网易、新浪等企业争相开放 E-mail 和信息服务业务，所有 E-mail 邮箱和网上新闻等信息服务均免费向社会公众提供等。利用先验性使消费者对其产品产生路径依赖，增加了消费者的转移成本。

1．免费的经济学依据

从经济学上理解，免费是经济可行的。因为数字产品特殊的成本结构使其边际成本几乎为零，这一成本结构也导致企业有能力免费赠送或低价销售产品。在传统营销手段中，免费策略也会被运用，但由于成本较高，不可能提供大份额的免费，不能普遍和持久使用。而数字产品可以通过互联网实现零成本的配送，适合采用免费价格策略。企业提供免费数字产品往往出于长期考虑，将目标定位在数字产品的成熟期。企业为了在未来市场占有先机，获取利润，免费定价策略是很有效的手段，通过让消费者前期免费试用，可培养其对产品的依赖。

此外，数字产品的“经验产品”特性，也为免费策略打开市场提供依据。如 MS-DOS 和 Windows 在进入中国市场时，通过低价、免费安装和赠送等方式达到了普及的目的，甚至对盗版现象也视而不见。但在消费者消费习惯养成之后，可加大打击盗版的力度，提高商品零售价格。

2．免费策略的优势

任何企业采取免费都不可能是长期的策略，而是期望通过免费在未来获取更大的利益。企业在网络营销中采用免费策略可以带来的优势如下。

（1）迅速占领市场。免费使用，相当于发布媒体广告，当产品的知名度达到一定程度后，就可以获取收益。如 163 邮箱，通过免费使用获得大量的用户，占领了电子邮箱市场，通过广告收入等间接收益实现盈利。

（2）锁定用户。免费策略是一种产品促销策略。免费的产品许多人都愿意使用，那样就“锁定”了用户。如果消费者使用后觉得满意，会愿意继续使用。一旦用户对产品产生依赖感，考虑到转移成本，用户一般不会轻易放弃。锁定用户后企业可以通过产品升级、部分项目收费等形式获得利润。如扫描全能王，先允许用户试用一个月，等用户肯定后按月或年收费。

（3）获取消费者信息。部分网站提供免费信息的目的是获得用户的个人信息，还有些通过出售用户信息获益。如美国互联网免费服务提供商 FreeINet 公司为了赢得市场，决定用户接入互联完全免费，唯一条件是交换用户个人信息，结果每隔 12 秒，就有一名用户加入该公司，这些用户中有 17%是新手，于是很快就扩大了网站的知名度。完全免费的数字产品主要有电子邮箱、搜索引擎、部分音乐及一些较为常用的小软件等。

3. 免费价格策略方式

（1）数字产品限制免费策略。数字产品限制免费是指数字产品被免费下载后，用户可以使用它，但会受到诸如使用时间和使用次数的限制。数字产品非毁坏性特性有利于使用这种策略，这种策略可以让消费者先了解、熟悉该产品的性能，也不会对企业和消费者造成损害。以前会出现消费者在超过使用期限或次数后又重复下载产品的情况，但现有技术已基本解决了这种问题。

（2）数字产品部分免费策略。数字产品的部分免费策略是指消费者只能免费使用其中一种或几种功能，如果想要使用产品的全部功能就需要付费购买正式产品。如免费的杀毒软件，只能处理一些简单的病毒，如果想要查杀关键的病毒就需要去购买正版的杀毒软件。这里的产品免费功能起到产品广告的作用。

（3）数字产品完全免费策略。数字产品完全免费策略是指数字产品从购买、使用和售后服务所有环节都实行免费。企业提供完全免费产品的目的是吸引用户注意力，吸引足够多的人了解企业，增加企业的知名度，建立企业品牌形象，免费产品的使用量就相当于用户对商品的认可度。

4. 实施免费策略时应注意的问题

对于企业来说，免费只是一种手段，盈利才是目的。能否从免费中获取企业的利润，关键在于企业之前进行的决策。但是，实行免费策略，并不是每个公司都能顺利获得成功的，可能承担很大的风险。第一要有一个成功的商业运作模式；第二要获得市场认可，提供的产品或服务受到市场欢迎；第三推出时机要合适，如果市场已经被占领或者已经比较成熟，那样就要重新审视推出产品的竞争能力；第四要精心策划和推广，让用户习惯使用免费的产品，要制订出一套详细、周密的方案。

拓展阅读二维码 5.4 《网络视频媒体同步播出节目运营策略研究》（李子庆）。

拓展阅读 5.4

5.3.4 捆绑销售定价

一般情况下，企业所提供的产品不止一种。所以，企业可以有选择地单独销售每件产品或者捆绑销售。Adams 和 Yellen 首先提出捆绑是一种很有用的差别定价的方式，捆绑策略是一种提高企业利润的定价方法，特别是当估价互不相干的时候。捆绑销售是指把两件或更多的产品按固定的比例包装在一起销售。在网络经济中，对数字产品运用捆绑销售的定价方式非常普遍。如微软公司把 Word、Excel、PowerPoint 等应用软件捆绑销售。

在数字产品中，企业开展业务的成本，包括网络、数据传输及信息存储等，与提供产品、服务的数量关联不大。数字产品采用捆绑销售增加组件几乎不会增加成本，提供一种产品、五种或更多种产品的成本没有什么差异，因此应充分发挥数字产品低边际成本及各组件间的互补性特点。对数字产品而言，捆绑销售是一种非常行之有效的定价策略，而且现在越来越多的数字产品企业已经采用了捆绑定价作为产品销售的主要方法。

5.3.5　使用次数定价

在网络经济中，数字产品的使用周期越来越短，购买后有些用户使用几次便不再使用，为了满足这些用户的需求，可以采用按使用次数定价的方式。所谓使用次数定价，就是顾客不需要支付购买产品的全价，只需要根据使用产品次数付费即可。这种方法可以吸引使用次数少的顾客，扩大市场份额。此外，它是一种简单的定价方法，很容易操作。数字产品因为直接在互联网上传输，可以实现远程控制，非常适合按使用次数定价的方法。如用友软件公司推出的网络财务软件，用户注册后可以直接处理账目，而无须购买软件和担心软件的升级和维护。

5.3.6　版本划分定价

这种定价策略是根据不同类型消费者的需求提供不同的版本，为不同版本制定不同价格。版本划分为完整的版本系列，高、中、低端数字产品同时存在，档次分明，价格、性能差异大，引导消费者向中高档靠拢。

如图 5.5 所示，当消费者消费一个低级版本 X3 时，价格为 P1；在购买高一级版本 X2 时，价格为 P2；依次类推，商家就可以获得比单一定价为 P1 时获得更多的收入（图中阴影部分）。

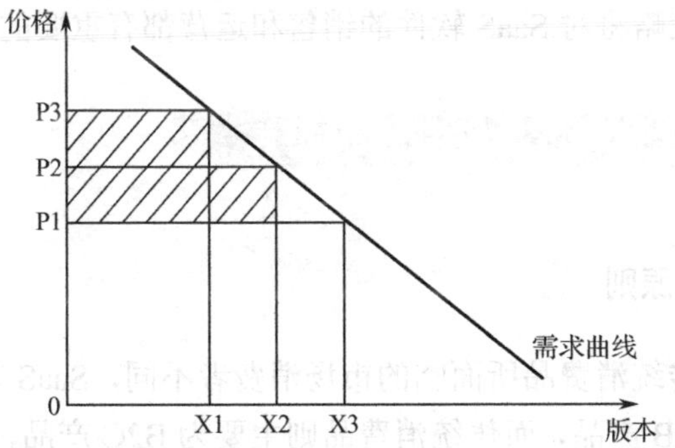

图 5.5　版本划分定价

5.3.7　群体定价

群体定价是指根据消费者的偏好不同，按消费群体提供不同性能的产品，并对不同性能的数字产品差别定价。商家在定价时，根据消费者类型划分消费群体，对价格比较敏感，性能要求不高的用户，采取提供性能低、价格低的产品。反之，对性能敏感的用户，则提供性能高、价格高的产品。群体定价的关键是划分消费群体。

从上述定价策略可以看出，这些定价策略结合了数字产品市场特性，反映了消费者的消费心理，企业必须根据自身特点制定差异化的定价策略。

拓展阅读二维码 5.5 《垄断企业数字内容产品最优版权保护与定价决策》（杨栋等）。

拓展阅读 5.5

5.4 案例：SaaS产品的定价策略

5.4.1 SaaS简介

SaaS 是 Software-as-a-Service（软件即服务）的简称，它是随着互联网技术的发展和应用软件的成熟，在 21 世纪开始兴起的一种完全创新的软件应用模式。它与 On-demand Software（按需软件）、Application Service Provider（ASP，应用服务提供商）、Hosted Software（托管软件）具有相似的含义。它是一种通过 Internet 提供软件的模式，厂商将应用软件统一部署在自己的服务器上，客户可以根据自己的实际需求，通过互联网向厂商定购所需的应用软件服务，按订购服务的多少和时间长短向厂商支付费用，并通过互联网获得厂商提供的服务。用户不用再购买软件，而改用向提供商租用基于 Web 的软件，来管理企业经营活动，且无须对软件进行维护，服务提供商会全权管理和维护软件。

目前多数现代化企业都在使用 SaaS 软件进行日常的管理，SaaS 软件面临着潜力巨大的消费市场；企业在选择 SaaS 软件的过程中考虑到的最关键的一个因素便是价格问题，因此研究 SaaS 软件的定价策略将对 SaaS 软件的销售和运营都有重要的意义。

5.4.2 SaaS产品定价原则和定价特点

1. SaaS 产品定价原则

由于 SaaS 产品与传统消费品所面临的市场消费者不同，SaaS 产品所面向的客户主要是企业级消费者，即为 B2B 产品，而传统消费品则主要为 B2C 产品，因此 SaaS 产品更具有长期性和服务特性，这就要求 SaaS 软件公司应该坚持基于产品内在价值、主动定价和长期可持续发展的产品定价原则。

（1）产品内在价值。通常来说，产品价格应该建立在能够为客户所提供或创造的价值大小基础上，因此企业首先需要通过客观估计，判断所提供的产品能够为客户创造多大的价值，并以此作为定价的首要基础。但仅通过产品的价值创造并不能决定产品价格，企业还需要进行产品的价值传递，即让客户了解到产品的内在价值，尤其对于 SaaS 软件这类新兴产品而言，更需要企业与消费者之间进行密切的价值沟通。

（2）主动定价。作为一个新兴产业，SaaS 行业正处于快速发展的阶段。对于 SaaS 软件的客户，其主要依靠互联网来了解 SaaS 产品和服务价格，这在一定程度上约束了试图接触 SaaS 产品和希望了解产品价格的消费者，阻碍了其合理估计产品应用成本，并进而做出产品购买决策的行为。因此，SaaS 软件公司应该主动了解市场，积极参与市场定价，尽可能主导 SaaS 产品市场的发展，而不是被市场所支配，使消费者和竞争对手成为产品定价的主导方。

（3）长期可持续发展。由于 SaaS 产品拥有长期性和服务性的特点，因此更应该专注于长期利润与市场份额的增长，面对激烈的市场竞争，短期内通过压低利润率以获取长期的利润最大化和市场份额的占据是必要的，这就要求 SaaS 软件公司依据长期可持续发展战略，动态审视和调整 SaaS 产品的定价策略。

2. SaaS 产品定价特点

SaaS 产品与信息产品的定价策略相似，主要有以下几个特点。

（1）服务特性。相较于传统的软件服务，SaaS 产品具有显著的互联网特性，能够避免上门服务的人力成本，软件可以在云端服务器快速完成，且大多数 SaaS 产品可以通过远程操控的方式完成系统的更新和维护，因此，SaaS 产品在服务上的便利性使得其能够通过高质量的服务保持用户黏性，其月租续费的定价方式就能体现出 SaaS 产品的服务特性。

（2）多维度定价。从信息服务的定价策略特点来看，基于消费者特征、产品生命周期、功能等重要维度而产生的细分产品定价策略非常具有实际意义，SaaS 产品同样具有上述特征，并在此基础上延伸出了符合自身产品特点的定价维度。如基于用户订购的消费形式，SaaS 软件公司可将用户订购数量纳入定价维度，同时，不同用户订购的功能板块和选取的付费形式等均可纳入定价维度，因此 SaaS 产品的定价具有多维度的灵活性特征。

（3）规模经济特性。SaaS 产品具备互联网特征，其销售、使用均可以通过互联网来实现，且销售产生的边际成本会持续不断地降低，同时，边际利润也会一直随着用户规模的增长而增加，即具有规模经济的特点。因此，伴随 SaaS 产品用户的增长，其定价和销售形式也需要不断改变，在产品上线前期，可适当舍弃短期利润的获取以取得用户规模的增长，当产品实现规模经济时，即可根据其内外部特征重新制定定价策略。

5.4.3　基于市场竞争的SaaS定价策略

传统的产品市场竞争结构主要包括完全竞争、完全垄断、垄断竞争和寡头垄断四种类型。在这四种类型下，企业对市场的影响力均不相同，其采用的定价策略也存在着较大的差异。SaaS 产品的市场竞争结构既不符合完全垄断市场，也不属于完全竞争市场，而是否能够将其认定为垄断竞争或寡头垄断市场则需要结合 SaaS 产品的应用领域具体分析。如对于 ERP SaaS 产品，其在我国的市场已经相对成熟，供应商数量较多且产品存在一定的差异性，但同时互相为替代品，因此类似于垄断竞争市场。而对于钉钉、企业微信、美团收银及京东云电商云等 SaaS 产品，在我国只有少数知名度高且竞争实力强的供应商，因此该类 SaaS 产品又类似于寡头垄断市场。总的来说，由于 SaaS 产品应用领域极广，而不同领域内的市场竞争状况各不相同，使其出现垄断竞争和差异化市场共存的竞争结构，这种市场竞争结构会对SaaS产品的定价策略造成一定的影响。

1. 垄断竞争的市场结构

SaaS 软件是一种互联网产品，而互联网产品主要依靠用户流量生存，能够提前占据市场的企业，即便所提供的产品并非质量最好，但依靠规模经济和价格优势也依然能够获取定价优势。优势企业通过资源和客户的积累，便可以不断扩大自身的生产和销售规模，出现垄断的局面。因此，抢占用户流量，迅速扩展企业的规模，取得市场领先地位，即可获取竞争优势。在SaaS产品供应商快速布局和扩张的情况下，便形成了垄断竞争的市场结构。

2. 差异化的市场结构

由于抢先布局新兴领域的企业在SaaS产品市场上已经占据了一定的优势地位，后进入者欲想打破现有的市场格局则必须采用技术创新的手段，通过产品的高质量和高性价比进入市场。SaaS 软件作为互联网产品，其创新和技术发展所受到的物质条件约束较小，无论新进入企业的规模有多大或资金力量是否雄厚，均可通过产品的创新进入特定的市场。在同优势企业不断竞争的情况下，市场中存在的差异化产品越来越多，这类产品借助自身在某一方面的优势能够占领部分细分市场，且在这一市场上拥有一定的定价权。

综上所述，考虑SaaS产品的市场竞争结构时，应注重对产品应用领域的划分，处于垄断竞争性细分市场的供应商应积极、合理地制定定价策略，而处于寡头垄断性细分市场的供应商则应密切关注竞争对手的价格变动，及时调整自身的定价策略。同时，SaaS产品拥有规模经济的特点，供应商应以迅速积累用户群体和扩大市场规模为目标，在不同的发展阶段实施差异化的定价策略，实现自身利益的最大化。

5.4.4 基于客户需求的SaaS定价策略

1. 消费者行为与SaaS软件的定价关系

从企业消费者行为的主要特征来看，首先，由于企业消费者的需求差异较大，且主要体现在企业规模和信息化水平的差异之上，因此SaaS软件的定价策略可根据不同企业的需求状况进行差异化定价，对于资金实力雄厚有定制需求的大型企业，应详细评估项目的复杂程度和定制成本，制定匹配的价格，而对于资金实力相对薄弱的中小企业，可开发标准化程度较高的SaaS软件产品，收取统一的价格，且这一定价应主要参考行业主流产品的市场价格，同时，提供更多的增值服务以满足部分定制的需求。其次，由于SaaS软件的企业更偏好专注于自身垂直领域的产品，从而导致在每一细分的垂直领域都会形成该细分市场的价格竞争，此时相应垂直领域的SaaS软件产品应重点参考该领域内同类型产品的服务质量和价格，并在此基础上制定产品价格。最后，出于大多数企业会持有相对谨慎的投资决策态度，仅当投资项目的净现值大于0时才会做出投资，因此SaaS软件供应商应合理地评估其所开发的SaaS 软件产品能够在多大程度上节省企业消费者的原有生产或操作等成本，以及能够为企业带来多大程度的收益，若能够对其进行具体量化，便可在此基础上制定合理的价格。

从企业行为的影响因素来看，SaaS 软件供应商在制定产品价格时也应综合考虑政治、经济、文化、社会和个体五个方面的影响状况。如当政治和经济环境向好时，企业的消费意愿强烈，对产品的需求会增加，此时可适当地提高产品价格；而对于文化、社会和个体等因素，SaaS 软件供应商则应对潜在消费者做具体的评估，对处于不同领域和地位、文化水平和内部控制质量存在差异的企业实施差异化的产品定价策略。

2. 消费者感知价值与 SaaS 软件的定价关系

Zeithamal 将影响感知价值的产品属性分为内部属性、外部属性及抽象属性。内部属性会促使企业消费者在产品收益和成本之间做相对理性的权衡，对于 SaaS 软件即为对软件和服务质量的衡量。外部属性则包括社会价值、品牌宣传等，对于 SaaS 软件即为对产品认知度和品牌认可度的衡量。抽象属性则是更高层次的感知属性，对于 SaaS 软件即为环境友好性的体现。

通常来说，内部属性决定产品的基本价格，但内部属性还要通过外部属性和抽象属性才能影响顾客的感知价值，且外部属性和抽象属性决定产品价格的溢价水平，在一定的环境下，外部属性和抽象属性的重要程度甚至会超过内部属性，可直接决定企业的感知价值。因此，SaaS 软件供应商应该通过提高产品的企业感知价值，进而提升产品价格。

3. 基于消费者需求的 SaaS 软件定价策略

综上所述，结合消费者行为和消费者感知价值与 SaaS 软件的定价关系，构架了基于消费者需求的 SaaS 软件定价策略，如图 5.6 所示。

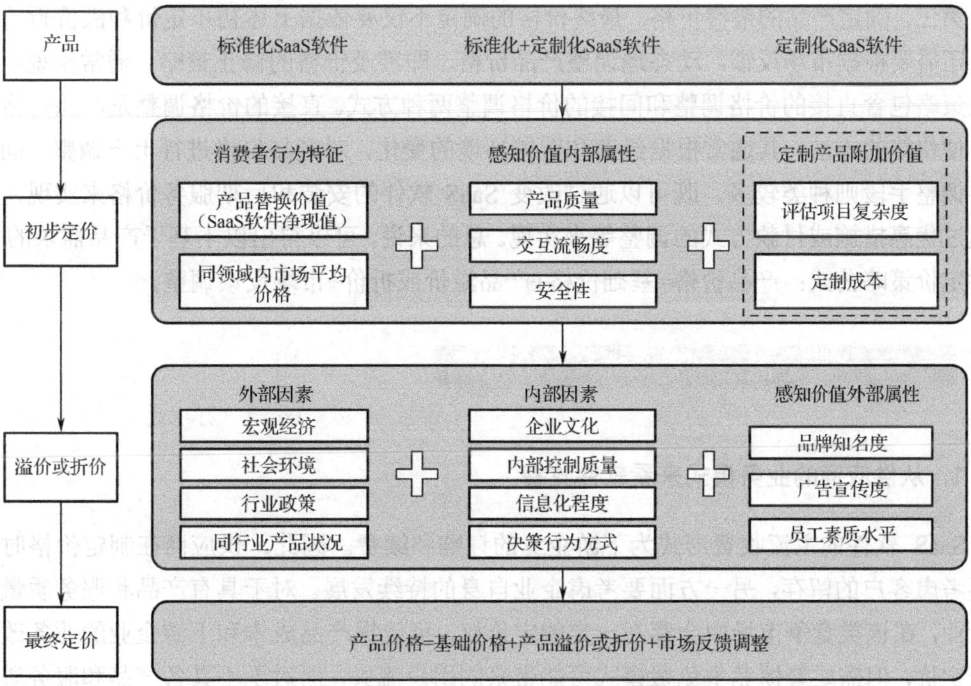

图 5.6　基于消费者需求的 SaaS 软件定价策略

具体来说，对于不同类型的产品，不同消费者的需求程度会有所不同，企业应该对其分类定价，针对每种类型产品的具体需求制定定价策略。因此，根据前述企业消费者对 SaaS 软件的需求差异，可以将 SaaS 软件的产品类型划分为标准化 SaaS 软件、标准化+定制化 SaaS 软件及定制化 SaaS 软件，以对定价策略做初步的产品类型区分。其中，标准化+定制化 SaaS 软件与标准化 SaaS 软件的定价策略基本相同，仅在增值产品的定价上采用定制化 SaaS 软件的定价方法。

第一，对 SaaS 软件进行初步定价，这一步定价需要体现 SaaS 软件的基本价值。首先，从消费者的主要行为特征出发，通过计算企业在替换 SaaS 软件后能够为企业带来的净收益得到 SaaS 软件的内在价值，并与处于同一领域 SaaS 软件的市场平均价格对比。其次，需要考虑感知价值的内部属性，主要包括产品质量和竞争定价法，即一方面考虑了产品对企业带来的消费者剩余，另一方面以市场竞争对手的价格为基础，加上产品的价值大小来相应地定价，是一种准价值定价。对于定制化 SaaS 软件则需要进一步考虑定制过程的复杂度和定制成本，可依据成本加成定价法，对 SaaS 软件定制化的部分做一个标准的成本加成。

第二，初步定价仅反映出企业针对产品消费需求本身所制定的价格，要使价格能够符合当前的外部经济、社会环境水平及企业消费者的文化和经营管理者的消费理念，还需要在初步定价的基础上，综合考虑影响企业行为的外部因素、内部因素和感知价值外部属性，进行一定的溢价和折价。如对于外部因素来说，在社会环境状况良好，相对于传统的软件服务，市场更加认可 SaaS 软件应用的情况下，可适当地提高产品价格。对于内部因素来说，当企业的信息化程度较高，企业内部的控制管理及决策行为方式与 SaaS 软件本身的产品理念较为匹配，且能够给企业带来很大程度上的业务优化时，也可以适当地提高产品价格。对于感知价值外部属性来说，在产品的品牌知名度较高的情况下，同样可适当加价。

第三，确定产品的最终价格。最终价格的确定不仅要依据上述初步定价和溢价折价的调整，还需要根据市场反馈，动态地调整产品价格，即涉及价格的修正策略。通常来说，价格修正策略包含直接的价格调整和间接的价格调整两种方式。直接的价格调整是产品价格修正最方便快捷的方法，其通常根据经营和营销环境的变化，对产品价格进行上下调整。间接的价格调整手段则种类较多，既可以通过改变 SaaS 软件的安装和后期服务价格来实现，也可以通过优惠措施或付款方式的调整等来实现。总的来说，可以得出以下基于产品需求的 SaaS 软件定价策略公式：产品价格=基础价格+产品溢价或折价+市场反馈调整。

5.4.5 基于供应商的SaaS定价策略

1. 从供应商的业务模式来看软件收费

SaaS 软件的主流收费形式为下游企业的订购和续费。因此，供应商在制定价格时一方面要考虑客户的留存，另一方面要考虑企业自身的持续发展。对于具有产品和服务质量优势的企业，在该类竞争市场中会存在一定的定价权，可依据产品成本和下游企业的业务改善状况来定价，但需要警惕竞争免费模式可能带来的用户流失，而对于不具备产品和服务质量优势的企业，在产品推出的前期可采用“免费+增值服务”的模式吸引用户，但应保证企业现金流的健康充足。同时，企业应认识到拥有能够持续付费的用户才是 SaaS 商业模式的基础。

2. 从供应商的产品定位来看价格制定

专注于提供定制化产品服务的供应商可依据项目的复杂程度、实施周期及项目成本来制定价格，而专注于提供标准化产品服务的供应商应依据企业自身的行业地位和产品服务质量，在市场平均价格之上制定价格。

3. 从供应商的销售模式来看价格制定

直销能够提升服务质量，但成本较高，适合产品较为复杂的供应商，可根据客户的业务逻辑提供合理的服务，制定相应的价格，而分销成本较低，可迅速打开市场，适合产品标准化程度较高的供应商，可根据市场平均水平来制定产品价格。

5.4.6　基于产品供给的SaaS定价策略

具体来说，处于同一行业的公司通常不会选取同样的经营战略，而都是从自身的角度出发选择适合自身生存与发展的经营战略，这一经营战略的不同也意味着对产品价格有着不同的制定手段，因此从供给方出发的 SaaS 软件定价策略也需要考虑在不同经营战略情况下的价格制定。主要从发展阶段、产品定位及行业地位三个角度对 SaaS 软件供应商的企业类型进行分类，并据此选择合适的定价策略，如图 5.7 所示。

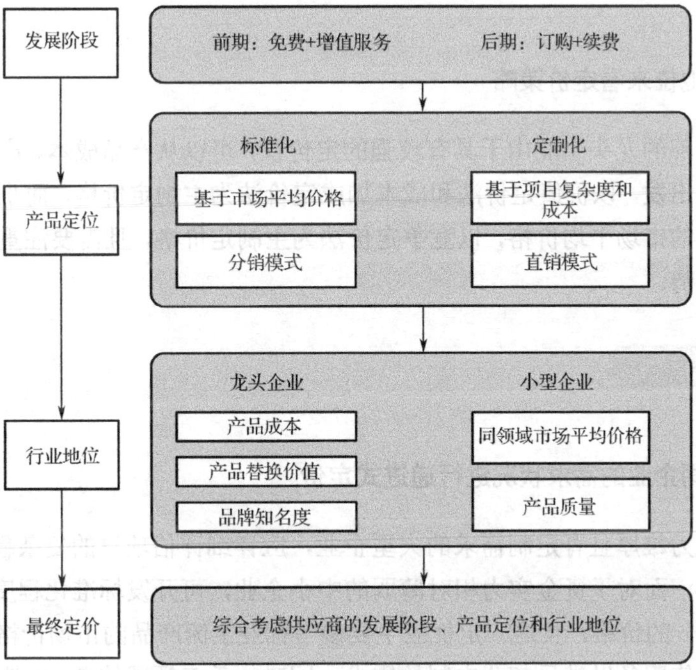

图 5.7　基于产品供给的 SaaS 软件定价策略

1. 发展阶段定价策略

新进入该行业的企业和已经占据一定市场份额的企业其所面临的市场竞争环境存在显著不同，对于新进入的企业应该以合理的产品价格迅速打开市场，保证企业能够稳定度过发展的前期阶段，因此前期的合理定价是十分重要的，它直接关系到企业的产品能否成功推向市场。而对于已经占据一定市场份额的企业，它则需要在维持现有市场份额的基础上，做市场的进一步开拓，同时需要保障企业具有充足的现金流，以利于保障企业的健康成长和盈利目标的达成。因而在企业不同的发展阶段选择不同的经营战略，同时采用相匹配的定价策略十分重要。对于 SaaS 软件的定价，根据其产品特点，处于发展前期的企业可以采用“免费+增值服务”的定价策略引流，而在发展后期则需要采用订购+续费的定价策略来确保企业的可持续发展。

2. 从产品定位来看定价策略

合理的产品定位是促进产品销售的关键所在。企业在对产品进行定位时，需要密切关注不同定位领域所面临的市场消费者的异同。对于 SaaS 软件的定位，可以简单划分为标准化和定制化两种，将自身产品定位于标准化的企业通常更擅长软件的互联网营销和标准化设计，而将自身产品定位于定制化的企业通常更擅长软件的开发和独立设计。因此，聚焦于研发标准化 SaaS 软件的供应商应基于市场平均价格来定价，并采用分销模式进行产品销售，而聚焦于定制化 SaaS 软件的供应商应基于项目复杂度和成本来定价，并采用直销模式进行产品销售。

3. 从行业地位来看定价策略

处于行业头部的龙头企业由于具有较强的定价权，可以从产品成本、产品替换价值和品牌知名度等角度出发，以价值定价法和成本加成定价法为主制定价格，而小型企业则更应该关注同类型产品的市场平均价格，以竞争定价法为主制定价格，且需要注重自身在产品质量上可能存在的优势。

5.4.7 总结

1. 根据不同企业的需求状况进行递进式定价

对于资金实力雄厚且有定制需求的大型企业，应详细评估项目的复杂程度和定制成本，制定匹配的价格，而对于资金实力相对薄弱的中小企业，可开发标准化程度较高的 SaaS 软件产品，收取统一的价格，且这一定价应主要参考行业主流产品的市场价格，同时，在此之上提供更多的增值服务以满足部分定制的需求。同时，垂直领域的 SaaS 软件产品应重点参考该领域内同类型产品的服务质量和价格，并在此基础上制定产品价格。

2. 产品属性与价格的关系

内部属性决定了基本价格，但内部属性还要通过外部属性和抽象属性才能影响消费者的感知价值，且外部属性和抽象属性决定了产品价格的溢价水平，在一定的环境下，外部属性和抽象属性的重要程度甚至超过了内部属性，会直接决定消费者的感知价值。因此，SaaS 软件供应商应该通过提高产品的消费者感知价值来提升产品价格。

3. 供应商在制定价格时应考虑的因素

供应商在制定价格时一方面要考虑客户的留存，另一方面要考虑企业自身的持续发展。对于具有产品和服务质量优势的企业，在该类竞争市场中会存在一定的定价权，可依据产品成本和下游企业的业务改善状况来定价，但需要警惕竞争免费模式可能带来的用户流失，而对于不具备产品和服务质量优势的企业，在产品推出的前期可采用“免费+增值服务”的模式吸引用户，但应保证企业现金流的健康充足。同时，企业应认识到拥有能够持续付费的用户才是 SaaS 商业模式的基础。而且对于定制化的产品应差别定价，对于标准化的产品应统一定价。

思考题

1. 如何理解数字产品的网络外部性。
2. 简述数字产品动态定价的理论及应用。
3. 分析生活中某一款数字产品的定价策略。

第6章 数字产品运营策划

本章引言：

运营策划就是一个产品的总设计师，针对不同的行业、不同的企业，设计出一款产品，通过运营部门、市场、自我创新等渠道来获取业务需求，运用专业知识把这种需求转化成技术部门可进行实际工作的指导文档，同时配合其他工作环节进行的一系列相关工作。所做的主要工作是及时掌握市场行情，整合周边资源，通过一系列运作手段，为自有产品做推广并实现盈利。包括产品设计前竞品分析、用户分析、产品定位、产品完成后的运营方案。数字产品运营策划就是对从产品的开发到产品的推广过程再到产品的后期沉淀的一个总的统筹。本章主要介绍竞品分析策划、数字产品定位策划和推广渠道策划。

本章重点和难点：

- 竞品分析策划的四个角度；
- 产品定位的步骤；
- 不同渠道的推广策划。

教学要求：

掌握从竞争对手、用户、功能和数据四个角度来进行竞品分析策划，了解产品定位的重要性和目标，掌握产品定位的步骤，掌握线上线下渠道推广的具体方式。

本章微教学：视频二维码 6.1　数字产品运营策划。

微教学视频 6.1

6.1 竞品分析策划

竞品分析全称“竞争产品分析”，即基于“如何更好地满足用户需求”，通过对比自家产品和竞争产品在各个维度上的指标，明确自身的优势、劣势、机会和威胁（SWOT），为产品设计、运营活动、战略规划等提供市场参考和行动建议。在用户体验行业，竞品分析已经不再局限于竞争产品的分析，而是更加倾向于同类产品的分析，特别是当具体到进行产品交互界面、视觉表现方面的分析时。竞品分析策划的内容包括六个方面，如图 6.1 所示。

竞品分析策划主要从竞争对手、用户、功能和数据四个角度来进行分析。

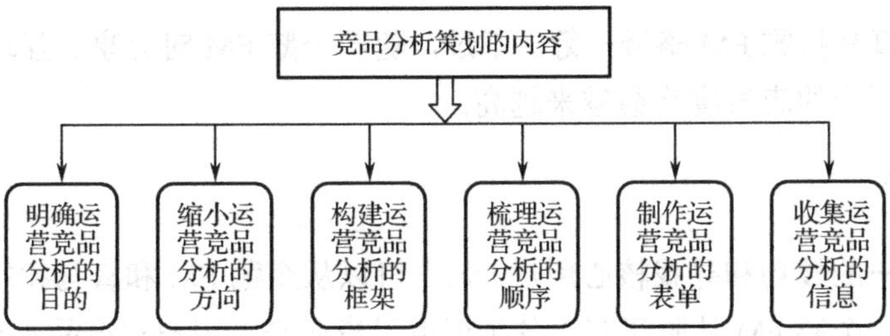

图 6.1　竞品分析策划的内容

6.1.1　竞争对手分析

确定企业产品的竞争对手。在确定竞争对手前，首先需要对竞品进行分级处理，是直接竞争者还是间接竞争者，是同行业不同模式还是资本雄厚概念炒作，针对不同的竞争对手的不同模式，采取不同的力度去研究和分析。在分析过程中，需要获取以下信息。

1. 企业信息

如公司技术、市场、产品、运营团队规模、核心目标、产品定位和行业品牌影响力；实际季度/年度盈利数值，各条产品线资金重点投入信息；占据公司主盈利的产品线等。

2. 产品信息

产品信息是指有关产品的消息、情报、数据和知识等，如产品的原材料信息、产品版本发布情况、产品功能细分及对比、成长过程信息、产品的稳定性、易用性、用户体验交互、视觉设计实力、技术实现框架优劣势等。

3. 运营信息

可以从市场和运营的角度来了解竞争对手的运营策略。如竞品如何通过品牌、活动等方式来推广产品，了解这些方式对用户产生的影响及用户成本等。可以通过定价策略了解竞品的盈利模式。如产品是收费还是免费，免费如何通过广告盈利等。

6.1.2　用户分析

1. 核心用户

这类用户是最忠诚、黏性最高的用户。寻找核心用户有两种方法：一是先粗略了解一下竞品，找出比较好的、只有核心用户才会使用的功能；二是自己对核心用户的特点要有清晰的认识，通过进行用户调研快速建立用户模型，符合这个用户模型的人即核心用户。例如企鹅 FM、喜马拉雅 FM 的核心用户画像，由于二者都把音频分享平台作为自己的产品定位，因此在核心定位上的区别并不大。在用户忠诚度方面，因为企鹅 FM 成立时间较晚，功能不够完善，所以比喜马拉雅 FM 略逊一筹。不过，随着企鹅 FM 对分享、互动与社交等功能的不断完善，核心用户的忠诚度将会越来越高。

2. 主流用户

寻找主流用户的技巧和寻找核心用户一样。可以从企鹅 FM 和喜马拉雅 FM 上了解主流用户分析的概念。企鹅 FM 从腾讯旗下各种渠道引流而来，用户对产品本身的认知度不高；喜马拉雅 FM 需要海量内容支撑的用户。

3. 用户构成比例

用户构成比例可以反映产品定位的群体是否符合产品预期，对于具体的用户构成比例，企业需要根据自身的经验及对竞品的认知程度来确定。分析用户构成比例是让企业更加全面地了解竞品的用户群，对竞品的整体概念有更清晰的认知。

6.1.3 功能分析

用户购买产品，购买的是产品具有的功能。产品功能分析包含核心竞争力和主要功能两个方面。核心竞争力是产品能否得到发展的关键问题，在做竞品分析策划时，一定要注意产品的核心竞争力问题。主要功能的分析可以根据用户的行为表现与反馈评价，直接从产品内容上判断功能好坏；也可以通过用户发表意见的渠道去查看用户评价，以此来判断功能的好坏。研究主要功能主要了解对手做得比较出色的功能，完善自己不太好的功能。

拓展阅读二维码 6.2《健身 App 功能设计与推广策略研究——以 Keep 为例》（张瀚月）。

拓展阅读 6.2

6.1.4 数据分析

数据分析是评价一个互联网产品是否有市场的最科学、最准确的依据。数据一般是一家公司的核心机密，任何时候都不会全盘地分享出来。尽管一些核心数据我们无法直接获得，但是可以间接获取到一些相关数据。常用的数据分析工具有移动 App，iOS 版本可在 App Store、App Annie 查看排名信息，安卓版本可在安卓市场、豌豆荚、360 手机租售等应用市场收集数据，在 Web 端，可在 Alexa 查询网站流量、变化趋势。常用的获取数据的方法有以下几种。

1. 自己测量统计、抓取数据

可以通过实际体验产品，记录产品的数据变化，从而推断出整个平台的部分产品数据。比如淘宝店铺，最核心的数据包括访问数、转化率、跳失率、人均浏览量及平均停留时间等数据，可以直接通过产品进行手工统计，也可以借助分析统计工具，以天为单位，以星期、月为周期进行平均计算等。

2. 用已知数据进行推测

市场上有一些公开的数据，可以利用数据之间的关系，进行推测和估算。比如想知道某款竞品 App 的下载量，可以查看安卓市场的下载量数据，比如应用宝、360、百度、华为应用市场的下载量数据，假设在不同手机的下载比例基本一致的情况下，加上自己家产品在不同应用商店的下载量，就可以推断出这个竞品在没有公开下载数据的应用市场（苹果、小米）中的下载量了。如果自己并没有相对应的产品已知数据，那就用公开报告里的手机市场份额进行推断，比如微信的手机终端型号分布数据，推断出竞品的总体下载量。

3. 获取公开的数据报告、文章报道

这部分可以到研究机构专业的数据报告里去查看，比如艾瑞、易观、199it、Talkingdata、企鹅智库、爱知客等，虽然大部分需要付费，但也有不少有价值的免费内容可以参考。

4. 混入竞品的种子用户群

种子用户群里的用户相对活跃，可以主动和其他用户聊天，了解用户想法和需求，且和对方工作人员沟通起来也很容易，通过混种子群，一点一点地也能够知道不少竞品最新的动态、数据等信息。

以移动旅游 App 来说，运营数据可从下载量、用户数、留存率、转化率、活跃用户数、活跃时长等来进行竞品分析。运营及推广策略可从竞品的渠道管理来分析，如应用市场投放、移动论坛、市场活动、软文投放、社交化媒体表现等。

6.2 数字产品定位策划

数字产品和传统工业产品一样，产品设计的核心是用户需求驱动，产品设计也要在分析用户的需求上明确产品定位。企业应根据用户的不同需求来更好地满足他们，而不是让用户适应数字产品。企业通过发现、分析数字产品用户需求，明确产品定位，从而为数字产品运营做好准备。

6.2.1 产品定位的重要性

定位理论，由美国著名营销专家艾・里斯（Al Ries）与杰克・特劳特（Jack Trout）在 1972 年提出。里斯和特劳特认为，定位要从一个产品开始，那个产品可能是一种商品、一项服务、一个机构甚至是一个人（那个人也许就是你自己）。但是，定位不是你对产品要做的事，定位是你对预期用户要做的事。换句话说，你要在预期用户的头脑里给产品定位，确保产品在预期用户头脑里占据一个真正有价值的地位。产品定位主要是确定产品在用户心目中的位置和形象，给产品找一个舒适的位置。有些产品一投入市场就遭遇失败，有些产品的价值始终不能得到用户的认可，其根本原因是产品的设计定位出现偏差。所谓产品设计定位

就是从消费者角度出发，以满足目标消费者群的独特需求为目的，并在同类产品中建立具有比较优势的设计策略。

产品设计的目的是让企业产品能满足用户的心理需求，这部分在使用功能以外的心理需求就是产品的附加值。现在国内的产品设计大多强调产品的性能，更多地从营销者角度出发，较少考虑消费者的消费体验，在以“自我利益”意识作为产品设计理念时，消费者的需求就不能得到很好的满足，这最终会导致产品进军市场失败。

6.2.2 产品定位目标

随着生活中的数字产品越来越多，产品之间的差异也越来越小，同质性越来越高，市场竞争越来越激烈。如何让新产品保持竞争力，那么在新产品设计工作开展之前，必须要投入大量精力，对消费者进行充分的分析，准确地找到产品能为用户解决什么问题。产品定位主要从产品和用户两方面考虑：从产品的角度要研究产品特色是什么、产品准备解决用户何种需求，从用户的角度要研究产品服务的用户特征，为用户画像，这些都需要在产品设计前调查清楚。

每种产品都有其特定的服务对象，产品的生产者不要设想自己的产品能满足所有的用户，这根本不可能做到。只有聚焦特定消费者，才能达到预期销售目标。因而，企业一般都会把目标市场进行细分，选择出符合企业能力且有发展前景的市场作为产品的目标市场。产品设计定位就是使产品实现区隔，用简洁的图案、语言，清晰地向用户介绍自己的产品，避免设计定位同质化，从而建立某种比较优势。

案例：亿唐网——定位不清 快速烧钱

1999 年，第一次互联网泡沫破灭的前夕，刚刚获得哈佛商学院 MBA 的唐海松创建了亿唐公司，其“梦幻团队”由 5 个哈佛 MBA 和两个芝加哥大学 MBA 组成。2000 年，北京街头出现了大大小小“今天你是否亿唐”的亿唐广告牌。亿唐想做一个针对中国年轻人的包罗万象的互联网门户。他们把中国年轻人定义为“明黄一代”。凭借诱人的创业方案和精英团队，亿唐从两家著名美国风险投资 DFJ 和 Sevin Rosen 手中拿到两期共约 5000 万美元的融资。亿唐网一夜之间横空出世，迅速在各大高校攻城略地，在全国范围快速“烧钱”，除了在北京、广州、深圳三地建立分公司外，亿唐还广招人手，并在各地进行规模浩大的宣传造势活动。2000 年年底，互联网的寒冬突如其来，亿唐钱烧了大半，仍然无法盈利。此后的转型也一直没有取得成功，2008 年的亿唐公司只剩下空壳，昔日的“梦幻团队”在公司烧光钱后也纷纷选择出走。2009 年 5 月，etang.com 域名由于无续费被公开竞拍，最终的竞投人以 3.5 万美元的价格投得。

亿唐失败的最大原因就是缺乏清晰的定位，多方面尝试，频繁转型，造成用户印象不明确，没有沉下心帮用户解决实际的问题，而是幻想凭钱就可以砸出一个互联网集团。

案例：微信的定位分析

微信是腾讯公司于 2011 年 1 月 21 日推出的一款通过网络快速发送语音短信、视频、图片和文字，支持多人群聊的移动客户端聊天软件，倡导的是移动互联的生活方式。用户可以通过手机或平板快速发送语音、视频、图片和文字。微信提供公众平台、朋友圈、消息推送等功能，用户可以通过"摇一摇""搜索号码""附近的人"，或扫二维码等方式添加好友和关注公众平台，可以将内容快速分享给好友。其官方网站上的宣传语为"微信，是一种生活方式"。

微信看上去和 QQ 有很多功能重叠，但是随着移动生活方式更广泛地渗透，两者差异化越来越明显，微信更适合移动互联网的特点，所以微信公众号平台取得了成功。

在交友方式上，QQ 是基于好友关系和群组的聊天工具，以 QQ 号为标志，主要用于熟人关系和共同协作的小组中。微信的通信录除了基于 QQ 联系人、手机通信录，还增加了附近的人和摇一摇等方法。

在基本功能方面，微信充分发掘移动生活的特点，加入了更适合移动方式的功能。二维码扫描利用移动终端设备特点，方便快捷，同时利于微信号的推广；摇一摇交友功能使有缘分和共同需求的双方更容易发起会话；漂流瓶功能满足了用户的倾诉需求和好奇心理；朋友圈分享功能方便用户在碎片时间随手拍摄记录生活。这些细节都表现出微信的产品设计者对移动互联网生活细节的观察和用户心理的深入把握。而 QQ 的功能基本上就是聊天功能，或者说加上空间的社交分享功能。当下，作为移动互联网新入口的微信，正在引领着移动生活的新方式。

6.2.3 数字产品定位策划三要素

产品设计定位的过程就是先在产品设想阶段，完成产品定位，再进行需求分析，然后正式进入产品设计环节。产品定位的三要素如图 6.2 所示。

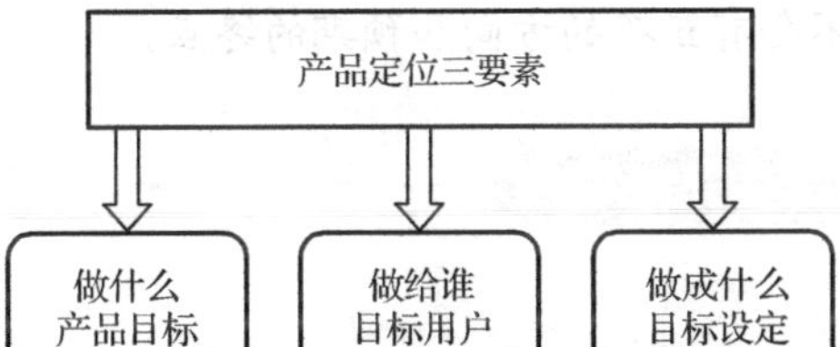

图 6.2　产品定位三要素

1．做什么——明确产品核心目标

做什么主要是让用户清晰地知道产品能满足哪些方面的需求，明确产品对用户的价值。简单地说，就是说明产品的核心目标。产品目标分析越透彻，产品核心目标就越准确。对产品目标的描述要简洁明了，不要长篇大论。如阿里巴巴要让天下没有难做的生意，360 安全卫士解决用户使用计算机的安全问题。

2．做给谁——明确目标用户

做给谁是要说明产品服务的用户群体，确定目标用户。目标用户群体定位一般按照年龄、收入、学历、地区等几个维度进行定位。如网络对战类游戏对象主要是青少年，而棋牌类游戏对象主要是中老年人。阿迪达斯通过以“Nothing is impossible”为主题的广告，邀请众多明星，如贝克汉姆、梅西、鹿晗、嘻哈歌手 Pharrell Williams，形成明星效应，成为体育用品的第一品牌，而广告语“没有什么是不可能的，只要行动起来”，正符合青年一代的心态。目标用户设定包括主观设定和客观确定。主观设定是根据产品设计者的经验和想法，确定产品服务的目标群体，再根据目标用户的特征与需求确定产品定位。客观确定是先有一个产品大致想法后，再通过用户需求调查分析，最后确定目标用户群体。

3. 做成什么——明确产品发展目标描述

做成什么是对产品未来发展目标的具体描述。企业在确定产品目标时，首先要有一个规划，大致确定产品参照物，可以避免产品发展的大方向出错。另外，互联网产品变化快，更新快，产品发展目标的设置周期短。比如知乎，在创立之初，知乎的定位是互联网行业问答社区。它选择了互联网行业问答这一细分市场，不断扩大后逐步成了今天的综合知识分享平台。

案例：酷 6 网——发展目标不明确

作为视频网站当年的三杰（优酷、土豆和酷 6）之一，酷 6 网风风火火仅一年之后，便掉队了。陈天桥希望酷 6 的发展方向是“视频资讯新闻”，而李善友则更希望坚持购买正版版权的“大片模式”，最终两人不欢而散。创始人李善友离职后，酷 6 的亏损逐年变大，最后只能血腥大裁员后再转型。陈天桥派驻酷 6 新 CEO 施瑜公开表示:“酷 6 从此不再购买长视频版权，包括电影和电视剧等，将关注于社区化、UGC（用户生成内容）和短视频。”视频行业一向以“烧钱”著称，盛大在酷 6 已经投入了将近两亿美元，却颗粒未收。管理方与创始人理念不同，企业就不会有正确的方向和预期的终点。

6.2.4 数字产品定位的步骤

1. 分析竞争产品比较优势，是定位的良好起点

当今市场，竞争无处不在。你刚刚有一个创意，网上一搜，发现别人已经把你的创意变成产品了。所以，一个新产品要取得成功，不仅需要了解消费者的需求，还必须了解竞争对手的情况，找出自身的优势和不足。要知道市场上你的产品有哪些竞争对手，对每个竞争对手要做全方位的深入了解。了解竞争对手不仅是产品设计的切入口，在设计中扬长避短，可以为企业提供一些决策依据。

2. 找出差异性，对市场进行细分

在市场上，不同消费者的购买习惯和需求各不相同。市场细分就是企业根据自己的条件，按照消费者的需求特征，找出差异，将整体市场划分成若干个消费者群体。把有相同需求和欲望的消费者群体划为同一细分市场。通过市场细分，企业可以设计出符合该细分市场特点的产品，从而满足细分市场中不同消费者的需求。例如，面向儿童的电子读物，产品的设计

应该色彩明快，充满童趣；面向老年人的电子读物，页面设计要简洁，功能要简单易操作。

案例：陌陌的差别定位法

陌陌作为一款社交产品，其与微信的区别是基于陌生人，以地理位置为核心的交友应用。从用户群到用户需求，与微信的熟人社交发展目标不同，有自己独特的价值。所以，产品从一开始，就要对竞争对手的产品进行分析，根据用户需求，确定产品定位。

3. 列出主要目标市场，确定目标消费者

市场细分只是勾勒出市场的轮廓，提供产品面临的各种机会。如何评价细分市场的各种机会，需要根据产品能够满足的市场进行优先顺序排列，找出主要目标市场。产品设计者根据主要目标市场的消费群体，确定最终消费者。

4. 确定新产品的设计定位

当企业经过前期竞品分析、确定细分市场、明确自身的竞争优势和目标消费群体后，需要把企业自身的优势与消费者的需求相结合，这个结合点，就是新产品的设计定位，这样的定位能抓住消费者的眼球，对消费者具有真实的吸引力。

案例：小红唇

以美妆短视频 UGC 起家的小红唇，于 2015 年 4 月上线，创始人姜志熹成功开启了女性经济的“潘多拉魔盒”。围绕社区、短视频和网红，姜志熹将小红唇打造成日活跃用户超 50 万的美妆一站式服务平台。在不到一年的时间内，小红唇用户下载量已突破 1000 万，并完成了天使 A、B 轮的融资，一路发展顺风顺水，成为投资界共同看好的宠儿。2017 年 9 月，小红唇获评北京文创中心“北京市最具投资价值文化创意企业 50 强”。在互联网时代，用户是基础，流量是王道，小红唇对新生代客户心理需求和消费方式的深刻认识和精准把握决定了未来可能会出现爆发式增长。

拓展阅读二维码 6.3 《议程设置理论视角下高校图书馆微信公众号信息推送内容策划——以东北大学图书馆为例》（姜宇飞等）。

拓展阅读 6.3

6.3 数字产品推广策划

有了某个产品之后就要做推广，以便让更多的人知道该产品。所以，事先要选择好推广方式，线上渠道还是线下渠道，了解各种推广方案的特点和形式，针对不同的推广方式，策划编辑的内容也不同。

6.3.1 线上渠道

线上渠道是目前最重要也是最有效果的一个推广渠道。很多人把业余时间都花在手机、

计算机、平板电脑上，浏览各种信息。线上渠道具体推广形式如下。

1. 软文或短视频推广

软文推广是指以文字的形式推广自己的产品。优点是操作方便，省钱，性价比高。软文只要发布一次，就可以长久地运用，很多地方发布软文都是免费的。缺点是软文质量要求较高，如果广告特性明显的话可能会被拒，还有可能被当成垃圾广告，引起用户反感，可见软文质量对推广效果有直接影响。原创视频目前是一种不错的推广方式，但是一定要注意内容标题和质量，只有真正满足用户需求，才能达到推广目的。另外，原创作品搜索引擎可以被主动收录。

2. 网址导航推广

网址导航有综合网址导航和垂直化网址导航两种方式。综合网址导航，如 hao123、2345 网址导航，内容全、涉猎广、口碑好，可信度高，它们的服务对象是大多数网民，如果网址被收录，企业就能够快速获得流量。但是综合性网址页面空间有限，流量成本获得相对较高。随着互联网的发展，用户对个性化网址导航的需求越来越大，专业化的网址导航纷纷诞生，此类导航属于垂直化网址导航。垂直化网址导航收录一个或多个行业，为从事某一行业或身处某一地区的用户提供导航服务。近年来，为贴近用户的多元化需求，各大综合网址导航站开始推出其分支的垂直化上网导航。如图 6.3 所示，在 2345 网址导航教育频道中，用户可以快速查找各种相关的教育信息。个性化、垂直化、更加细分也是网址导航未来的发展方向。

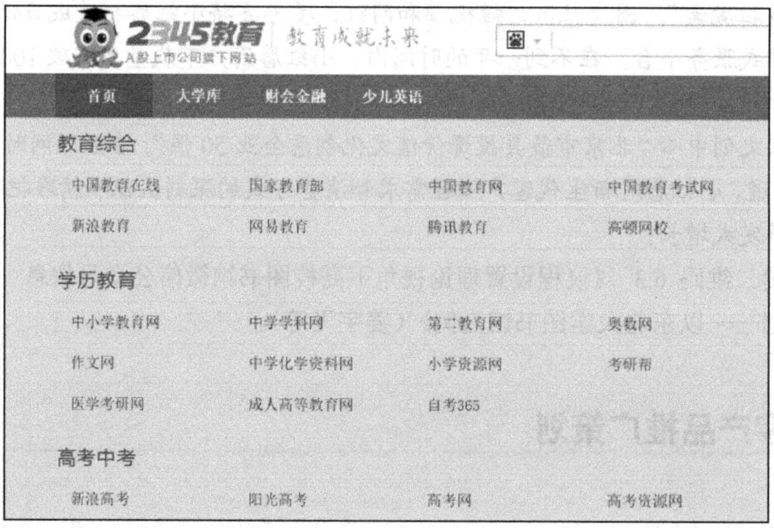

图 6.3　2345 网址导航教育频道

3. 问答类推广

选择一个好的平台对问答推广非常重要。如百度引擎，客流量大，每天搜索点击人数多，保证能有人看到你的留言。此类推广中关键词的设定很重要。但关键词的选择要紧紧围绕推广主题进行。问答类网站互动性强，信息传播快，属于口碑推广的手段之一。利用问答类网站，结合 SEO 的技巧，对用户关心的问题进行解答，不仅提的问题要有质量，解答也要有质量，在问答同时不露声色地植入相关产品的信息，一般具有高权重、收录快、排名好等特点。在进行问答推广的时候要注册多个 ID，可以轮流使用，但要注意回答的内容不要太死板，否则容易被删掉。常见的问答平台如图 6.4 所示。

图 6.4　常见问答平台

4．微信推广

微信能将信息精准推送，用户关注率高。可以有针对性地进行消息推送，根据地域进行消息的推送，也可以在朋友圈里发布相关信息，可以经营订阅号。缺点是用户微信可以屏蔽相关信息，无法显示是否在线，不能保证时效性。另外，微信群都是认识的人，需要把握好度，不然容易使人反感。

5．IM 推广

IM 是 Instant Messaging 的缩写，翻译成中文就是即时通信。IM 推广就是以各种 IM 工具为平台，通过文章、图片、视频等方式进行宣传推广活动。常见 IM 营销推广方式有 QQ、旺旺等。比如 QQ 推广，企业可以根据产品特性有针对性地加入群组，发布相关消息，或者按照地区、行业、兴趣等建立群组，针对性强。QQ 群推广，用户意向明确、互动性强，相比其他点击付费、网络广告等推广方式来说成本低、见效快。另外，还可以利用搜索引擎、资源合作、电子邮件、信息发布、网络广告、博客、社交等方式进行推广。

6．线上直播推广

直播推广有以下优势：一是实时互动。消费者能以最快、最直接的方式了解到产品和服务，商家能第一时间解决消费者对产品的疑虑。二是成本低，效果好。以前召开产品发布会，要选址、租场、预约时间、邀请媒体嘉宾，用时长、花费非常巨大。现在通过网络直播观看产品或授课，不用租场地、招待媒体，布置会场简单化，既节省了时间，也节省了成本。三是即时交易。直播能与观众即时互动，实时解决观众对产品的疑虑，配合放出产品购买途径，能大幅度提升消费者的购买意向和下单概率。四是客户精准。能在发布会开始时进入直播间的人，都是对直播有兴趣的。商家通过直播营销锁定目标客户，有利于提升营销效益。目前用直播推广已成为线上学习、培训网站的主要手段之一。

7．搜索引擎推广

搜索引擎是企业常用的推广方式之一，分为免费推广和付费推广。搜索引擎优化对网站的排名至关重要。搜索引擎是网民获知新网站和信息的最主要途径之一，覆盖面广，目标精准，相对客户平均成本较低。国内比较有影响力的中文搜索引擎有百度、新浪、搜狐等，国外（英文）的有 Google、Yahoo、Excite、AOL 等。其优点是见效快、关键词数量无限制、不分难易程度。缺点是竞争激烈、价格高昂、管理麻烦、需专人管理。不同的搜索引擎各自独立，想要其他引擎出现排名，要重复花费推广费用，因此会出现恶意点击。

8．添加网站链接

企业推广自己的网站时可以到论坛、贴吧等网络社区里发帖添加网站链接。既可以寻找跟自己网站内容相关的合作伙伴进行友情链接，还可以通过网址站进行链接。综合性网址站由于页面有限，加入费用高，可以寻找垂直型行业类的网站加入进行推广。

另外，还可以通过广告联盟、标志推广等方式进行推广。

了解了各种线上推广渠道后，企业接下来要做的就是制定各种推广渠道的投放比例。要做好这一点，就要先了解各种渠道的推广效果，从而判断自己的产品适合哪种推广渠道。因为每种推广渠道的风格、用户类型不同，要选择和自己用户群有高度重合的推广渠道，这样才能吸引到有效流量。

6.3.2 线下渠道

线下推广是与线上推广完全相反的一种推广方式。它更侧重于传统模式而非网络模式的推广，注重实际生活中的沟通交流，在传统营销中占据着重要的位置。虽然现在是线上推广主导的世界，但是线下推广依然有着不小的威力。因此，企业在做产品推广策划方案时，线下渠道不可忽视。线下推广方式主要有以下五种。

1．微信扫码，分享朋友圈

通过扫码关注的方式进行的推广是最便捷、快速的，能在短期内迅速发展大量用户。激励用户关注后，再进行朋友圈转发。记得在扫码时给用户一些实质性的优惠，用户才会更加喜欢。

2．礼品赠送

通过设点的方式，摆几张桌椅，准备好礼品、海报与宣传单。在校园、小区、CBD 等人流量多的地方进行推广，通过赠送礼品的方式吸引用户关注。

3．发传单

发传单是最节省成本的方式之一，直接把自己的产品和宣传信息打印到宣传单上，挨家挨户或在 CBD 区发传单，既直接又有效。但是一定要把传单设计得有新意，同时还要让用户通过传单享受到实惠。

4．实体店面推广

这种推广方式需要有针对性。比如餐饮 App，就需要到餐饮行业的店面去推广。这种点对点的推广方式其定位非常精准，效果也很好。

5．活动宣传

通过举办地面活动，如表演、游戏、抽奖等方式，吸引用户关注和参与。

6.3.3　推广预算

推广预算方案是推广的最后一步，也是最重要的一步。每个渠道的推广成本不同，企业是否能够承担这些成本，能否用最小的资金投入获取最大的推广效果，这些都是需要经过事先策划的。特别是刚成立的企业，没有很多广告预算，因此一个好的预算方案是非常重要的。每家企业都有自己的推广方式和推广计划，所以预算自然也要根据企业的实际情况来制定。

拓展阅读二维码 6.4 《短视频节目内容策划与实现策略研究——以西部网“五味什字”视频工作室为例》（林卓君等）。

拓展阅读 6.4

6.4　案例：“青年互赞星球”小程序运营策划

6.4.1　“青年互赞星球”小程序简介

“青年互赞星球”是一款针对 18～28 岁本科生、硕士/博士研究生的，以“打卡”为主题的微信小程序兴趣社区产品。该小程序的目标是希望能帮助用户养成良好习惯、调节情绪。微信小程序于 2017 年 1 月 9 日正式在微信平台上线，截至 2018 年年底，微信小程序用户突破 6 亿，平均日活跃量达 2.3 亿。微信小程序依靠微信这个超级 App 坐拥中国最大的社交流量池，因此，微信小程序社区产品在良好的设计和运营的基础上将会从中获得巨大红利。

6.4.2　运营目标

“青年互赞星球”小程序的目标是挖掘目标用户群体需求，帮助用户养成良好习惯，并可调节其情绪，使用户成为该小程序的忠实用户，最终实现小程序的商业价值。

针对小程序发展的三个阶段，即孵化期、成长期、成熟期，每个阶段的运营目标也存在不同。孵化期即小程序未上线前及上线初期，该阶段的运营目标是为小程序的上线做好准备，如内容、宣传、种子用户等方面的准备，使小程序具有上线运行的基础。成长期是实现小程序用户数量和活跃度大爆发的时期，因此该阶段小程序的运营都应该为此服务，提高小程序的知名度，吸引新用户，并提高已有用户的活跃度，使用户数量和活跃度在这个时期内可以大幅度提高。在用户数量及活跃度稳定之后，小程序便进入成熟期，在该阶段，运营的目标是维持用户数量和活跃度，并促进用户变现，使小程序能够产生经济效益。

6.4.3 产品功能分析

“青年互赞星球”小程序功能整理如下。

（1）用户可在“晚安打卡区”和“健康养生区”根据系统给出的“打卡话题”进行打卡（发布内容），并能在“星球”板块中选择“推荐”“关注”“晚安打卡区”“健康养生区”分类浏览其他用户发布的内容并进行评论、点赞、关注等互动。

（2）用户可查看个人打卡天数，如有缺漏可发送求助链接向微信好友求助，获得三个好友助力就能补回一次打卡缺漏。

（3）用户通过打卡（发布内容）、互动或获得互动的方式获得“身价”（积分），可用于小程序内举办的相关活动。

（4）“青春票号”功能可以让用户为自己或他人“打卡”（存储想要送给他人的话语、图片等），并且可以文件形式支取或定制成礼物送出。

6.4.4 竞品分析

虽然当今市场上缺少针对年轻人群体的相关产品，但部分现有产品在运营上将如背单词、线上课程等功能与打卡功能相结合，增强了打卡功能与用户的关联性，使用户养成较稳定的使用习惯，同时使这些产品拥有较高的用户黏性。这对于“青年互赞星球”小程序的运营来说是较大的威胁。另外，作为一款带有社交属性的产品，该小程序还要面临微博、豆瓣等产品的威胁，很多用户已经习惯在这些产品中分享生活，因此，在运营上还要解决如何使用户愿意在本产品中进行分享的问题。

1. 小打卡

“小打卡”于 2017 年上线，现在拥有 5000 多万用户，是微信小程序中最火的打卡小程序（微信小程序搜索“打卡”排序第 1）。截至 2018 年 12 月，“小打卡”就已经形成了超过 100 万个打卡圈子，每天活跃的打卡圈子超过 10 万个，并且每天会产生近百万条新的打卡日记。围绕这些日记，每天有超过 150 万的点赞、几十万评论互动产生。

“小打卡”至今已经形成了较稳定的用户群体，从其社区内容及运营策略中，能看出其主要的用户群体是 30 岁以上的人群，该年龄段人群乐于分享自己的生活，如兴趣爱好、亲子互动等。从小程序发展阶段来看，“小打卡”处于成熟期，因此其现阶段的运营考虑更多的是提高用户活跃度、促进用户变现。

“小打卡”的宣传口号是：“每个爱好都有同好”。其官方微信服务号的新关注自动回复、菜单设置也围绕“兴趣”进行设置。从宣传口号、微信公众号相关设置中就能感受到该小程序是一个兴趣社区产品。“小打卡”正从打卡社区向社群平台转变，其不断完善圈子的功能，试图为用户打造好用的社群工具，以促使更多社群从微信转移到该小程序中。在变现方面，“小打卡”没有被打造成引流渠道或销售渠道，而是借助完善的功能，帮助圈子建立者实现变现。

2. 插旗打卡

“插旗打卡”于2019年5月上线，是网易公司旗下首个打卡互助社区，目标是让用户能通过打卡养成一个好习惯。该小程序上线初期以“英语健身考研运动打卡社区”为名，从此可以看出，“插旗打卡”想要从英语、考研、健身运动这几个用户高频打卡场景入手，达到吸引自我提升意识较强的年轻群体使用该小程序的目的。“插旗打卡”还借助“区块链”概念创新打卡玩法，将打卡模式分为付费挑战模式和积分瓜分模式，体现了该小程序与竞品的差异。

“插旗打卡”上线时间不长，从发展阶段来看属于成长期。其现阶段运营的目的主要是吸引新用户使用该小程序，提高小程序的用户数量及用户活跃度。该小程序还在同类型的打卡小组之间搭建了榜单机制，每月通过总打卡次数对同类型打卡小组进行排名，达到促使打卡小组成员为了小组的排名积极打卡的目的。“插旗打卡”的提醒机制也做得非常完善，用户加入打卡小组后可以进行是否接收打卡提醒、提醒时间等设置。设置完成后，该小程序会在指定时间内在其微信服务号中向用户推送打卡提醒。此外，其微信服务号每天早上9点和晚上8点还会向用户推送提醒信息，提醒用户进入小程序进行打卡。“插旗打卡”在网易公司众多产品中并不是核心产品，从其目前的运营策略来看，其承担着为网易其他产品（如网易蜗牛读书、网易云课堂等）推广、引流等功能。因此，将用户流量引入网易其他的产品中就是该小程序的变现方式。

从产品角度对比“青年互赞星球”小程序及以上两款竞品，“青年互赞星球”与“小打卡”同样具有突出的社交属性，与“插旗打卡”存在重叠的目标用户群体，因此可从两款竞品的运营策略中吸收适合“青年互赞星球”的运营策略，但也要充分挖掘其与竞品的差异，如关注“青年群体”的行为和情绪，将“青年文化”与“打卡”融合，突出“互赞”概念等，形成与竞品不同、创新的运营策略。

6.4.5 用户动机分析

1. 仪式感

微信朋友圈对于用户来说不但是与亲朋好友沟通交流的媒介，更是向他人展示自我形象的平台，因此用户在朋友圈中的运动打卡、学习打卡等行为是借助这个平台将自己日常生活中的细节进行了放大，以此完成构建自我形象、吸引同好互动的仪式。久而久之，打卡对于用户来说成了运动或学习等行为结束的标志，也成为对用户意义十分重大的且充满仪式感的事件。

2．构建、展示自我形象

戈夫曼提出的“拟剧理论”认为，人际传播的过程就是人们表演“自我”的过程，但这个“自我”并不是传统意义上真实的“自我”，而是经过符号修饰后的“自我”。而“运动打卡”“学习打卡”等行为正是对“自我”的修饰，用户希望通过打卡完成自我形象构建、获得他人认同、强化或改变他人对自己的看法。而好友的互动则帮助用户完成了这场“表演”，使其自身认同感获得增强。

3．出于从众心理

随着生活水平的提高，人们开始热衷于追求健康的生活方式，日常运动健身、每天学习、早睡早起等行为都成为潮流，微信、微博等平台上也涌现了各种方式的“打卡分享”。这种潮流使打卡进入了全民跟风的时代，用户通过打卡实现了自我监督，同时也塑造了自己不落潮流的形象。

4．营销手段的激励

微信朋友圈中以分享链接的方式进行的“打卡分享”大多是参与了如“打卡送会员”等活动，在上述两个竞品小程序中也有打卡获取积分、积分兑换奖品的游戏机制激励用户参与打卡。这正是利用了“延迟满足”的方法帮助用户完成其目标，该方法有利于培养用户自我控制的能力，同时也在一定程度上约束了用户。

此外，对于“青年互赞星球”小程序的目标用户群体来说，打卡已经成为青年人实现同辈群体聚集的一种重要的新形式和新途径，也是青年人对自己的人生进行建构的一种举动。因此针对“青年互赞星球”小程序的运营策划将满足目标用户群体的交往和自我发展需求，将青年文化中的热点与打卡相结合，使打卡变得贴近用户且有趣，提升用户对该小程序的认同感，同时也将注重打造打卡的仪式感，帮助用户构建正面形象，通过“延迟满足”的方法帮助用户完成“养成良好习惯”的目标，最终促进本小程序的运营获得成功。

6.4.6 产品定位

1．用户定位

“青年互赞星球”小程序的目标用户群体是18～28岁的在校本科生、硕士/博士研究生，该群体是当今青年群体的主要群体。在社会的重重压力之下，该群体有着强烈的交往需求，包括友情的需求和求援的需求；自我发展需求，包括求知的需求、求美的需求和发展体力的需求。这些需求的产生实际上受到了“青年文化”的影响，如今的“青年文化”遍布青年生活中的任何角落，他们对自己创造的“青年文化”高度认同和拥护。

因此针对青年群体的产品要想获得他们的支持，不但要符合他们顺应“青年文化”产生的需求，还要借助“青年文化”使他们对该产品形成认同，同时形成该产品与竞品在运营方面的差异。“青年互赞星球”相较于竞品，其目标用户群体更窄。因此，在运营上将深挖“青年文化”，为目标用户提供更能贴近他们生活的话题，并打造能“戳”中他们“痛点”的养成体系，凸显该小程序与竞品的差异，并形成较强的市场竞争力。

2. 内容定位

本小程序内容体系由用户打卡时发布的内容和用户发表的评论组成。打卡内容应来源于用户的真实经历或真实表达，能引起其他用户共鸣，能吸引其他用户进行互动。评论等互动方式产生的内容应该能体现“互赞”的特点，有温度，能够鼓励、抚慰用户。

3. 宣传定位

宣传口号为“我们懂你很值 de！”其含义一为“我们懂你很值得！”主要体现小程序中的“身价”元素。“身价”在目标用户群体的日常生活中，特别是在他们的求职过程中，是其“痛点”之一，因此想通过这个口号向用户传递鼓励和支持；其含义二为“我们懂你很值得！”主要体现小程序中的“互赞”元素，向用户传递“无论是健康生活的坚持，还是面对压力时的‘忍气吞声’、追星时偶尔的狂热等表现在小程序中都值得回应和回报”的理念。

6.4.7 线上推广策略

1. 官方微信服务号

在宣传渠道上选择微信公众号作为主要宣传渠道，是因为微信公众号可以直接链接小程序，且推文中可以置入微信小程序链接，使用户更容易到达小程序。官方微信公众号选择以“服务号”的形式呈现，主要功能是引导用户进入小程序，是小程序重要的流量入口之一；推送打卡提醒；推送小程序精彩内容、精彩活动相关推文；担当“客服”的角色，接收并处理用户投诉建议，实现对小程序进行管理的目的。

在小程序正式上线之前，推送预热推文、指南推文；在小程序活动、话题上新前，推送上新预告；每周推送两次小程序精彩内容合集或话题衍生内容；每天推送小程序通知（早上7点推送“早起打卡”提醒；晚上8点推送其他打卡提醒）。

2. 第三方微信公众号

第三方微信公众号主要通过合作软文的方式对小程序进行宣传推广。该小程序的主要市场是南京市各大高校，因此主要选择粉丝群体集中在南京市各大高校的微信公众号作为宣传渠道，如“南播玩”“南播玩超会玩”“南京高校助手”等。这些微信公众号的粉丝群体特征与本小程序目标群体一致，范围覆盖南京各大高校，且较为稳定、活跃（数据如表6.1所示）。同时，他们的运营团队还拥有着丰富的线上、线下宣传推广的经验，因此与他们合作进行“青年互赞星球”的宣传推广，一定会取得较好的宣传效果。

表 6.1　第三方微信公众号数据

意向合作第三方微信公众号数据（截至 2020 年 1 月 31 日，数据来源：西瓜数据）					
公众号	账号类型	活跃粉丝数/人	头条平均阅读数/次	词条平均阅读数/次	3～*n* 条阅读数/次
南播玩	专业校园直播、学生自媒体平台	29836	2168	752	175
南播玩超会玩	大学生吃喝玩乐优惠、粉丝互动平台	6525	448	—	—
南京高校助手	南京高校大学生全方位的校园生活助手	87200	11002	5492	461

此外，还可争取在南大学院、部门官方微信公众号上进行宣传推广，如“南大双创”“南大新传”“南大新传研会”等，借助官方渠道的影响力和号召力提升本小程序在南京大学校园内的知名度。

3. 论坛、贴吧推广

除了微信公众号渠道之外，“青年互赞星球”小程序目标群体是高校学生，高校都拥有自己的论坛或贴吧，其中活跃的在校学生数量较多，因此可将高校贴吧和论坛作为宣传渠道之一，通过发帖的方式可以降低宣传花费、实现宣传材料的多次使用，还可以通过合作相关活动的方式将论坛、贴吧的流量引入小程序中。在高校论坛、贴吧发帖可以通过发帖或者联系管理员举办推广活动的方式进行宣传。若选择通过发帖的方式进行宣传，可以直接使用微信公众号推文材料，既能减少宣传花费，又能实现对宣传材料的多次使用，降低运营压力。推广活动则可考虑与各高校官方论坛、贴吧，合作举办“早起打卡换早餐券”等类似活动，将论坛、贴吧流量引入小程序。

4. 用户分享宣传

“青年互赞星球”小程序的宣传推广还要依靠用户的自发宣传推广。用户自发宣传的途径有两种，一是打卡后系统自动生成的图片，二是用户有遗漏打卡的情况下，向微信好友分享求助链接邀请好友帮忙完成补充打卡。后期需要对以上图片、链接的文案进行设计，以达到更好的宣传效果。为对用户在小程序内的身份进行保密，以上生成的图片和链接都不会出现用户身份信息。

6.4.8　总结

运营的目的是将产品介绍给用户，促使用户使用产品，最终实现产品目标和商业价值，运营应该围绕着产品和用户进行。因此，针对某一产品进行运营方案策划时既要了解该产品的功能及特点，又要了解用户的需求和特点。

思考题

1. 简述数字产品竞品策划如何对用户进行分析。
2. 简述数字产品定位策划如何定位目标群体。
3. 针对一款具体的数字产品，做一个完整的策划方案。

第7章 数字产品内容运营

本章引言：

在互联网上，我们每天都可看到海量的信息，而企业的信息怎样从大量内容中吸引人们关注，内容运营是产品运营的重要手段之一。如何通过运营巧妙地将高质量的内容准确有效地呈现给用户，就需要掌握内容运营的技巧。本章通过介绍内容运营内涵、不同内容的特点和类型，了解内容推荐、审核机制，掌握内容运营运作流程和不同平台的内容运营技巧。

本章重点和难点：

- 内容特点、内容运营技巧。

教学要求：

了解内容运营的基础知识，掌握内容运营方向选择、内容推荐机制和审核机制。掌握不同平台内容运营技巧。

本章微教学：视频二维码 7.1　数字产品内容运营。

微教学视频 7.1

7.1 什么是内容运营

自 2015 年以来，视频、音乐版权大战，微信公众号开启保护原创，IP 内容被定为腾讯的重要战略之一，移动互联网“内容为王”的时代已经到来。

7.1.1 内容运营的内涵

现在很多人每天花很多时间浏览网页与 App，本意是利用碎片化时间，而生活却在不知不觉中被内容碎片化。当我们打开电商网站时，会看到琳琅满目的商品列表，列表有各种商品的具体信息，如图片、价格，商品促销文案，用户评价、打分、晒单、讨论，以及打折信息等。当我们打开网易门户时，会看到各种新闻，包括文字、图片与视频。当我们浏览企业官网、政府门户时可以看到各种新闻、法规、政策，企业产品介绍、政府职能的描述。当我们来到搜索引擎，搜索了一个关键词时，可以得到很多结果，每个结果都有许多描述。当我们去贴吧寻找自己喜欢的主题时，可以参与讨论，也可以默默浏览。在互联网上，我们浏览的信息都是通过内容为用户提供服务，其内容类型、设计角度、带给用户的感知效果及参与互动的方法都不一样。如新闻网站，其主要内容是文字和图片；爱奇艺视频网站，其主要内容是视频；淘宝网站，其主要内容是商品的展示情况；学而思教育类网站，其主要内容是课程。自从互联网出现后，内容运营的地位越来越重要，微博、网易云、樊登读书、36Kr、抖音、小红书等内容或用户类产品中内容运营涉及较多，京东、饿了么交易工具类产品中内容运营涉及较少。内容运营无处不在，如图 7.1 所示。

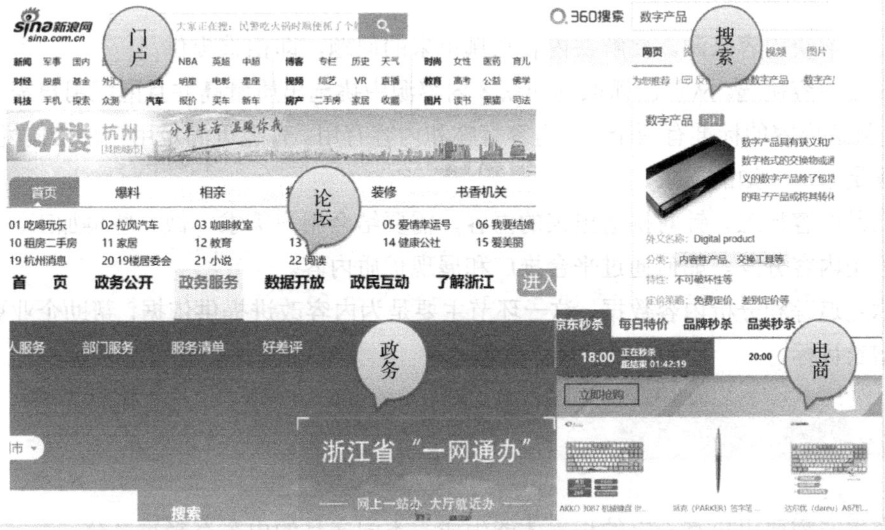

图 7.1　内容运营无处不在

有人认为内容运营就是编辑文章、发发帖子，这种理解是片面的。张亮在《从零开始做运营》中说，内容运营是指创造、编辑、组织、呈现网站或产品的内容，从而提高互联网产品的内容价值，制造出对用户的黏性、活跃度产生一定促进作用的内容。通常我们认为内容运营是指通过创造、编辑、组织、呈现网站内容，把合适的内容匹配给合适的用户的过程，通过内容来满足用户需求，从而提高互联网产品的内容价值，使用户对产品内容产生依赖，并在使用过程中对产品提出更多、更高的要求，促进企业提供更好的产品内容，如图 7.2 所示。其核心要解决的问题是围绕着内容的生产和消费搭建起来一个良性循环，持续提升各类与内容相关的数据，如内容数量、内容浏览量、内容互动数、内容传播数等。广义上来的影视、音乐、图片、杂志等，狭义上来的微博、抖音、小红书、优酷、爱奇艺或公众号、标题、配图等，这些都称作内容。

图 7.2　内容运营

一般情况下，内容运营基本过程如图 7.3 所示。

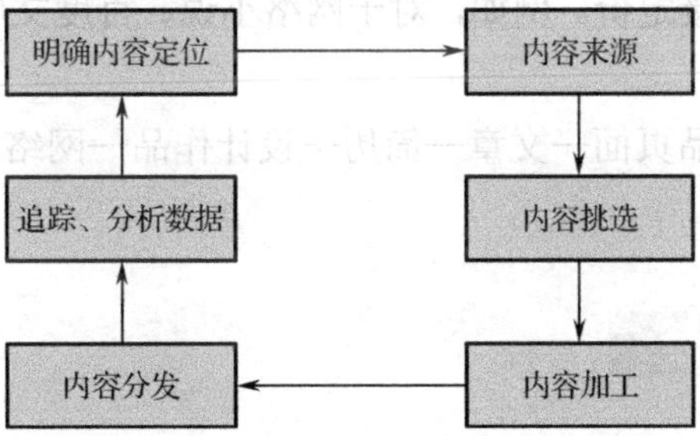

图 7.3　内容运营基本过程

第一要明确内容定位。内容定位是明确产品服务的对象、场景，主要是在产品定位和用户定位基础上，分析用户需求，解决目标对象的某个问题和痛点，为其提供某核心功能和服务。

第二要解决内容来源。要解决内容从哪里来的问题，即由谁提供。

第三是内容挑选。从前面抓取到的众多内容源中挑选出质量高并且匹配用户需求的内容的过程。挑选内容的标准有两个，即内容有趣和内容有用。有趣可满足用户轻松愉悦的需求，有用可满足用户求知的需求。

第四是内容加工。针对挑选出来的内容，需要结合用户需求，做一些再加工。

第五是内容分发。如何通过平台推广和展现优质内容。

第六是追踪和分析内容数据。这一环节主要是为内容改进提供依据，帮助企业更好地实现业务增长目标。

7.1.2 内容的特点

内容生产需要用户有一定的积累才能生成，不同产品的内容有轻重之分。

轻内容就是指产品内容运营过程中大多依附于其他产品，无法独立存在，所花费的时间和人力成本相对较少，人人都可以输出。例如，网易跟帖依附于网易新闻。

重内容通常是由专业的团队协作完成的，并且内容本身的价值非常高而且产量相对较低，如电影、电视剧等。这类运营需要较高的技巧，除需要有品牌影响力、用户数量外，还需要版权费用。本文所介绍的内容运营不包括这一部分。

介于轻内容和重内容之间的属于普通内容。普通内容产品中，仅有部分用户可以创造出符合产品特性的内容，大部分用户都在消费内容。

普通内容通常具有以下四个特点。

（1）内容创作的难易程度稳定。例如，写一篇推广文章，即使产品改进到了极限，对创作者来说，还是需要整理思路，字斟句酌，对创造者的依赖非常大。

（2）投入成本较高，产量较少。用户写一篇文章、回答一个问题或者剪辑一段视频都需要投入一定的时间，对创作者来说，如果产品没有很好的激励机制，不利于用户持续创造内容。

（3）内容通常可以自传播。一篇好的内容很容易被分享，转发率高。内容质量越好，自传播的速度与周期就越快。

（4）内容通常可以直接定价。例如，对于网络小说、百度文库、公开课等内容，用户已经习惯为之付费。

知识百科—问答—商品页面—文章—简历—设计作品—网络小说—公开课—视频，这是内容从轻到重的产品排序。

7.1.3 内容供应链

内容的供应链如图 7.4 所示。

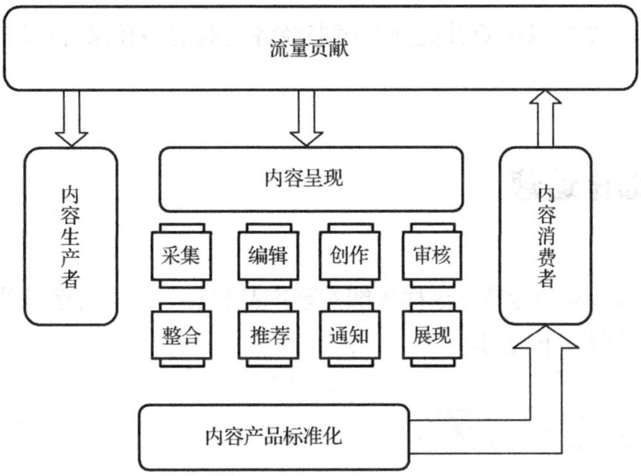

图 7.4　内容供应链

1. 内容生产者

内容生产者是网站与产品内容的发动机，是保证内容流转效率和网站与产品转化能力的动力。其主要解决原始素材从哪里来的问题，内容由谁来提供、提供什么样的内容，能否为内容消费者所喜爱。这一点和电子商务很像，某品牌定位的是儿童客户，那么它的进货定位就是儿童，不会是成年人；某品牌定位的是大家电，那么它就不会接受手机、相机等产品。数字产品也是一样，某旅游网站，提供的肯定是各地旅游信息。数字产品平台上，可以自己提供内容消费者感兴趣的内容，也可以请意见领袖、行业精英、产品用户等提供，但不管谁提供，都是内容生产者。不管内容生产者是人还是机器，都需要定时维护，以确保内容生产者持续提供内容。

2. 提供什么样的具体内容

收集好原始素材，开始内容再加工过程。从选题、编辑、创作、排版到发布，将内容组织成需要对外呈现的形式。这是内容产品的生产过程，这个环节的把关将决定内容质量的高低。

3. 内容产品标准化

对于我们熟悉的领域，我们可能看到一篇文章就能够揣测到它是出自哪一个公众号的，因为其风格是已经塑造成为这个公众号品牌的隐形标签。内容“标准化”输出，形成自己的风格，不仅可以提高内容生产的效率，也可以在一定程度上为输出的“内容产品”打上 Logo，产生品牌效应。

4. 内容消费者

内容消费者要定位准确，它决定产品目标用户聚焦的用户群体，是内容消费人群描像的关键。比如时光网的内容消费者定位是电影爱好者，B 站早期偏向 ACG 爱好者的聚集地。内容消费者的定位是动态的，要根据用户规模及时进行调整。

拓展阅读二维码 7.2 《出版社提升有声书经济效益的路径探析》（李建飞等）。

拓展阅读 7.2

7.2 内容精细化运营

产品尚未上线时就需要运营，这样才能实现产品设计、技术与运营的无缝衔接。确定内容运营方向之前要了解以下问题。

7.2.1 内容运营前的准备

1. 对自身产品的理解

明确自身产品的定位、用户需求、用户使用场景、市场份额、商业模式等。只有搞清楚这些问题，才有可能把产品运营好。比如 QQ 浏览器，这款产品最初的定位是手机浏览器，满足用户在访问小说、视频、搜索等方面的需求。

2. 对产品用户的理解

在开始正式运营产品内容之前，可以先对产品的用户进行分析，这样有助于把握自己的工作方向。在分析用户画像时，需要重点关注用户的基本属性，如年龄、性别、所在地域、受教育程度、上网习惯、对内容的偏好等，如图 7.5 所示。对产品用户的深入了解是每个互联网产品内容运营的基础。

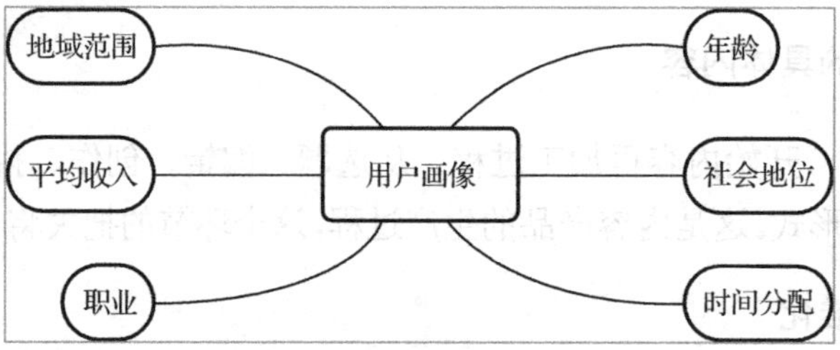

图 7.5 用户画像思维导图

图 7.5 中，年龄与平均收入有关联，例如大学生的收入普遍是比较低的，主要来源于父母，推荐的产品就要价廉物美。社会地位和职业可以反映用户需要解决的主要疑问。如白领，解决工作上的苦恼、如何在职场中脱颖而出等，这些用户画像的维度都成为内容的影响因素之一。用户最常问的问题是什么？这些问题以哪些领域为主？这些问题是否是刚需？用户付费的可能性有多大？

3. 对产品现有数据的把握

产品的现有数据情况是企业必须要把握的，这样才能更好地对产品未来的内容运营方向进行把握。内容运营核心数据如下：

（1）内容的展示数据。内容的展示数据，包括内容覆盖人数、被点击次数、页面跳出率、内容页面停留时间的长短等，是了解内容的最基础的数据，内容运营者可以通过数据，分析内容是否为网站（产品）的运营推广提供了帮助。同时通过数据掌握原来内容与用户的契合度，从而改进内容的类别、质量。

以一篇文章为例，这篇文章的链接被点击了 200 次，其中，100 次点击停留的平均时长为 20 秒，20 次是点击后直接关闭网页，另外 80 次点击停留的平均时长是 3 秒。通过数据分析知道，文章的质量还是不错的。再分析不同用户感兴趣的文章类别，由此改善内容的类别和质量。

（2）内容的转化数据。内容的转化数据，包括内容中付费链接的点击次数、付费成功次数；页面广告的点击次数、广告的停留时间、二次转化成功率等。它一般用于判断内容促进用户的转化率。以网络小说阅读为例，能否把用户从免费阅读转向付费阅读，就是内容的转化数据。

（3）内容的分享数据。内容的分享数据是内容的分享频次和分享后带来的流量统计。数据分享次数越多，说明内容越好。分享数据可以说明内容对用户的价值。

4．对竞争产品的分析

市场中还有哪些空白？竞品分析是非常有必要的。由于目前市场上完全空白的产品非常少，因此要分析自己的产品竞品的内容特色是什么，留给自己产品的发展空间还有哪些。每款产品都会有竞品，产品在不同的发展阶段所面对的竞品也是不一样的。如果企业想要迅速运营好内容，首先就要找到产品所在阶段的竞品，并且要了解竞品运营的策略和竞品的各项转化数据。根据之前的调研和自己的经验，投放这些问答素材，收集阅读、评论、转发的数据，监测相应的衍生话题数据，分析数据并确定内容运营的重心。

7.2.2　内容初始化

内容初始化是内容运营初期的核心部分。它是在构建好的内容框架下，第一批种子用户使用产品之前，去填充一些内容，这些内容代表着网站与产品的价值观，决定你的产品可以吸引来什么样的用户。

内容初始化前需解决以下几个问题。

（1）确立好内容面对的初始目标用户群，越细分越好。针对目标用户，确定输出相应的主题。

（2）确定第一阶段用户内容需要解决的问题。要清楚产品初始阶段如何通过内容去留存种子用户，清楚知道准备运用哪些运营手段，保证种子用户的活跃度。

（3）关键路径引导与初始内容准备的用户参与。新用户进入后要有引导文案，让新用户知道社区具体运营内容、如何参与等。对于社区型网站或者产品，可以是自己作为用户或者定向邀请一些种子用户开始做的内容填充。如交易型的网站，其对应的关键路径，可能是注册和交易指南、商品信息、如何支付等，内容初始化的重点是商品信息、图片展示。

（4）确立内容架构。就是解决内容从哪里来、到哪里去的流程问题。想清楚用户进入社区后希望看到哪些内容，产品内容会被分到哪一级目录之下。

7.2.3 建立内容输出机制

如何使产品内的优质内容持续输出？内容运营人员需要寻找用户关注度高的话题。常用的手段是可以通过技术抓取、收集某一个细分领域的文章，形成素材库，对话题的热度进行排序，整理出需要关注的内容。运营初期，内容运营人员需要调动多方面的力量参与到话题的填充和讨论中。比如带领公司的同事填充热门话题，邀请用户参与讨论。其中邀请早期用户参与的话题讨论，是建立持续的内容输出机制的一个重要手段。就像淘宝用户非常注重客户评论，因为这可以实现流量的转化。

邀请早期用户要注意以下几点：首先，邀请的用户要有代表性。邀请的用户至少是在某个领域有一定的权威性，要有持续的内容输出行为。其次，用户间需要有某种联系。同属于一个圈子，或者在生活中有联系，或者在工作中有交集，这样在输出内容的时候，用户之间的观念就会有更多的碰撞，可以更好地分享给其他用户。再次，用户能持续产生优质的内容。邀请的用户要对这个领域有研究，善于表达，在出镜时能坦然面对。最后，用户认同产品的价值，愿意持续地跟着产品一起进步。

7.2.4 内容推荐制度

内容推荐对内容运营人员而言是一项很大的挑战。什么样的内容值得推荐？每个产品的内容运营人员都有不同的看法。在符合产品气质的前提下，能吸引大量用户点击的内容才算是好的内容。符合产品气质的内容，有利于普及产品的价值观，吸引大量志趣相投的用户参与内容的制作，产品以氛围聚集用户，用户的选择可以印证内容是否足够有吸引力。

常见的内容推荐方式有以下几种。

1. 热门推荐

热门推荐是一种省力而讨巧的推荐方式。最常见的是“排行榜”形态。要给用户展示平台上最热门的内容。但是要注意热门的内容在各平台上往往相似，很多新内容无法给用户展现。所以热门推荐只适用于早期运营阶段，产品成熟后则成为一个产品模块即可。

2. 编辑推荐

随着产品的日益成熟，用户持续增长，编辑推荐成为首选。其逻辑是基于平台对于自身运营人员能力的自信，认为官方编辑推荐的内容就是用户喜好的。

编辑推荐的内容要根据数据分析、用户反馈，不能凭主观意愿。推荐的内容一般是新鲜、优质的。理想的正向循环是，编辑推荐优质内容，阅读量增加，成为热门内容，进而热门内容会不断轮换。

3. 个性化推荐

个性化推荐常见于音乐、视频、新闻、电商等大平台，如天猫的个性化商品推荐。

个性化推荐常见以下三种方式。

一是基于用户的推荐（User-Based），找到相似的用户看他们消费了什么内容，然后推荐给该用户。

二是基于物品的推荐（Item-Based），根据用户消费的内容、查找过的信息找到相似的内容进行推荐。

三是基于物品特性的推荐（Modle-Based），根据用户消费过的内容提取特征，找到更多相似的内容后再推荐给该用户。

案例：QQ 音乐内容推荐

在 QQ 音乐的 App 中，音乐馆的推荐模块是编辑推荐，人工干预力度较大，主要推荐新歌和应景的歌单。排行榜属于热门推荐模块，都是算法计算出来的结果，反映了平台用户最喜欢的歌曲。个性电台是个性化推荐的产品，经历过多次改版后，目前已成为国内领先的个性化推荐系统，具有非常不错的口碑，如图 7.6～图 7.8 所示。

图 7.6　编辑推荐

图 7.7　热门推荐

图 7.8　个性推荐

拓展阅读二维码 7.3　《美食短视频自媒体的内容与运营策略研究——以“李子柒”为例》（顾绮等）。

拓展阅读 7.3

7.3 内容运营技巧

7.3.1　公共平台内容运营技巧

1. 先定位

根据产品自身品牌调性、产品针对的受众来确定公共平台所要进行运营的内容的特色。比如内容运营的品牌是化妆品，那么内容不涉及美肤，而聊政治就是定位错误。

2. 快速测试，获取反馈

主要是测试创作或者采集的内容用户是否喜欢，是否感兴趣，如果用户反馈平平，那就多测试几次并及时进行调整。

3. 培养用户的习惯

固定的发布风格、固定的内容发布时间非常重要，可以培养用户定时查看的阅读习惯。

4. 做好长期运营准备

有句话叫“一个人做一件好事不难，难的是一辈子都做好事”，内容运营也是这样，要坚持不懈。

5. 保持与内容消费者互动

坚持每天都保持与来消费内容的用户保持互动，这样才能留住消费者。

6. 内容多做原创

抄来的内容不能保证自己的个性，原创的内容契合产品调性，与受众口味相符，容易引起共鸣。

7.3.2 自媒体内容运营技巧

自媒体内容运营一般通过文章、图片和视频的方式进行。当你输出的内容获得一致好评的时候，就是你的内容和用户产生共鸣的时候，也就达到了运营的目的。

1. 文章运营

（1）做好内容的规划。我们在写文章的时候，内容规划一定要提前在脑海里构造好，而不是到写文章的时候再去构造。写文章的灵感来自于平时的积累，平时搜集积累的素材越多，才能做到灵感来了就下笔的程度。

（2）内容选择关注用户动机。有价值的内容之所以受到用户关注，是因为对用户有所帮助，用户能获得想要的信息。所以内容的选择要关注用户动机，要能满足用户需求。

（3）内容领域选择要明确。内容领域选择不仅仅要结合自身还要结合用户画像，最好结合自身特长选择熟悉的领域，这样在文章输出时不会因为素材或者是不熟悉导致内容输出困难。内容领域要事先规划，内容是根据目标用户进行定位的，内容领域一旦确定就轻易不要改动。如果不考虑自身定位，只考虑哪个领域热门就去运营，即便关注度高，也会因为粉丝不够精准，给后期利益转化产生困难。

（4）内容形式差异化。内容的差异化是要求进行创新，文章内容要具有较高的辨识度。要注意，多写自己熟悉领域的内容，尽量减少负能量的内容，多写积极的正能量内容带给读者。

（5）发文技巧。想要获取平台更多推荐，首先你就要保障内容的原创度。平台会对内容进行“消重”，内容重复率过高的话，是容易被限流的，因此在发文之前最好是使用工具进行检测，如通过易撰对文章原创度进行检测，让系统获得更多的推荐。需要注意的是，如果文章存在安全问题的话，平台直接审核不通过，而如果标题存在错别字也会降低用户体验感。

2. 图集

图集不需要写作技巧，只要图片够能吸引人即可。对图片进行描述的文字只要简明扼要，能说清楚就可以，图集运营重点是放在图片上面。在图片的选择上，要尽量使用原创，如果是去网络上搜索选取，注意不要侵权。

案例：闲鱼

闲鱼在科比告别赛当天做的启动图，文案是“闲鱼永远和你在一起”，意思是虽然科比不在球场上了，但我们还在。虽说不是特别贴切，但至少把热点和产品结合起来了，能看出运营这块是有策略的，如图 7.9 所示。

图 7.9 闲鱼启动图

3. 音频视频

音频视频只要逻辑思维清晰，把内容拍摄清楚，再打上需要的字幕就可以。整个过程与写文章关联不大，适合不擅长写作的自媒体平台。

7.3.3 内容流转技巧

如何使内容健康、持续、有价值地流转？如何让内容消费者尽快地找到运营的内容？内容运营者需要关注以下问题。

- 内容消费者是谁？
- 他们通常活跃在什么地方？
- 他们的习惯是怎样的？
- 最近他们在关注什么热点？
- 我需要提供什么才能让他们注意到我、喜欢上我？

对于内容运营者来说，要让内容制造者持续地产生内容，就要尽量避免在一个时间段内，带来与内容制造者产生的内容类型、内容质量不匹配的内容消费者。

7.3.4 内容运营反馈和跟进技巧

内容跟进策略是指及时地了解某一篇内容获得的阅读和转发情况，根据内容阅读量的多少，对这一类内容进行调整。内容运营的反馈机制和跟进策略应注意以下几个方面。

- 内容的采集与管理，必须考虑用户需求，要提供消费者感兴趣的内容。
- 反馈机制和跟进策略要根据平台的不同，运用不同的展现方式。
- 既要重视数据挖掘机制，但更要重视数据挖掘之后的反馈与跟进。
- 内容不是一成不变的，它需要调整与提高。
- 内容运营必须要有 KPI，并认真分析 KPI 各种指标的亮点和问题（如曝光度），作为指导下一阶段内容运营工作的依据。

随着移动互联网驶入“深水区”，越来越多的产品核心竞争力将会体现在内容运营上，所以我们可以预见内容产品正在一个快速发展的道路上，随之而来的便是机会，当然也会有越来越多的问题出现。但是不管内容运营变得庞大还是复杂，核心问题依然是相对稳定的：内容从哪里来？内部怎么管理这些内容？怎么把合适的内容推送给合适的人群？其中对于每个问题的优秀解决方案都可以构成一个产品的核心竞争力，如知乎解决了内容生产问题、QQ 音乐解决了海量内容的管理问题、亚马逊等电商解决了商品推荐的问题。而一个合格的产品，则应该在三个基础能力上都不能有明显的短板，否则很难构成完整的用户体验，自然也难以在竞争中胜出。

拓展阅读二维码 7.4 《智慧融媒体内容传播变现效能提升路径》（张书玉等）。

拓展阅读 7.4

7.4 案例：今日头条的内容运营

7.4.1 今日头条简介

今日头条是北京字节跳动科技有限公司开发的一款基于数据挖掘的推荐引擎产品，创立于 2012 年 3 月，于 2012 年 8 月对外发布第一个版本。在短短几年时间内，今日头条发展迅速，今日头条平台上已经聚集了几千家媒体和为数众多的自媒体人，截至 2019 年 12 月，入驻“头条号”的媒体和自媒体账号数已突破 180 万，平均每天发布 60 万条内容。头条号平台已成为国内第一智能内容平台。此外，短视频内容已成为今日头条最大的内容形态，也成为国内最大的短视频分发平台。

在成立初期，今日头条基于建设优势渠道的理念，并没有组建自身的编辑团队，而是利用爬虫技术抓取传统新闻网站和门户网站上的内容，并利用智能分发技术将抓取到的内容推送给平台上的用户。正是因为这一行为，部分新闻网站和媒体平台对今日头条提出了侵权指责，今日头条也曾一度陷入侵权风波当中。因此，今日头条开始转变思路，推出了类似于微信公众号的自媒体创作平台，即“头条号”自媒体平台。通过“头条号”自媒体平台的打造，一方面，拥有了源源不断向平台输出内容的创作者团队，避免了在内容上过度依赖外部媒体内容而陷入被动；另一方面，借助头条号平台实现了内容创作者、用户和广告商的连接，形成了一个更加稳定且持续发展的内容生态体系。

7.4.2 内容选择

在移动互联网时代，用户成为各手机客户端竞相争夺的宝贵资源。而吸引用户最基本的原则，就是以用户需求为出发点，提供用户所需要的内容信息。

今日头条基于“内容的搬运工”这一定位，一方面通过与相关的媒体、企业、网站、政府部门等内容生产机构合作获取海量信息，另一方面通过搭建自身的自媒体平台，引进创作者来获取大量内容。今日头条在内容的推荐和功能的设置上十分重视受众的个性化需求，并将内容的选择权充分让渡给了受众，让用户来决定自己看什么。正如今日头条创始人张一鸣所说，今日头条不是由编辑决定而是用机器算法来决定读者看什么的，为用户提供的不是观点而是实用信息。

1. 细分受众，实现内容的“个人定制”

在全媒体时代，受众的分层现象越来越凸显，年龄、性别、受教育程度、职业、阶级、爱好等都是构成受众个体差异的重要因素，这些因素将受众划分为千千万万个细分群体，不同的群体对内容信息有不同的需求，甚至每个个体对于信息都有着与众不同的个性化需求。今日头条注重分析受众的个人属性，充分重视了个体与个体间的差异性，在使用搜索引擎、大数据挖掘技术的基础上，通过绑定用户的社交账号，对用户使用社交软件的历史行为数据进行多方位的挖掘和分析，构建出用户的兴趣图谱，为用户提供符合其兴趣的个性化内容，真正做到了内容呈现的“个人定制”，如图 7.10 所示。今日头条通过为用户定制内容提高用户黏性，满足用户的个性化需求，使每个用户都能看到不一样的专属新闻界面。

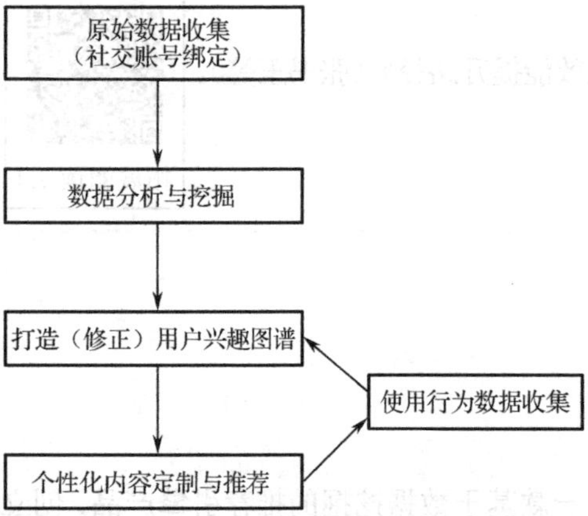

图 7.10　今日头条个性化推荐的流程图

2. “娱乐”类和“社会”类资讯占主流

就整体情况而言，今日头条在内容上呈现出软性主题占主流的特点，这一方面是由头条用户的阅读兴趣偏好决定的，另一方面，也与我国当前网民的属性特征相符合。根据今日头条发布的 2016 移动资讯行业细分报告显示，在对今日头条全平台用户的阅读兴趣调研中，对娱乐类资讯和社会类资讯感兴趣的用户占比最多，分别占到 68.29%和 46.56%，这便决定了今日头条软性主题占主流的内容基调。

3. 整合海量内容资源，内容形式多样化

今日头条作为一个信息聚合平台，拥有海量的内容资源，其内容来源主要有三个：爬虫技术抓取+PGC（专业内容生产）+UGC（用户内容生产）。目前，今日头条不仅聚合了包括传统媒体网站、新闻门户网站、论坛、社交网站等在内的大量网页内容，还有包括专业媒体在内的，超过 120 万个头条号每日为用户提供大量新鲜精彩的内容。“头条号”是今日头条于 2014 年 9 月推出的自媒体内容创作平台，为了吸引优质的内容作者入驻，成立之初便发布了一系列扶持政策和措施，投入大量资金来帮助其发展。今日头条的内容十分丰富，除了新闻资讯，还有诸如冷笑话、段子、生活服务信息、问答类资讯等多个领域的内容，这些领域的内容都集中在固定的主题频道，如“图片”“视频”“小品”“搞笑”“段子”等频道。此外，其资讯形式也丰富多样，包括文章、图集、短视频和直播等，满足了用户的多场景阅读需求。

7.4.3 内容分发

为了提高用户黏性，延长用户在平台上的停留时间，今日头条不断地在内容分发领域进行探索，并通过发力短视频，打造问答社区，推出强社交化产品等实现了自身的横向扩张，形成了一个庞大的 App 矩阵。目前，今日头条旗下拥有 9 个独立 App 产品，分别是内容分发平台的今日头条和今日头条极速版，短视频领域的火山小视频、西瓜视频、抖音视频及 Muse，知识问答领域的悟空问答，专注于搞笑娱乐社区的内涵段子，专注于汽车领域的懂车帝。由此可见，今日头条不仅仅是一个新闻客户端，它与搜索引擎、网址导航、微信朋友圈一样，是未来普通用户进入整个互联网世界的入口。

1. 打造短视频内容矩阵：西瓜视频、火山小视频、抖音视频

短视频是指以新媒体为传播渠道，时长在 5 分钟以内的视频内容，它是继文字、图片、传统视频之后新兴的又一种内容传播载体，具备生产成本低、传播速度快、生产者和消费者之间界限模糊等特点。2017 年，短视频行业全面爆发，主要源于需求端和供给端的三大驱动力：碎片化娱乐需求、移动互联网普及、大数据及 AI 技术的成熟，这使得短视频在内容领域逐渐取代直播成为广大用户的新宠。2016 年 9 月，今日头条宣布投入 10 亿元补贴短视频创作者，正式入局短视频。随后，今日头条便开始了其在短视频领域的多方部署。

国内方面，2017 年 3 月，抖音这一短视频音乐社区热度爆发，5 月，今日头条投入 10 亿元在短视频平台火山小视频，用于补贴平台的 UGC 短视频创作，并将“火山小视频”接入今日头条 App。此外，西瓜短视频的增长速度也十分显著。2018 年 2 月，今日头条又完成了对 Faceu 激萌和维境视讯（VSCENE）的收购，预示今日头条或将在 VR 领域布局。国际方面，今日头条于 2017 年 2 月全资收购北美移动视频创作平台 Flipagram；7 月，火山小视频海外版本上线；8 月，抖音海外版上线，并在日韩均取得不错的成绩；11 月又收购音乐短视频社区应用 Muse，投资 Live.me，成为继 Facebook、Snapchat 之后的短视频入局者。

此外，今日头条投资的还有老友科技 Tiki、Vshow 我秀时代、阳光视频、30 秒动车等其他多个短视频领域项目。

2. 悟空问答——所有人的知识问答社区

悟空问答是继抖音之后，今日头条又放出的一个重磅产品。悟空问答的前身是头条问答，头条问答与知乎相似，是一个碎片阅读与内容分发相结合的社会公共领域，具有媒体和平台的双重属性，用户可以适当地参与到内容、版面和功能等的设计中。2017 年 8 月，在悟空问答推出之初，便因“高价挖走 300 位知乎大 V”的事情闹得沸沸扬扬，从而走进大众视野。随着“挖角”事件的继续发酵，悟空问答在 8 月 30 日晚推出的一组颇有“diss”意味的“反对体”营销海报，其“反对理中客”“反对鄙视链”“反对装”的标语不仅让悟空问答成功完成品牌亮相，引发大众关注，也成功打出了悟空问答的差异化，强调其与竞品的不同，即“所有人的问答社区”。

背靠资源雄厚的今日头条，悟空问答在发展上有着得天独厚的优势。首先，基于今日头条的用户基础，其流量导入作用十分明显。发布在悟空问答上的回答可以被推荐到今日头条首页，获得更多阅读量。其次，对于推出不久的悟空问答，今日头条的现金扶持力度很大。资金投入主要用于签约答主和激励普通用户提供优质回答。再者，问答平台相对于其他内容创作平台，门槛要低很多。优质问答对深度和专业度的要求并不高，往往是以最深入浅出的方式进行解读，这也符合其“欢迎所有人”的定位。最后，智能算法机制能够帮助其问答内容更精准地触达目标用户。

3. 微头条——从智能推荐走向智能社交

今日头条推出悟空问答的重要意图之一，就是通过打造问答社区来发展社交关系。而其随后不久推出的通信录同步功能，也旨在进一步加强自身的社交属性。2017 年 4 月上线的微头条，便是今日头条推出的一款社交媒体产品，准确来说，是基于数据技术聚合社交媒体热点内容的轻资讯阅读平台。出于提高业务权重的考虑，今日头条至少给了微头条 3 个流量入口，如关注、推荐、频道、导航栏等。同时，微头条发布的内容会在资讯的信息流中出现，并与头条号互相引流，这种协同运作更容易帮助用户积累粉丝。微头条在功能和页面设计上与微博十分相似，如同微博的简化版，用户可以在微头条中发布或分享文字、图片、视频等各种内容，也可以互相关注和认证加 V。微头条简短的内容表达，一方面降低了内容创作的门槛和用户的阅读成本，另一方面也为用户创造了更为丰富的社交场景。仿照微博关注体系推出的微头条则恰好补齐了今日头条社交属性的短板，并能利用强社交属性为平台带来更多精准数据。如此一来，今日头条在传统内容分发渠道上又增加了社交分发的渠道，使得内容分发渠道更加完整。

7.4.4 内容管理

无论是内容生产平台还是分发平台，内容质量的好坏都能直接影响到用户的使用体验，同时也关系到平台健康持续的未来发展。高质量的内容和良好的体验无疑是信息消费者潜在的需求，也是吸引优质用户的根本。在信息爆炸的移动互联网时代，内容的同质化和粗制滥造现象严重，平台对内容的监管和把控面临着前所未有的困难。今日头条作为国内已经具备一定影响力的内容平台，在内容安全上也一直用最严格的标准要求自己。

1. 人工与技术相结合的审核机制

今日头条的审核机制相当严格，图文信息采用人工+机器的方式进行审核，而视频内容则全部为人工审核的方式。目前，今日头条每天新增发布 50 万条内容。今日头条的人工审核包括图文审核、视频审核和评论审核等，除了人工审核，还建立了低俗低质打击算法模型，采取人工审核+技术识别的方式。

对于 UGC 内容，审核流程第一步是风险模型过滤，算法会对内容直接做出色情谩骂、非法信息的识别，如果通过审核，则会先在小范围内进行推广，初步搜集用户反馈。如果收到举报负向反馈，或者用户分享数和阅读数比较大，还会再回到复审环节，若有问题则直接下架。如果小范围推广没有问题，则会进行大范围推广，如果在这个阶段收到负面反馈或者用户阅读量超过一个阈值，人工审核还会再次进行干预。PGC 内容数量相对较少，会直接进行风险审核，没有问题则会大范围推荐。如果有负面反馈或者用户阅读量超过一个阈值，则人工审核会再次介入，二次确认。如确实存在问题，则会立即召回。

2. 利用算法打击“标题党”

针对“标题党”内容，今日头条建立了检测模型，这一点与国际上通行的做法类似。在模型运行过程中，机器会从文本上对标题内容进行识别判定，将标题内容中的单个字词和词组进行拆分，并对这些字词进行打分，当分数超过一定的阈值便会被判定为存在“标题党”行为，系统便会向头条号作者发出警示。此外，机器还会通过对文章评论的分析及用户阅读文章后对“不喜欢”按钮的点击行为对文章进行总体上的判定，如果存在“标题党”行为或者内容低质问题，则会限制对该文章内容的推送，使其只能在很小的范围内得到传播。今日头条对于“标题党”的打击，主要是从平台作者的内容创作和平台对内容的分发两个方面来进行控制管理的。在平台作者的内容创作过程中，今日头条根据“标题党”常用的内容元素在文本层面进行总结，并定义了一系列与“标题党”相关的词汇形成“正则表达式”，然后在此基础上建立了检测“标题党”的规则模型，进而用这些规则对每一篇文章进行检测。与此同时，今日头条会定期发布对各类违规失范内容的整治公告，例如，对平台上伪科学内容、减肥广告营销信息等容易出现“标题党”现象的内容进行专门的治理。

3. 通过消重机制优化用户体验

今日头条的审核机制不仅仅针对平台上的敏感话题内容、低质烂俗的文章内容或是虚假内容进行过滤或召回，还能够对平台上的重复内容进行消重处理。消重是指在一系列重复、相似或相关的内容中，选出一篇“最权威”的内容进行推荐，而其余被消重的内容则不再获得推荐。被消重的内容不会获得任何推荐量，也无法投放“号外”。这个规定对于今日头条而言，在很大程度上提高了平台的内容质量。“消重机制”起初是针对今日头条所抓取的媒体内容建立的，利用算法在对重复内容进行聚合之后，挑选出来源最可靠、权威性最高的内容进行推荐。例如，人民网和新浪网同时发布了一条社会新闻，均被今日头条收录，但由于门户网站并不具备新闻报道的资格，所以今日头条虽然同时抓取了两个不同来源的相同内容，但在很大程度上会选择最权威的信源，就这个例子来说，则会选择人民网的报道进行推荐。这样做一方面增加平台的权威性，另一方面也避免让用户看到相似的内容。

7.4.5 内容变现

1. 灵活投放广告，实现内容变现

随着移动互联网技术的发展和内容分发模式的改变，信息流广告成为国内主要内容平台最常见的一种广告形式。凭借高转化率、用户干扰少、跨屏覆盖、定向精准的优势，信息流广告受到越来越多广告主们的青睐。今日头条于 2014 年第四季度引入信息流广告，属于国内较早一批使用信息流广告的互联网企业。相关数据显示，2016 年，今日头条靠信息流广告收入达 60 亿元；2017 年，增长至 150 亿元；2018 年的广告收入达到 470 亿元。

2. 多样化的头条广告呈现方式

今日头条的内容变现主要是通过广告的投放来实现的，目前今日头条上的广告呈现方式主要有三种。第一种即开屏广告。在用户打开 App 操作时，会出现一个广告页，显示 4 秒钟便会跳转到首页页面。第二种是信息流广告。信息流广告即穿插在用户所接收的信息流当中，根据用户地域、年龄、性别、兴趣等因素主动推送给用户的广告。信息流广告是今日头条投放的最广泛的广告形式，同样利用智能分发技术将广告与用户需求相匹配，使广告能够更好地展示给目标群体，实现更好的传播效果。第三种是详情页广告。此类广告需要用户进入到内容阅读界面才能看到，大多位于整篇资讯内容文章结尾处，或者位于视频播放界面的下方，以卡片的形式展示。今日头条通过自身的个性化推荐技术，能够根据用户的各方面特征向其推荐不同的广告内容，使广告的投放能更好地抵达目标群体，从而收到更好的效果。与此同时，今日头条还能够为企业精准地挖掘目标用户，并利用自身的平台优势为电商平台进行导流，从而实现自身更好的盈利。此外，今日头条还吸引了淘宝、天猫作为电商流量入口，进行信息流合作与多元化经营。

3. 内容创作者的内容变现渠道

头条号作者作为今日头条内容生产的主力军，针对头条号作者的内容变现，今日头条制定了一系列标准并推出了相应的渠道，可供达到规定标准的头条号作者选择。主要有以下四种：第一种是开通头条广告。度过新手期的头条号作者可以开通头条广告，即在发表文章等内容时勾选“投放头条广告”选项，当其发表内容获得推荐之后，便可根据文章的阅读量获取相应的广告收益。第二种是赞赏功能。赞赏功能只对具有“原创”标签的头条号作者开放，而申请“原创”标签需要头条号作者发表原创内容到一定数目，并且内容质量达标才可以开通。开通后即可通过用户打赏来获得收益。第三种是开通自营广告。开通自营广告的标准比较低，但若想通过自营广告获得收益，则需要作者自己联络广告商进行合作，并在发文时进

行自营广告内容投放，并获取相应收益。第四种是商品功能。累计粉丝数达到 2000 以上并且头条号指数在 650 以上的头条号作者，可以申请开通商品功能。商品功能开通后，头条号作者可以将第三方平台的商品链接插入到文章中，目前今日头条合作的第三方电商平台有京东、天猫、亚马逊等。内容发布后，用户便可通过点击文中的商品链接跳转到购买页面，完成购买行为后，头条号作者便能够获得相应的分成收益。

7.4.6　总结

今日头条的迅速崛起掀起了一股“个性化信息推荐”的热潮，大到互联网巨头公司，小到互联网内容创业公司，都纷纷效仿今日头条的信息分发模式，推出了自己的智能分发内容平台，如腾讯推出的天天快报、北京一点网聚科技有限公司推出的一点资讯等。或者在社交软件中加入基于算法推荐的功能板块，如微信新增的“看一看”功能等。移动端智能推荐内容平台的大量涌现，使人们一度陷入了“内容为王”还是“渠道为王”的争论当中。而当各大互联网公司在内容分发领域的“跑马圈地”基本完成之后，发现其最终的落脚点还是内容。无论时代如何发展，媒体行业始终是内容行业，不管是内容创作平台还是分发平台，优质内容始终是保证平台持续发展的重中之重。技术的效仿可以在短期内实现，而优质内容的打造则非一日之功。

思考题

1. 简述内容运营中的核心数据应如何解读。
2. 简述不同媒体的内容运营技巧。

第8章 数字产品用户运营

本章引言：

移动互联网时代，用户至上思维在数字产品运营推广过程中非常重要。用户至上，要求企业在设计产品、运营推广产品时都要围绕用户需求。本章内容主要从用户的角度来介绍运营推广过程中如何解决用户问题。主要介绍在产品运营过程中，有哪些用户，不同的用户有哪些不同的获得渠道；获得种子用户后，保证用户增长的有哪些方式；对早期用户、核心用户如何进行管理，确保产品运营成功。

本章重点和难点：

- 用户增长方式；
- 核心用户管理。

教学要求：

了解数字产品用户种类及不同用户的获得渠道；掌握用户增长引擎和用户管理。

本章微教学：视频二维码 8.1 数字产品用户运营。

微教学视频 8.1

8.1 什么是用户运营

企业生产的产品只有满足用户需求才能占领市场，同时，任何一个企业都无法满足市场所有用户的需求，企业只有分析市场后确定目标用户，满足目标用户的需求，才能为企业带来经济效益。因此，用户运营是运营的重中之重，任何产品离开用户都必然被市场抛弃。

8.1.1 用户运营的内涵

关于用户运营，每个人都有自己的标准和看法。网易运营总监韩叙认为，用户运营是指通过运营手段提升用户的贡献量、活跃度和忠诚度，一般出现在用户类产品或综合产品中的用户模块的运营。知乎运营大神张亮认为，用户运营是指以网站或产品用户的活跃、留存、付费为目标，依据用户需求，制定运营方案甚至是运营机制。用户运营的核心是开源、节流（减少流失）、维持（促进活跃及提高留存）、刺激（转化付费）。创新工厂金璞认为，用户运营的核心是把活跃用户的规模往上提，方式有两种：开源和节流，开的是注册的源，节的是流失的流。还有一种看法，那就是保活跃，让不活跃用户变活跃、让活跃用户更活跃。大街网韩利认为，内容运营和活动运营都是手段，目的都是提升用户运营的终极目标，都是做留存，促活跃，提高活跃用户数。

不同的从业经验对用户运营有着不同的看法，但不管怎样的经历，以用户为中心，是所有运营工作的出发点。在产品的运营推广过程中，运营推广人员需要结合产品本身的特性，从用户的需求出发，进行有针对性的个性化运营。用户运营的目标是增加用户数量及用户活跃度。关注每个运营节点，分析每个节点用户变化的原因。要预设用户增长节点，关注用户活跃度，让活跃用户量稳步增长。所以，用户运营就是以用户为中心，遵循用户的需求，以用户量及活跃度为目标导向，设置运营活动与规则，制定运营战略，严格控制实施过程与结果，完成从无到有的用户积累，以达到预期所设置的运营目标与任务。其实核心要解决的问题是围绕着用户的新增—留存—活跃—传播及用户之间的价值供给关系建立起一个良性的循环，持续提升各类与用户有关的数据，如用户数、活跃用户数、精英用户数、用户停留时间等。

8.1.2　用户分类

用户分类就必须区分不同渠道来源，根据渠道进一步识别用户属性，如年龄、性别、爱好、活跃度等，以 App 用户为例主要有以下几种。

1. 种子用户

种子用户是在你的 App 上线之初获取的第一批用户，且能够留存下来，带来更多的用户。他们热衷于尝试新观念或新产品，是新观念的提出者或者新产品的倡导者。但不是热衷尝试新产品的人就是种子用户。例如，IT 观光团，他们热衷于尝试各种最新的产品，会利用新媒体、微博等各种方式推广产品，并从专业的角度来审视产品的定位、设计、交互等各项细节，然后开始写专栏对产品进行测评，以推测它们能不能成为下一个 Facebook 或者微信，同时也借鉴其中的产品逻辑指导自己的工作。但是他们体验新产品只是职业的需要，他们可能是产品经理，也可能是设计师，还可能是投资人。另外，早期用户不一定是种子用户，他们只是比较早使用产品的用户。种子用户首先是产品本身能解决其需求，其次他们会无条件地支持产品，宣传传播产品。种子用户是会为我们的理念而非产品本身付费，他们能忍受产品的各项不完美。

2. 核心用户

产品的核心用户是产品赖以生存和发展的根本，核心用户是产品核心价值的主要贡献者。核心用户能够贡献资源，比如内容、产品创意、技术难题等，能够为企业带来现金流，并宣传产品，增加更多直接或者间接的用户。种子用户是存在于产品初期的特殊用户，而核心用户则存在于产品的每个阶段。

区分产品的核心用户的一个重要标准就是给产品带来的价值。比如太平洋电脑网的核心用户是经销商，经销商可以帮助卖掉更多的产品。39 健康网的核心用户是医生，医生可以回答用户的问题。还有一些热心用户也可以被视为核心用户，他们既不是优质付费内容的生成者，也不是为这些内容的埋单者，但是他们仍然会利用自己的其他特长来增加产品的核心价值。比如百度云招募的协助其在贴吧、论坛、QQ 空间、QQ 群、微博等平台运行的自媒体账号。

3．达人用户

这是根据用户的表现设置新用户的运营方式，他们更多的是为了促进产品的活跃度。例如，把用户分成小红书达人、美食达人、电影达人、旅游达人等不同的属性分别运营，维持其活跃度，并能让产品在每个细分领域都会逐渐沉淀相关内容，形成固定的关系链，打造多元化的产品氛围。

4．普通用户

普通用户指的是只要完成注册就可以的用户，用户数量庞大。普通用户这一群体，一般完成注册后行为较少甚至毫无操作，基本上只是消费内容，不与他人互动，贡献内容较少甚至不贡献内容。当一款产品通过种子用户的测试期正式上线后，普通用户就会逐步地进入，人数也会逐渐增多。新浪微博刚发布不久后，通过新浪娱乐、读书、博客等频道的带动，引入了大批公知人物、明星、知名企业等，然后在这些 KOL 领袖的引导下，微博的普通用户在初期形成了指数级的增长，通过 KOL 与普通用户的互动可以完成用户留存。

8.1.3 用户获得

不同阶段，用户获得的方式各不一样。在产品早期没有内容的时候，内容运营人员可以借助技术手段或者自生产的形式来生产内容，而用户运营人员只有通过不断地挖掘产品的价值点来匹配用户的需求从而吸引用户。有的企业产品开始投入大量的人力、物力推广后，却经常找不到突破口或者遭遇用户增长的瓶颈。这主要是因为一开始对产品的定位和理解不准确，导致无法准确地描述自己的用户到底是谁，也使运营人员在开始推广时迷失了方向。所以在产品正式推广前就需要根据产品定位去设定早期的用户角色及用户属性。

1．早期用户获得

豆瓣在开张的第二天就有用户注册，那时在搜索引擎中还找不到豆瓣，用户可能是在浏览器上无意敲打 douban.com 这个网址进入的，然后注册了 ID 到处看了看，没有做任何事情，此后便再也没有登录过。在产品早期，除种子用户外，也会有非种子用户注册并体验产品，有的会流失，有的则被留下来，关键在于如何对早期用户进行运营。

早期用户一般通过内测获取。邀请用户参加内测会使用户产生一种荣耀感和自豪感，内测用户可以很轻松地变成种子用户。选择邀请的用户一般是比较有影响力或话语权的，他们的宣传介绍，容易获得普通用户的关注。可以邀请以下 3 类用户成为内测用户。

（1）社会名人。如果企业有一定的经济实力，则可以邀请社会各界给产品进行内测。例如，品牌鲜花 Rose Only 在入市后，倡导“一生只送一人”的产品理念，并邀请了诸多明星为产品推广，从而引来大量普通用户的关注；掌趣科技代理的《石器时代》在上线时邀请了湖南电视台主持人杜海涛来代言。

（2）意见领袖。根据产品特色，可以考虑邀请社交平台的意见领袖进行内测，他们对产品有着与明星比肩的影响力，但需要花的时间成本与预算相对偏低。

（3）媒体渠道。记者、自媒体人、论坛版主、贴吧吧主等在传媒领域中都有相当大的话语权，邀请他们进行产品内测，可以增加产品在主流媒体上的曝光度。实施公测邀请带来的用户数量并不足以改变产品的氛围，如工具类的产品或者电商类的产品；而社区型的产品则需要注意由于测试人员的知名度带来的普通用户的注册及发言是否会稀释产品的价值。企业最好为测试用户建立交流平台，如论坛、QQ 群、微信群等，让他们可以及时地交流及保持对产品的新鲜度，持续贡献有利于产品推广的素材，获得更多用户。

2. 种子用户获得

测试期的种子用户主要由产品团队成员和通过运营吸引来的种子用户两部分人群构成。

（1）吸引产品团队成员成为种子用户。产品的团队成员通常认为，他们自己开发、设计、运营了一款产品，就肯定会为产品负责，会站在普通用户的角度去体验产品。但事实上，每个团队成员都有不同的关注点，技术人员认为自己应该注重改善代码效率、提升系统稳定性；设计人员认为自己应该注重改善视觉交互；运营人员做内容圈用户。从而忽略产品团队成员成为种子用户，所以种子用户运营的第一步就是要让创始团队成员成为产品的种子用户，增加参与感。

（2）从内容出发寻找种子用户。在互联网时代，人人都可以发出自己的声音。但是，优质的内容也只是由小部分人提供的，通过优质内容可以联系内容的创造者。从内容出发，可以通过以下三种方式找到种子用户，进而判断其是否能成为种子用户。

① 搜索引擎。通过搜索引擎查找内容是非常便捷的方式，但经常会被忽略。除在百度中搜索外，在谷歌、微博、搜狗、知乎中都可以搜索，从而锁定用户。

② 垂直社区及竞品。在垂直社区及竞品网站中，通常聚集了大量优秀的作品，这些作品的创作者都是“重度互联网玩家”，所以这些地方是种子用户运营人员必须不能忽略的场所。

③ 其他内容型网站。只要可以聚集目标用户的地方都可以被列为种子用户的来源渠道，可以通过内容类型进行筛选判定。

使用以上三种方式可以精准地锁定用户，这仅仅是第一步，让他们成为真正的种子用户还需要不断努力。整个运营能否成功的关键还在于产品能否满足用户的需求。如果用户对产品感兴趣，就会追问产品的开发进程，并申请成为产品的用户，为产品的理念买单，为一个不完整的有待改善的产品买单，这才是真正的测试期的种子用户。

3. 获得种子用户常见的渠道

（1）QQ 群。QQ 群一般都是以某个主题为中心建立起来的，在 QQ 群中通过简单的搜索，就可以找到兴趣爱好相同、相似的用户。通过与群主沟通可以了解群内大部分用户的特点，完成初轮的用户筛选。

（2）微信群。微信群在联系具体用户方面比 QQ 群更有优势，但是要马上搜索到某个领域的微信群则比较困难，只能作为寻找用户的辅助手段。

（3）微博搜索。可以在微博中搜索相关的关键词，然后根据用户的粉丝数量、话题相关程度、作品质量等有选择地联系相关用户。

（4）线下资源导入。可以利用各种行业协会、俱乐部、培训中心等部门中注册的会员，还可以多参与各种主题沙龙、行业会议，与用户先成为朋友再谈合作。

（5）行业资源导入。可以利用自己、朋友的社交关系网，寻找符合定义的目标用户。

通过以上五种方式可以极为便捷地找到相关用户，但是用户的相关性有多大，能否成为种子用户，还需要后期运营。

拓展阅读二维码 8.2《知识付费产品运营模式浅析——以得到 App 为例》（刘君等）。

拓展阅读 8.2

8.2 用户增长引擎

在移动互联网普及的今天，移动应用市场的竞争也日益呈白热化状态。产品推广成本从以前平均一个激活成本二三元提高到几十元。高昂的推广成本不仅增加了企业负担，而通过传统推广方式（应用商店、广告网络等）带来的用户质量并不能得到有效保证。所以，找到一种性价比高的用户增长方式显得十分重要。

8.2.1 用户增长引擎的内涵

用户增长引擎是一种周期性的机制，这种机制可以促使已有用户邀请更多用户使用你的应用，从而实现业务的有效增长。这套机制包含四个步骤：发现应用、下载应用、激活应用和分享应用，最后形成闭环，如图 8.1 所示。

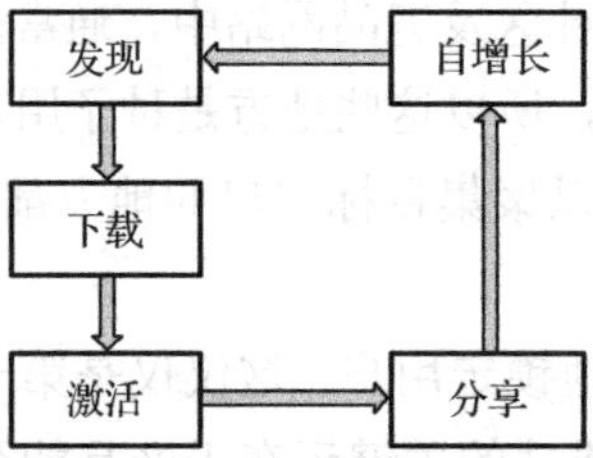

图 8.1　用户增长机制

- 发现应用。这一步主要是运用创新的营销方式，让用户知道你的产品，发现产品的 App。
- 下载应用。寻找适合产品的有效推广渠道，提高产品的知名度，完成从发现应用到下载应用的转化。
- 激活应用。根据数据统计，有 20%的下载用户只使用了一次 App 就将其卸载掉了。为了保证用户保留 App，需要在用户第一次启动应用的时候提供一些别致的体验以得到用户的认可。
- 分享应用。如何让用户推动更多的用户使用产品，开发者有必要去引导已有用户分享自己的 App，使其成为产品的推广人员。

8.2.2 用户增长引擎的特点

1. 可复制

在产品早期，运营人员考虑的是寻找符合产品定义的种子用户。但是当产品即将处于快速增长期时，如何才能寻找更多的用户，就需要有更为明确的目标及运营方法，让每个团队成员了解商品，专注于某一个方向不断努力，所以寻找到的用户增长引擎必须是可复制的。

2. 稳定可持续

用户增长引擎不仅需要可复制，同时产出也需要稳定可持续。在用户快速增长的过程中，如何寻找持续稳固的增长方式，保持用户活跃度，这是运营人员必须要正视的问题。如果不能保持用户的活跃度，长此以往，用户的增长就会受到影响。

8.2.3 付费式增长引擎

1. 付费推广考虑的因素

付费式增长就是通过投入广告等付费的方式获得用户增长。一般来说，是否考虑采用付费的方式首先要考虑付费推广能否获得用户增长。如果有足够的预算，付费推广肯定能获取用户。但是当预算有限时，并不是每个产品都适合采用付费推广，需要寻找最合适的推广方法。其次，哪些产品适合采用付费推广的方式？当产出大于投入时，也就是用户给产品贡献的利润大于获取用户的成本时，就适合采用付费推广的方式。

关于付费式增长，创新工场的合伙人汪华认为："如果你是赔钱获取用户，那么你的目标应该是让用户自增长达到一个点。按照互联网的习惯，当一个产品的用户群达到一定的密度之后，接下来就能实现一定的自增长。一般情况下，真实的用户、活跃用户的数量达到百万级别，或者口碑达到一定的级别，再加上产品真实的美誉度、真实的搜索指数能过万，产品本身好，就能获得用户的自增长。而做用户运营就是为了尽快达到这个自增长点。"所以，当你的产品用户处于拓展期时，为了达到自增长，前期的付费推广也是性价比较高的运营方式。

因此，产品是否适合采用付费推广的方式，最终还是要计算投资回报率，投资回报率一般与两个指标相关：用户生命周期价值（LTV）和单个用户的获取成本（CAC）。

2. 用户生命周期价值

用户生命周期指的是用户从开始与产品建立关系到与产品彻底脱离关系的整个过程。一般来说，用户与产品建立关系期间会经历四个阶段，每个阶段带来的价值都不同，如图 8.2 所示。

- 考察期：在这个时期用户刚知道产品，会试探性地访问，并进行体验性的尝试，没有深度交互，用户创造的价值往往比较低。

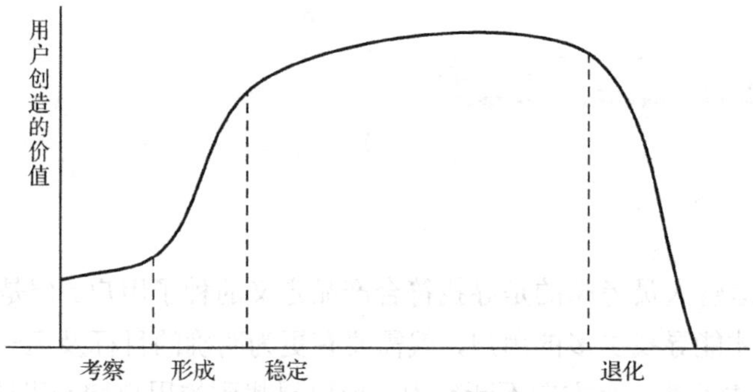

图 8.2 用户生命周期价值曲线

- 形成期：用户可能已经有点喜欢上了产品，产品使用频次增加，花费的时间也逐渐增多，开始尝试做些交互，用户创造的价值持续增加。
- 稳定期：用户成为产品的忠实用户，他们不仅自己使用产品，同时可能还会帮助宣传、分享产品。用户创造的价值到达最高峰并保持相对稳定。
- 退化期：用户由于某些因素开始厌倦产品，直到彻底离开，用户创造的价值迅速递减。

从图 8.2 可以看出，用户在形成期与稳定期会给产品贡献更大的价值，所以在计算用户生命周期价值时，只要计算形成期与稳定期给产品贡献的价值，就可以推测出用户生命周期值。

拓展阅读二维码 8.3《基于用户生命周期的流量与内容运营策略研究》（乌莎哈拉）。

拓展阅读 8.3

3. 单个用户获取成本

（1）根据运营经验参考行业水平而定。运营人员一般根据丰富的经验来确定用户获取成本上限。结合产品在立项前的市场调研情况、产品的优势与劣势、推广方法和同行业相关产品的价格等因素，确定自己产品的单个用户获取成本。以美食产品为例，运营人员在确定用户获取成本时会考虑品牌强弱、价格吸引力等因素，并选择具有特色的产品打折销售，以此确立用户获取成本的基线。

（2）根据用户生命周期价值确定获取成本。假如用户生命周期价值为 100 元，那么我们获取用户成本的上限就不能超 100 元，如果超出这个预算，那么产品就无法盈利，最终企业无法获得长足的发展。一家公司想要维持持续发展，通常用户生命周期价值和用户获取成本的比值保持在 4∶1 比较合适，从而保证有合理的收入。

4. 付费推广

当用户生命周期价值与用户获取成本都确定之后，就会选择付费渠道进行推广。此项工作需要推广运营人员负责。

（1）推广渠道选择。通过哪些渠道选择产品宣传，需要考虑用户定位和产品属性。生活中很多产品线上订购，线下消费。如打车软件、美团网等都是在线上预订服务，线下享受服务。在做渠道推广的时候，首先要定位产品的用户，其次了解产品是否有区域属性。这样才能有针对性地选择渠道。

（2）广告渠道筛选。在信息化时代中，网络逐渐成为大多数人获取信息的主要渠道。大型综合类门户网站，各种自媒体纷纷进入人们的视野，人们能够在最短的时间内了解到各种新闻事件，及时跟踪、互动，甚至深入到事件的任意层次和角度。数字产品因为其网络销售特性，广告渠道筛选一般选择互联网广告。互联网广告于 1994 年在美国诞生，可以追踪、研究用户的偏好，达到精准投放。效果可以直接检测，成为广告投放的首选，百度 90%以上的收入来自广告。现今最受欢迎的广告为 IT、手机、网络游戏等与互联网及数字产品相关的内容广告，其中最具诱惑力的广告形式是以图像为主的流媒体广告。新的广告形式使企业方便进行即时促销，又可以树立企业的品牌形象。

从广告形式上，互联网广告可以分为搜索广告、展示类广告、分类广告、引导广告、电子邮件广告五大类。

从表现形式上，有网幅广告（Banner、Button、通栏、竖边、巨幅等）、文本链接广告、电子邮件广告、赞助式广告、与内容相结合的广告、插播式广告（弹出式广告）、Rich Media 网络广告、EDM 直投、定向广告、其他新型广告（视频广告、路演广告、巨幅连播广告、翻页广告、祝贺广告、论坛板块广告等）。

（3）投放渠道优化。当选择在多个渠道投放广告时，首先需要对流量进行标记，这就涉及自定义广告系列。自定义广告系列，即向目的网址中添加参数，用于标记相关链接在所投放的特定广告系列中的具体位置。当用户点击某个链接时，这些参数就会被发送至所使用的统计工具中，然后就可以分析用户点击哪些网址后到达了企业的内容。

8.2.4 病毒式增长

付费推广的方式能获得用户的线性增长。然而，对大部分初创公司而言，用户数呈线性增长并不足以让其获得充裕的资金，从而持续进行现金补贴获取用户，因此只有通过产品、技术、运营通力合作，引爆产品，获得用户指数级的增长才能使企业生存下去。像 Facebook、YouTube、Dropbox 和 Skype 之所以能够成功，都是因为采用了病毒式营销，促使它们的用户在短期内获得了飞速增长。

1. 病毒式营销带来的指数增长

案例：庞氏骗局

“庞氏骗局”源自一个名叫查尔斯·庞兹（Charles Ponzi，1882—1949）的人，他是一个意大利人，在 1903 年移民到美国。在美国干过各种工作，包括油漆工，一心想发大财。他曾因伪造罪在加拿大坐过牢，在美国亚特兰大因走私人口而蹲过监狱。经过美国式发财梦十几年的熏陶，庞兹发现最快速赚钱的方法就是金融，于是，从 1919 年起，庞兹隐瞒了自己的历史来到了波士顿，设计了一个投资计划，向美国大众兜售。1919 年，第一次世界大战刚刚结束，世界经济体系一片混乱，庞兹利用了这种混乱，在波士顿注册成立了一家证券交易公司，宣称能通过购买国际回邮券赚取 400%的利润。由于汇率的原因，这种回邮券在意大利的售价比在美国的售价要便宜许多，庞兹便宣称能够利用这一点赚取差价。

庞兹先给投资者们印发了在3个月内送还50%的利润的证券。庞兹一方面故弄玄虚，另一方面又设置了巨大的诱饵，他宣称，所有的投资在45天之内都可以获得50%的利润。而且，他还向人们展示眼见为实的证据，最初的一批投资者，的确在规定时间内拿到了其所承诺的回报，收回了本金及额外50%的利润，从而让这个挣钱的方法被迅速地传播开，于是，后面的投资者大量跟进。在一年左右，差不多有4万名波士顿市民成为庞兹赚钱计划的投资者，而且大部分是怀抱发财梦想的穷人，庞兹共收到约1500万美元的小额投资，平均每个人投资几百美元。

当时的庞兹被一些美国人称为与哥伦布、马尔孔尼（无线电发明者）齐名的“最伟大的三个意大利人之一”，因为他像哥伦布发现新大陆一样发现了钱。庞兹住上了有20个房间的别墅，买了100多套昂贵的西装并配上配套的皮鞋，拥有数十根镶金的拐杖，他还给妻子购买了无数昂贵的首饰，连他的烟斗都镶嵌着钻石。当某个金融专家揭露庞兹的投资骗术时，庞兹还在报纸上发表文章反驳这个金融专家，说他什么都不懂。直到1920年8月，审计员在核账时发现其银行存款尚不及应有资产700万美元的一半时，庞兹被警方以盗窃罪逮捕并被判处5年刑期，庞氏骗局，就此终结。那么这个骗局又是怎么流行开来的呢？

（1）设计一款高大上对用户有价值的产品。第一次世界大战结束后，经济萧条，市民急需寻找到新的财富增长方式，以期把生活恢复到战前的水平。庞兹设计的金融产品通过购买国际回邮券赚取400%的利润。他设计了一款“参数复杂”的高科技产品，而且这个产品不需要物质根基，是一款“高大上”的金融衍生品。而用户在意的是产品能给其带来更多财富，并不在意产品到底是什么。

（2）创新传播载体及渠道。任何信息的传播都要为渠道付费，庞兹没有使用传统的推广方法，比如发布广告，而是采用免费的口碑传播的方式。依靠他的口才，编造财富故事，首先寻找到若干位初期用户，类似于种子用户，让他们认购产品，承诺在45天之内可以获得50%的利润，所需的花费由查尔斯•庞兹本人承担，这与大部分互联网产品在早期会贴补用户的思路基本一致。尝到甜头的用户会不断向身边的人透露这种致富方式，通过口口相传，一个纯粹的受众变成了一个积极的参与者。

（3）快速在易感人群中传播。早期用户传播中，每个用户都会结合自己的体验，不同版本的故事沿着用户的关系链不断传递下去。在不同版本的故事传播中，对于想不劳而获、快速致富的人，他们的传播速度是最快的，他们属于病毒式营销的目标用户，即易感人群。他们会不断地拉身边的人进来，把自己置身于一个大众群体中，通过这种认同感来降低自己内心的不安，于是传播渠道便借着有贪欲的易感人群不断地传播，如图8.3所示。

2. 产品的病毒传播条件

1）产品为王是根本

产品好坏决定了企业的发展，要让产品迅速得到用户关注，必须打造好产品。产品是运营的根本，产品要能解决用户的痛点，即使与竞争对手相比有明显的优势，也无法避免竞争对手的复制。所以，对运营人员乃至整个创业团队而言，独特、低价、快速地获取用户的方式是永远的课题。如何将产品打造成一款具有病毒潜质的产品是整个初创团队需要认真研究的问题。

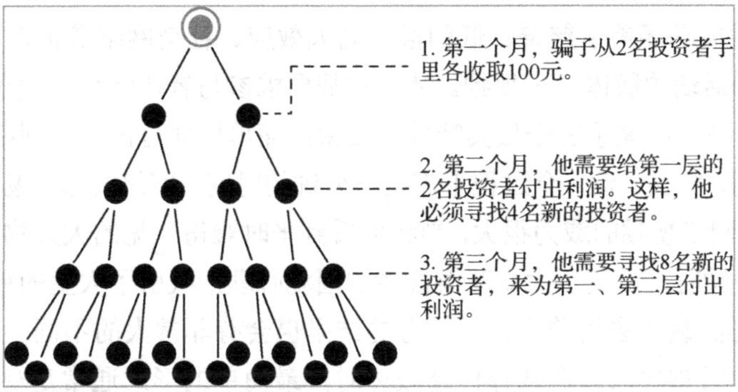
1. 第一个月，骗子从2名投资者手里各收取100元。
2. 第二个月，他需要给第一层的2名投资者付出利润。这样，他必须寻找4名新的投资者。
3. 第三个月，他需要寻找8名新的投资者，来为第一、第二层付出利润。

图 8.3　病毒快速传播

2）有效运营是保障

产品满足用户的需求是根本，但是完全寄希望于产品的优势，没有有效地进行运营推广也是不可行的。在现实生活中，产品达到病毒传播理想状态的概率只有 20%，所以运营人员就需要关注路径优化与转化率。此时就需要通过重新优化传播路径，例如，虽然产品的竞争力一般，但是通过包装其创始人本身或者与产品相关的故事，并把故事的影响力转化成为最终的产品影响力，让普通用户在认可其创始人后爱屋及乌地成为产品的用户，经过路径优化，如果转化率高于之前的转化率，则重新优化的传播路径便是成功的。

3）洞悉用户心理是关键

如何才能让易感人群参与病毒的传播，从而加速传播产品？只能不断地提升产品体验并洞悉用户心理，这是决定病毒传播成败最重要的因素。洞察用户心理可以增加用户黏性、满足用户社交、尊重、自我实现的高层次需求和形成品牌效应。只有我们真正地洞察用户心理，做到感同身受，才能让用户口口相传，从而加速产品传播。

4）病毒传播的载体

案例：ALS 冰桶挑战

冰桶挑战是美国 ALS 协会希望通过名人的影响力，让更多的人关注 ALS 渐冻人症并为 ALS 协会捐款的社交公益活动，受邀者在网上发布自己被浇冰水的视频，再点名其他人参与。被邀请者要么在 24 小时内接受挑战，要么选择向 ALS 协会捐献 100 美元用于疾病防治。2014 年 7 月 4 日，新西兰一个癌症协会率先发起了“冰桶挑战”的活动，7 月 15 日，美国职业高尔夫运动员 Chris Kennedy 接受挑战，并且指定他的表姐接力。Kennedy 表姐的丈夫患 ALS 已有 11 年。之后，捐款或是浇冰水成为游戏规则。据报道，活动的高潮是原波士顿学院棒球队的明星队长 Pete Frates，被查出患有 ALS 的他现已经丧失自理能力。他接受了美国 ALS 协会的邀请，挑战冰桶。之后，他的父母召集 200 个波士顿当地人，在广场上进行了一次集体挑战，该事件成为当地及全国的热点新闻。随后各路名人纷纷参与，比尔 · 盖茨、马克 · 扎克伯格、科比、雷军、周鸿祎、刘德华等各界大佬名流纷纷迎战，加之媒体的渲染，该活动旨在让更多人知道被称为渐冻人的罕见疾病，同时也达到募款帮助治疗的目的。据报道，美国 ALS 协会从 7 月 29 日到 8 月 18 日，“冰桶挑战”活动已为其带来 1560 万美元的捐款，远高于上一年同期的 180 万美元。

冰桶挑战事件成功涵盖了慈善、低门槛、名人效应、社交网络等很多因素，其中很重要的一个因素是传播活动的载体——视频。冰桶挑战要求参与者在网络上发布冰水浇身的视频。在这个规则里面，背后隐藏了三个极其特殊的要诀：简单快捷可操作；网络发布、冰水浇身；冰和水很容易找到，兜头一倒，全过程不需要一分钟的时间。网络发布容易构成从众效应，同时构成营销传播。网络视频的威力很大，当我们看到平时难得一见的大人物在社交媒体上展示其落鸡汤惨状的视频时，满足了大众草根群体的围观心理，吸引了大量的粉丝关注。

选择以什么样的载体去培养它，所取得的结果也会有非常大的不同。所以，选择一个恰当的传播载体是非常重要的。在选择传播载体时，最简单的形式通常是视频、音频、图片、文字。

视频的优点在于感染力强、形式多样。互联网分享的四个基本元素是文字、图片、声音和视频，而视频是结合其他三个元素的人类最基本需求，可供发挥的空间更大，所以微视频是一个非常巨大的市场。特别是智能化技术快速发展和广泛应用，以及移动 4G 网络延伸，让人们使用手机就可以自由创造视频并随时通过社交网站交流互动。

数码技术的发展和数码产品的普及，让曾经高不可及的视频制作变得普通平常。一个带摄像头的手机就可以让每个人都成为生活的导演。甚至一个小小的自拍杆的出现，就能让一个电视记者完成出镜、采访等复杂的新闻采集任务。对于一个没有任何专业技术知识的人来说，只要拥有一个摄像头、下载一个编辑发布软件，就可以轻松地完成微视频的拍摄制作、发布共享。像美图秀秀推出的美拍软件就能在视频录制完成之后，用户选择不同滤镜和内置模板，可以很快地生成清新 MV、唯美韩剧、怀旧电影。这种普通微视频方便简易的摄制为其在网络传播奠定了基础。

专业媒体和团队制作的微电影、微纪录片、公益广告等优秀微视频，相对于长篇巨著的大制作，其低廉的成本、高效快捷的制作等优势明显。视频新闻类的微视频也很方便，只要将消息分割压缩、格式转化就可以上传到网络供用户点播，还打破了电视定时播报的局限。

具有简短、灵活、借助网络传播等特点的微视频所表达的内容十分丰富。常见的微视频网站如图 8.4 所示。其中以视频网站爱奇艺为例，该网站所收录的微视频就分为文艺、明星、歌舞、喜剧、爱情、动作、惊悚、悬疑、奇幻、青春、温情、公益、励志、酷儿、广告、体育、社会、恶搞、乡土等，直接可供点播的微视频达上千部。

图 8.4　部分微视频网站

图片与视频相比，图片的制作门槛更低，无论是手绘还是修图投入都是可控的，其阅读及传播环境也不受网络环境的制约。从阅读形式上来看，图片属于被动式阅读，不像视频从头到尾全部看完才能知道表达的内容，而图片则是扫一眼即可了解到全部信息，传播效率会更高。但是图片最大的问题在于，它并不像文字与视频由专门的网站来呈现，例如，文字内容可以在各个专业的媒体上呈现，视频也可以在优酷、土豆、爱奇艺等平台进行传播，而图片的分发媒体则少很多，主要通过社交媒体。

相比另外两种方式，文字的制作成本非常低，随时可以优化效果，而且它的传播可以超越互联网，即通过人们的交谈进行传播，且不易产生歧义。好的广告语或者文章从来都没有因为富媒体的出现而衰弱，除互联网外，还有报纸、杂志甚至是口口传播，其价值不容小觑。

5）*病毒的易感人群*

产品在推广过程中需要不断围绕着目标人群进行，所谓的目标人群就是对产品有潜在需求的人群。这些目标用户就是易感人群，他们非常容易对产品着迷，成为产品的忠实用户甚至是粉丝，并肩负着传播产品的重任。病毒的易感人群通常包括以下几种。

（1）产品的早期用户。他们可以被称为“原始病毒感染者”，肩负着进一步传播病毒的重任。

（2）行业的从业人员。他们活跃在各种社交媒体当中，从博客到微博再到微信，他们一直都处在时代前沿，他们比普通用户拥有更强大的社交互联网，能产生各种话题，对产品和产业有自己独到的见解，并经常提出批评和建议。

（3）意见领袖。意见领袖往往社交范围广、拥有较多的信息渠道，对大众传播的接触频度高、接触量大，具有影响他人态度的能力。他们利用自己的人际传播网络为他人提供信息，将信息扩散给受众，形成“大众传播—意见领袖——般受众”的传播方式，同时对他人产生影响力。

8.3 用户管理

用户运营人员最重要的职责就是获取用户，因为获取用户太难、太重要，以至于大多数用户运营人员只盯着用户数、下载量。但是有些用户注册了却不活跃，有些下载了很快就卸载，这些用户并不能给产品的推广带来变化。没有大量有价值的活跃用户，产品的价值也就无法体现，企业就不能实现盈利。

8.3.1 早期用户管理

早期用户管理的主要目标是提高用户注册转化率，也就是开源。

1. 如何提高注册用户量

在用户运营的初期，注册的质量是判断后期注册转化成功率的一项重要指标。通常，对应注册用户行为，会有以下关联指标。

（1）注册来源：注册用户的渠道来源。用户通过哪些渠道了解产品？用户注册的动机，就是用户关注后能得到什么？同时还要让用户关注不注册会失去什么？用户是通过外部投放的广告落地，还是用户直接在站点或者产品上完成注册的？

如果是一个搜狗浏览器的用户看到如图 8.5 所示的界面，点击查看详情的概率还是比较大的。让用户关注会失去什么比让用户关注会得到什么的转化率要高出很多，这也是被客户端弹窗大战所证实的。那么在登录这个环节，如何巧妙地运用呢，如图 8.6 所示。

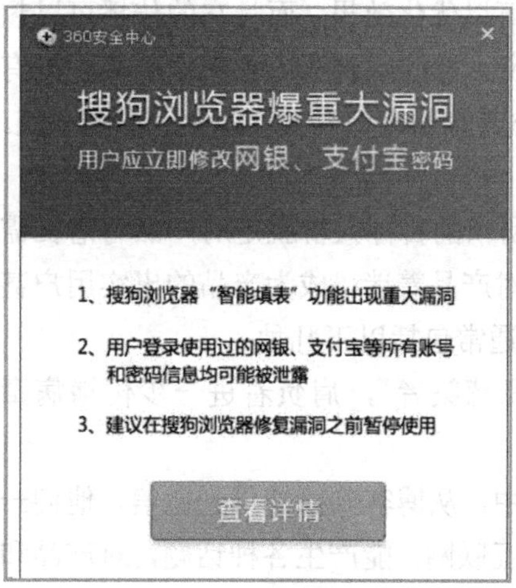

图 8.5　关注用户动机

图 8.6　用户动机实例

图 8.6 所示例子的巧妙点就在于将登录和注册后置，当你将大量要发布的内容填写完成时，到最后一步发现让你登录注册，如果不，那对不起，之前辛辛苦苦填写的大量表单内容就要被无情地作废了，这种失去在本质上是一种沉没成本，所以大部分人会在这个环节上完成注册，转化率就得到提升。

（2）注册转化率：是指从来源、进入注册流程、完成注册流程的注册成功用户数占所有到达注册页面的用户数的比例。注册转化率是关系产品是否成功的一个重要指标。

（3）跳出率：是指用户浏览第一个页面就离开的访问次数占该入口总访问次数的比例。通过该指标可以评估登录页或者 Minisite 后台的好坏。在用户运营过程中，需要分析注册转化率与跳出率指标变动的原因，适时做出调整，促使用户完成注册行为。

2．如何做好注册转化

注册引导是通过引导流程告诉用户产品的功能、产品如何满足用户需求等。根据数据统计，注册引导过程用户流失率较多，每增加一步注册引导，注册转化成功率就下降 10%。既要介绍产品功能，又要防止用户流失。一般认为注册引导流程可以把握以下原则。

（1）解决用户的最高诉求。在注册引导流程中最大限度地展示产品核心价值、满足用户的最高诉求。

（2）把次要功能、锦上添花的功能等到用户进来以后再进行介绍和展示。

（3）通过调整文案、功能介绍顺序等不断优化注册引导流程，从而让更多的注册用户真正转化为使用用户。

8.3.2　用户过程管理

用户过程管理的主要目标是防止用户流失和提高用户活跃度。

1．防止用户流失：节流

（1）用户流失的定义。用户流失对不同的产品，定义也不一样。像有些产品，如微博、开心网等 SNS 网站，用户一个月不使用一般就定义为流失。像淘宝、京东等电商产品，可能 6 个月不使用的用户才会定义为流失。因此，企业应根据自身产品的特征定义哪些用户可为“流失用户”，哪些用户存在流失趋势，以便及时做出流失预警，分析用户流失前有哪些特征。如注册渠道是否比较集中？地域特征是否比较明显？年龄层是否趋同？行为特征是否比较类似？属性特征是否相同？

（2）流失用户召回。使用较多的流失用户召回的手段有：邮件召回、短信召回和通过客户端弹窗通知方式召回等。

邮件召回的优点是发送成本低，发送量大。缺点是网民使用邮箱一般用于工作需要，很少用来联络感情，有些用户注册邮箱仅为了注册一个产品的账号。因此邮件发送量大，但是召回效果一般。

短信召回的优点是到达率很高，缺点是成本高、被当成垃圾短信的概率高，容易导致用户投诉，所以需慎用。

信息推送的优点是根据用户的兴趣把产品的信息推给用户，针对性强，到达率高。缺点是对用户形成干扰，用户会对推送的信息变得麻木。

如果要召回流失用户，不管运用哪种手段，都要让用户觉得推送的信息是礼物，让用户感兴趣而不觉得是骚扰。在推送过程中要注意产品特性。如团购、电商类产品，用户对产品的需求是便捷、实惠、安全。用户感兴趣的一般是优惠活动，推送的时候注重满足用户发现折扣活动的需求。如微博等 SNS 类社交产品，用户对产品的需求是交友、话语权、资讯获取，因此推送关注的是有新的朋友找到你、感兴趣的热点等。虽是主动推送，但解决的是用户不在网期间，发现他希望在此产品上想要得到的东西。

2．促活跃

促活跃主要是让不活跃的用户变活跃和保持活跃用户的活跃度。促活跃一般结合用户防流失一起做，防流失是把用户留住，促活跃就是让留住的用户变活跃。

根据用户注册时间制定促活跃措施。针对刚注册的用户，对于产品还处在摸索期，用户的耐心相比注册的时候要好很多，可以展示为了吸引用户注册在引导流程中砍掉的锦上添花的功能介绍。通过产品功能引导用户参与产品活动，让用户感觉自己被关怀，可以快速培养产品认知度和忠诚度。

针对注册时间较长的老用户，需要做更加细致的分析。如果是曾经活跃过，现在热情下降，就需要重点分析其活跃度下降的原因。如果是一直不活跃，也要分析其不活跃的原因。保持用户的活跃度，基本原则是尽量减少运营层面的打扰。因此，在制定某些产品运营策略时，需要考虑对用户是否存在打扰。

8.3.3 核心用户管理

1. 核心用户的导入准则

（1）确立核心用户的聚集区。

- 新浪微博、微信公众平台等偏平台型的产品。无论你的核心用户是哪个领域的，都能在微博上找到。虽然微博已经过了红利期，但是加 V 用户因为拥有大量的粉丝，活跃度仍然很高。而原创公众号的运营者大多也是符合核心用户的定义的。
- 垂直媒体。从站酷到好大夫，再到品途网，这些趋于金字塔型的稳定的产品中存在大量有价值的用户。
- 机构。在律师事务所、医院等机构中，有大量的资源可供挖掘，若能寻找到合理的方式与这些机构达成战略合作，将极大地降低核心用户的导入压力。
- 核心用户的聚集群，包括微信群、QQ 群、邮件列表、俱乐部等。如果产品所处的领域暂无垂直媒体或机构，则总会有一些人把这些志趣相投的人聚合在一起，多花些时间去整理这些资源会有很多收获。

（2）如何导入。导入核心用户的重要环节是如何说服他们成为产品的核心用户。这时，产品的核心价值及产品本身的愿景便是最能打动他们的原因。如果导入工作仍旧无法顺利进行，最简单的办法就是回到到底导入谁，然后往下推进。反复循环之后，你会发现，能导入的名单会越来越多，正如淘宝在一开始无法搞定阿迪达斯和耐克，但是现在连苹果都入驻了天猫。

2. 核心用户的运营

核心用户运营也就是给核心用户提供价值。核心用户的运营是无法依靠坑蒙拐骗来维持的，一般核心用户在自己特定的领域里都有一定的经验积累，相比而言，他们会跟着有价值的产品走。核心用户会根据自己的意愿去筛选产品，从而达到自己的目的。他们对于初创产品的态度是与其一同成长，对于成熟产品的态度是借助其满足自己的需求。所以无论产品处于什么阶段，核心用户运营的根本就是让他们感受到产品的价值。这一点对正处于高速发展阶段的产品而言尤其重要，因为核心用户运营人员就是要借助这些核心用户打造产品的价值。具备成为核心用户资质的用户在选择产品时，他们会经历“分析—体验—感知—持续投入”的过程。

3. 核心用户运营的陷阱

核心用户运营人员通常会倾注大量的资源给核心用户，但是这些支持是有底线的，其中产品是最重要的底线。在进行核心用户运营的过程中，运营人员会为核心用户联系讲座，会利用网站首页、微博、微信等能覆盖的一切资源帮他们做推广，甚至是付费购买百度关键词等。但是一旦涉及产品层面的支持时，就需要冷静思考这是核心用户的需求，还是所有用户的需求。核心用户会站在他们使用产品的角度来提出很多产品需求，但是如果这些需求与产品战略相悖，那么运营人员就要考虑需求的可行性。

在核心用户运营的环节中，要深知价格优惠、礼品赠送等迎合用户手段只是维系关系的一种手段，并不是核心，核心用户愿意长期使用一款产品，主要是因为产品有价值，并且这个价值正好是核心用户所需要的，而并非得到了什么礼物。

拓展阅读二维码 8.4《从用户资讯阅读需求出发的县级融媒体运营策略——以百度百家号“用户下沉”调研分析结论为启示》（耿晓梦等）。

拓展阅读 8.4

8.4 案例：美食短视频的用户运营

8.4.1 美食短视频简介

美食短视频是指拍摄主体为个人或者专业团体，拍摄与食物相关的内容，其时间在五分钟以内的视频形式，简单来说就是依托短视频这种形式，来阐释记录与食物相关的内容。社交媒体是其主要的传播渠道。民以食为天，中国人自古以来就热爱和关注美食，中国的美食文化博大精深。美食类短视频是互联网技术不断发展的产物，无论互联网技术如何升级，社会环境如何变化，以美食元素为内容的节目形式一直在不断丰富。从 2014 年各大短视频平台上线以来，美食领域的短视频沉淀了一批各具特色的美食达人，并且已经进入了转化阶段。随着美食短视频行业的发展，转化过程中出现了一些问题，譬如同质化严重，同类别的短视频内容呈现“扎堆”的趋势，这就使得用户的留存率降低。在移动互联网这个大背景下，用户的转换成本非常低，吸引用户、留住用户、维系用户这种用户运营的工作就变得非常重要。

8.4.2 用户运营的拉新策略

1. 用户基于兴趣点的聚集

在互联网社交平台上，受众选择自己感兴趣的内容，他们的媒介接触动机满足了自己对美食的需求。关注美食短视频的用户有两个基本属性，第一是兴趣，这类用户对美食有一定特殊的感情，即所谓的美食爱好者，他们基于兴趣去观看美食短视频。第二是需求，人们在日常生活中想要学习某个菜肴时，教程类的美食短视频就有了用武之地，能够满足受众的需求。美食类短视频基于兴趣和需要聚集起来的用户是新用户的一部分。

2. 提升美食达人的曝光度

在美食短视频拉新的策略中，提升美食达人的曝光度是一种重要的拉新方式，这种方式需要平台的扶持。平台推出相应的活动，能够为用户提供流量支持，助力强势曝光，通过曝光来拉新用户。以抖音为例，2020 年年初抖音聚焦美食垂直类创作者，重磅推出“美食趣胃计划”，提供20亿流量扶持，并全面升级了官方认证、版权保护、商业变现、功能体验等达人权益。随着大数据算法技术的不断升级，短视频社交平台会以用户数据作为基础，通过浏览频率、搜索热度等数据判断用户喜好，进行算法的推荐，为更优质的内容提供曝光的机会，促进用户量的增长。

3. 增强内容自身的影响力

对于美食短视频自媒体来说，持续输出优质内容是吸引用户关注的重要一环。从内容的角度来说，增强自身的影响力需要对内容有一个清晰的定位。针对实用性的内容，必须能够切实解决关于饮食方面的问题。例如：教程类主线是做菜的流程，镜头视角主要游走在食物的处理和烹饪上；探店类主要是针对饭店的特色菜品进行试吃，实用性体现在能够为受众提供一份美食攻略；测评类是对某些产品的试吃过程，实用性体现试吃感受；针对娱乐性的内容，体现在创作者通过对内容表现形式的推陈出新，创造出了大量娱乐、搞笑类的内容，这类视频要表达的不再局限于烹饪，而是茶余饭后的消遣，甚至有些还带有搞笑、社交的性质。例如：吃播类的内容就是将吃饭的过程播出来，如边吃边聊系列，这种社交属性明显；创意类的短视频内容独特之处在于做饭的场景不在厨房而在职场，他们用的食材或者炊具不是直接购买而是自己制作的。

8.4.3 用户运营的促活策略

1. 基于虚拟网络的线上互动

（1）利用平台互动功能。美食短视频自媒体促活用户需要利用好平台自身的互动功能。无论爱奇艺还是像抖音这样的视频网站，都可以对视频内容进行点赞、评论、转发、分享这样的操作。线上互动的一种是重视用户的反馈，如果及时收集受众的反馈并做出改变，也能提高用户的活跃度。但随着美食达人粉丝量的增加，评论有时候上万条，手动回复评论的工作量就变得很大，美食达人没有时间和精力对每一条评论都进行回复。粉丝群的建立也有助于促活用户，不同属性的粉丝群针对不同需求的用户，高黏性的虚拟世界线上互动有利于增强用户黏性及对于品牌的忠诚度。

（2）依托利益激励的互动。以微博平台为例，美食博主在发布内容时为了达到增加曝光量的目的而选取转发、评论、点赞的用户来抽奖，被抽中的用户也能够得到相应的礼品。这是依据平台自己的功能来策划利益激励的互动。“交作业”是美食短视频领域特有的专属词汇，多用于教程类的美食短视频用户运营中，是指用户在看过美食达人烹饪的短视频之后能够付诸实践，并且将成品上传至网络。美食达人在发布短视频的时候就倡导粉丝们“交作业”，并在交作业的粉丝中选取一部分人赠送一些礼品，这种在发布内容时引导性的说辞是促进用户深入互动的一种方式，与单纯的动动手指的“点赞评”相比，这种从虚拟世界延伸到现实世界的做法，属于深互动的一种。

2. 基于现实生活的线下活动

（1）以交流为主的线下活动。促活这一阶段就是对存量用户的运营，该阶段更加具有针对性，运营也更加垂直化，这个阶段与其说是对用户的运营不如说是对粉丝的运营。很多美食达人都与自己的粉丝进行过线下的互动，譬如请自己的粉丝吃饭。粉丝见面会也是以交流为主的大型粉丝线下互动的方式。粉丝见面会就是利用群体传播的方式，可以为参与者带来最极致的美食生活体验，能够很好地维护与核心粉丝的关系。

（2）以体验为主的线下活动。这是指美食短视频自媒体以内容为基础搭起美食达人与用户的桥梁，将用户引流到线下，从而达到增强用户的黏性和忠诚度的目的。“日食记”作为一个知名的美食短视频自媒体大 V，“日食记”在线上热度非凡，在线下也开设了体验店，目的是创造一个与品牌形象一致，可以跟用户互动的生活场景，让用户进一步体验并进行线下深入的互动。

8.4.4　用户运营的留存策略

1. 优化用户的体验

（1）优化视觉体验。美食短视频给受众体验影响较大的就是画质。美食短视频的制作门槛低，其质量也呈现参差不齐的状态，一些头部美食短视频做得很专业，不管是在视频的制作上还是策划上都很考究。给用户更优质的视觉体验是美食短视频自媒体的初级工作，想要保持更长久的生命力就要努力提升视觉上的体验。

（2）优化心理体验。美食短视频时间越来越短，内容越来越精简，带给受众的心理负担就越小。不同短视频内容在优化心理体验上有不同的做法。实用性的美食短视频带给受众的心理体验也是实用性的，例如教程类的短视频在结尾处用文字将所有配料食材列出来，能够带给用户很好的心理体验。优化心理的体验是美食短视频的升华，传递给受众的是一种生活态度，改变用户的心理状态，同时也是用户留存下来的理由之一。

2. 保持优质生产力

（1）个人创作者保持规律化运营。从用户关注到转化为粉丝持续忠诚的关注，美食短视频自媒体需要有持续的生命力，尤其是个人创作者。UGC 的生产主体是普通用户，这部分人的创作特点是感性、随心所欲，创作的能力有限，当内容创作进入瓶颈期后，必定会导致内容质量下降，更新速度减慢，受众的黏性就会减弱，直至脱粉。如何在千篇一律的短视频中脱颖而出，能够创造出用户持续关注的动力，就需要规律化的运营。要有持续输出的能力，尤其是积累一定的粉丝之后，本着对粉丝负责的思想，必须坚持创作和发布，而坚持创作是保持生命力的第一要义。

（2）专业创作者打造差异化运营。专业生产内容的创作者 PGC 的生产主体是在某些领域具备专业知识的人士或专家，他们在特定领域里具有一定影响力和知名度。PGC 生产机制的内容具有专业、深度、垂直化等特点，表现在美食短视频领域，指在内容的发布和制作上有一定的差异性，内容质量相较于UGC来说更有保证，运营上更加规范。“日日煮”“Amanda的曼食慢语”“日食记”是专业生产美食短视频的典范，他们拥有专业的团队和公司致力于美食内容的制作和拍摄。专业化的创作者有打造优质内容的实力，同时在用户的运营上也更加规范，差异化的运营能力也更加突出。

（3）MCN公司助力专业化运营。MCN是一种多频道网络的产品形态，它将不同类型和内容优质的PGC和UGC联合起来，在有力的资本支持下，为内容创作者提供内容运营、版权管理、宣发推广、商业营销等专业化服务，保障内容的持续输出，从而实现商业的稳定变现，获取广告或销售收益分成。简单来说，MCN相当于一个中间机构，上游对接优质内容，包装之后寻找下游平台推广。以李子柒为例，她在加入MCN公司之后，内容上的策划主要还是由她个人来完成的，其他的运营工作可以由MCN公司代做，之后无论是在视频的播放量、评论量、点赞量上都有了质的飞跃，MCN公司专业化的运营能够带给受众更好的观看体验，于美食短视频自媒体本身来说其用户运营更加专业化。

8.4.5 用户运营的转化策略

转化是美食短视频用户运营的最后一个阶段，就是把粉丝转化为最终的消费者。无论是广告变现、内容付费，还是通过电商营利，将流量转化为营收才是最终目的。

1. 内容营销实现用户转化

（1）利用硬广告变现。广告是内容营销最普遍的变现形式之一。美食短视频自媒体的广告形式表现在两个方面：硬广告和软广告。硬广告是随影片放映的直接诉求式的传统形式的广告。这种广告形式在吃播类的短视频内容中最为常见，是以一种试吃的方式呈现广告内容。广告主将产品寄送给吃播主播，主播将产品试吃过程制作成一期节目，在节目中以推荐式的话语来描述食物味道、外观，从而达到一种广而告之的效果。硬广告的形式在探店类的短视频内容中也经常出现，是以品尝餐厅的特色菜肴作为视频内容，来为餐厅做广告，大胃王也多参与其中，这种为餐厅做广告的形式在地域性的自媒体表现得比较多，比如“吃货请闭眼”就是地域性探店类自媒体的代表。

（2）利用软广告变现。软广告是为减少公众的广告躲避而将鲜明的、凸显的广告形式，通过更巧妙的、更迂回的、更隐蔽的方式传达出去，使消费者在不知不觉中把广告所传达的内容接受下来的一类广告。这种广告形式多用于教程类的美食短视频中，教程类的视频内容中元素多一些，如食材、厨具、调料都是可以植入广告的载体，主播能在教授粉丝做菜的同时，以使用的方式将产品融入视频内容中，虽然没有直白地推荐购买叙述，但商品的商标会以特写的形式出现在视频内容中，这是一种更迂回、更隐蔽的方式，并且不容易被粉丝察觉，在接受度上会更优于硬广告。

2. 社交电商实现用户转化

（1）社交电商是以社交媒体为工具、以人为中心、以商品变现为目的的一种电商服务模式，使一群“志同道合”的人因为共同的兴趣和爱好聚集在一起，并且不断地裂变生长，成为连接服务、商品、信息和内容的载体，实现“内容吸附，社交转化”的变现。美食短视频自媒体的转化途径之一就是社交电商，以是否有自有品牌为依据，分为自营电商和代理电商。

（2）自营电商是美食自媒体用户转化的一种形式，是自媒体自己来经营的线上店铺。自营电商的优势就在于目标销售群体是对自己有忠诚度的粉丝群体，购买产品的动机不仅仅是需求，还是一种基于偶像崇拜的心理驱动。美食自媒体前期的用户运营就是一直在增加和维系粉丝情绪的投入，为高转化率做基础。将沉淀的粉丝资产转化为客户，将流量变现。美食类短视频自媒体在经营店铺时，不仅可以收获利益，还可以获得更多用户数据。通过数据分析粉丝画像，自媒体可以筛选出可供进一步挖掘的用户价值，转化这一部分依旧可以反哺用户运营，形成产业链的闭环。

（3）代理电商是利用社交平台的销售渠道来获取相应商品的售卖权的，产品的选择应该与视频定位相关联，通过用户的购买来达到盈利的目的。这类主体一般没有个人品牌的建立，所售产品是自己选择所得，微博、抖音这类社交平台的橱窗是代理电商的窗口。美食短视频自媒体平台通过代理电商的形式转化粉丝达到盈利的目的，这种代理性质的电商在短视频社交平台上应用广泛，并且效果明显。但是代理电商有一个弊端，就是代理产品的好坏自己不能决定，如果选择的商品粉丝评价过低，容易造成用户的流失，所以在选择代理产品时应本着慎重的原则。

（4）直播带货是美食短视频自媒体的一种用户转化方式，虽然传播主体不是短视频的形式，但是观看直播的主体依旧是美食短视频自媒体通过长期运营积累下来的具有忠诚度的粉丝。所以将直播带货也列入用户转化的策略之中。直播带货主要存在于抖音、快手这些短视频社交平台中。因为直播有很强烈的参与感和体验感，它能够让用户产生信任感和忠诚度，天然适合带货。另外通过前期的用户运营，粉丝更容易信任自己长期关注的美食博主所推荐的产品，粉丝忠诚度和信任感更高，即时直播容易受到现场情绪感染，进一步引导粉丝购物。

3. 延伸线上场景实现用户转化

（1）开设线下体验店。从内容角度来说，“内容为王”依旧是内容创作者必然遵循的准则，由于美食短视频内容的同质化严重，创新能力减弱，差异化不明显，用户对视频内容也逐渐开始审美疲劳。从盈利角度来说，美食领域垂直细分趋势的不断升级导致用户的分流细化，“蛋糕”越切越小，转化遇到瓶颈。从用户角度来说，注意力的缺失导致用户的关注度减弱，新用户的获得在成本上不断上升。根据目前美食短视频面临的困难，运营者将视角转向线下，设计线下体验店，希望通过在线下聚拢人气或是流量，并借此尽可能地将潜在消费者群体转化为品牌的忠实顾客群体。

（2）开设自有品牌实体店和线下 IP 授权餐饮店。布局线下利用知名度来开设实体零售店铺，这种方式在美食领域短视频自媒体中是一个探索，目前正处于初级阶段，是否成功还是需要时间的检验。线下 IP 授权餐饮店也是线下实体店的一种。例如，美食自媒体短视频“贫穷料理”的第一家授权餐饮店在厦门景区曾厝垵开业。该线下餐饮店从名称、装修风格、餐品研发等元素和“贫穷料理”抖音视频中呈现的内容保持高度一致。作为品牌所有方和授权方，“贫穷料理”将获得该门店及此后加盟 / 连锁店每年一定比例的分红收益。这种授权的形式与自有品牌实体店的想法如出一辙，但也有所区分，IP 授权店相当于出售自己的 IP，但不一定拥有经营权。

8.4.6 结论

美食短视频作为短视频的垂直细分领域，该领域聚集了大量的美食短视频创作者，但头部大 V 数量还是少数。在拉新用户中，美食领域用户会有其独特的特点，一部分新用户是基于兴趣和需求而聚集到一起的，另一部分是通过优质内容吸引来的。在促活用户中，通过与用户的互动来提高用户的活跃度。在留存用户中，留下来的用户可称之为“粉丝”，将用户转化为粉丝是用户运营更加深入的步骤。在转化用户中，美食短视频的转化方式都是通过对内容的深耕，积累一定的粉丝量后逐渐开始探索转化的道路，并通过内容营销、社交电商和线下转化等途径实现用户转化。

思考题

1. 简述不同用户的活动方式有哪些。
2. 简述用户增长的方式有哪些。
3. 简述核心用户应如何管理。

第9章 数字产品活动运营

本章引言：

活动运营是数字产品运营推广中的一项重要举措。不同的网站和产品，会做不同类型的活动。如何做一个有价值的活动，是本章内容需要解决的问题。本章内容主要介绍活动前运营人员应该做好哪些活动策划工作，开展活动的理由、活动策划设计原则和活动主题等；活动过程中要掌控活动的节奏和及时解决活动产生的风险；活动结束后要进行及时归纳总结、评价活动效果。

本章重点和难点：

- 数字产品活动策划；
- 数字产品活动风险控制；
- 数字产品活动效果评价。

教学要求：

了解数字产品开展活动的理由、活动策划设计的原则、活动成本预算，掌握活动策划的主要内容；了解提高活动效用的关键点，掌握活动运营的主要风险点；掌握活动效果评价。

本章微教学：视频二维码 9.1　数字产品活动运营。

微教学视频 9.1

9.1 什么是活动运营

9.1.1 活动运营的内涵

作为一名运营人员，经常会组织各种活动来提高产品的知名度。活动运营（Operating Activities）是指公司通过策划不同活动，活跃原有用户、吸引潜在用户，从而提高产品知名度和品牌度，最终提高产品销售量。它包含活动策划、活动实施，以及嫁接相关产业打造产业链。活动运营可以理解为活动策划和执行两个部分。通过一定形式的活动策划去实现运营目的，从用户角度而言，活动运营主要是拉新、留存、促活。对于运营的最终的目的而言，运营就是要盈利。活动运营，必须事先明确活动的目标，并持续跟踪活动运营过程中的相关数据，做好活动效果的评估。其要解决的核心问题是围绕着一个或一系列活动的策划、资源确认、宣传推广、效果评估等一系列流程做好全流程的项目推进、进度管理和执行落地。

9.1.2 活动运营的分类

活动运营可分为以下三种类型。

（1）营销主导型活动运营。这是指以盈利销售为主、品牌宣传为辅而展开的主题运营。营销活动的作用主要是宣传企业形象、推广产品。活动的主要特点是活动本身具有足够吸引客户热情和消费者眼球的魅力，甚至活动的本身就具有一定的新闻价值，能够在第一时间传播出去，引起公众的注意。

（2）传播主导型活动运营。这是指以品牌宣传为主、盈利销售为辅的运营。这类活动注重媒体形象的传播。传播主导就是为了突出媒体在传播中的重要性。其活动主要类型有三种：一是社会公益性活动，如“3·15”百姓维权 ；二是年度奖项评选活动、报告与论坛，如华语电影传媒大奖；三是以夏令营、郊游、旅游、联谊晚会为主的教育性、娱乐性、宣传性的媒体活动。

（3）混合型活动运营。这种活动运营既做营销又搞传播，兼备了以上两种类型的特点。这些活动往往以客户下单参与定额广告投放、读者掏钱购买产品等为前提条件获得参与活动的资格，而活动本身也将伴随着声势浩大的品牌推广行为。

9.2 活动策划

9.2.1 开展活动的理由

1．时间理由

（1）法定节假日。比如，中秋节——团圆节；十一——国庆七天乐。

如图 9.1 所示为支付宝集五福活动页面，时间节点的选择刚好是春节。

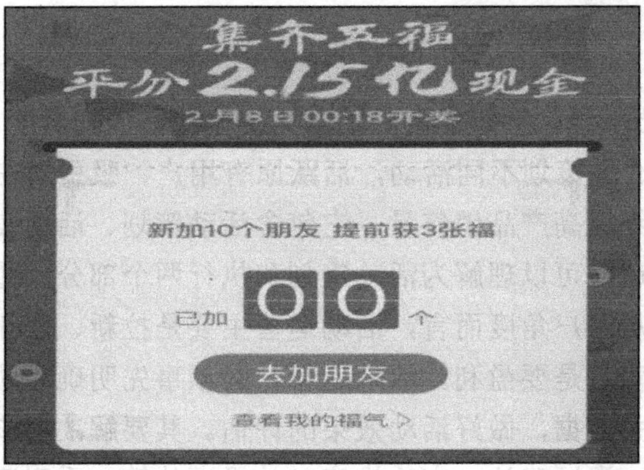

图 9.1 支付宝集五福活动页面

（2）季节变化。商家利用季节更替会进行打折、清仓大甩卖活动。

（3）某个特殊的日子。比如，淘宝的双 11、京东的周年庆、用户的生日、父亲节活动等。

以时间为理由做各种活动，哪怕不是很有价值的活动，用户也会因为日期的特殊性，而愿意来参加，因此比较容易获得用户的认同。

2．产品本身的理由

基于产品属性，从产品本身角度来策划活动。玩网络游戏的朋友，一定见过“战场排名”之类的活动；企业推出各种活动，策划人员对产品要有足够的理解，抓住用户最感兴趣的点去进行组织和引导。

3．结合社会热点开展活动

社会热点往往是人们高度关注的，可以结合产品属性作为活动素材去设计活动。比如奥运会、世界杯等，与体育相关的产品可以设计相关活动，如图 9.2 所示为支付宝平台设计的世界杯竞猜活动页面。

图 9.2　支付宝平台设计的世界杯竞猜活动页面

4．自造热点

自造热点的难度有点大，不仅需要经济实力，而且需要一定的品牌号召力。成功的案例如淘宝的“光棍节”“双 11”活动策划。

9.2.2 活动规则设计

活动的规则，简单来说，就是“流程简单少思考、文案清晰无歧义”。

在设计活动规则的时候，要注意活动主题与理由要相匹配。如果你要在夏天处理冬天的大衣，活动的主题就不能是“清凉一夏，清仓处理”。在活动规则设计上，要做到让用户操作方便。

案例活动一：美团红包外卖促销，如图 9.3 所示。

案例活动二：肯德基 K 记毕业大趴活动，如图 9.4 所示。

抛开页面设计，单看活动规则，肯德基活动的文案是不是显得有点啰嗦？美团的红包元素是否更适合中国用户的习惯？

图 9.3 美团活动页面

图 9.4 肯德基活动页面

从个人角度看，活动规则的设计在很大程度上决定了能否吸引用户来参与活动。因此要注意以下几点。

- 人人有奖的效果并不一定比抽奖更好。
- 抽奖的规则要简单，过于复杂会影响效果。
- 活动的规则要简单，太复杂会导致用户离开。
- 采用游戏化或任务化的设计，增加趣味性，能增强用户的参与度。
- 一个好的活动设计还需要进行宣传，没有好的宣传往往会影响活动效果。

9.2.3　活动策划的主要内容

1．确定活动主题

活动主题的选择，关系着用户对产品的初步印象，关系着用户能否第一眼就被吸引住。自媒体视频脱口秀《罗辑思维》主讲人罗振宇与 Papi 酱的合作时，罗振宇在包装 Papi 酱视频贴片广告时，其打造的拍卖口号为“中国新媒体世界的第一次广告拍卖”，用户可以通过互联网“边看直播边出价”，在新媒体“第一次”上做文章，制造轰动效应。

2．明确活动对象

明确活动目标用户群，类似目标用户定位，就是确定哪些人会有可能参与到活动中来。比如小米、网络游戏等产品活动都喜欢在微博、微信、社区论坛中发布各种活动，主要原因就是其活动对象一般以年轻人为主，而那些地方是年轻人的集聚地。

3．活动时间

活动时间的安排很重要，注意时间的选择要契合主题，可以从中挑选和活动主题相关的日期作为活动日期。例如王者荣耀活动：畅玩七月三大盛典，就安排在暑假。到了七月这个燥热的时候，小伙伴们就算放假都不乐意出门了，待在家里吹空调是多舒服一件事啊！而王者荣耀也推出了三大盛典活动，让大家“宅而不腻”，每天和小伙伴开心畅玩。

4．活动描述

让用户看得懂，以决定要不要参与、怎么参与。

如图 9.5 所示的腾讯体育活动：福利在现场，采用游戏活动类型，看球间隙投几个球，能获奖就更好了。该活动把商业化和用户需求结合得很好，而且确实有趣。

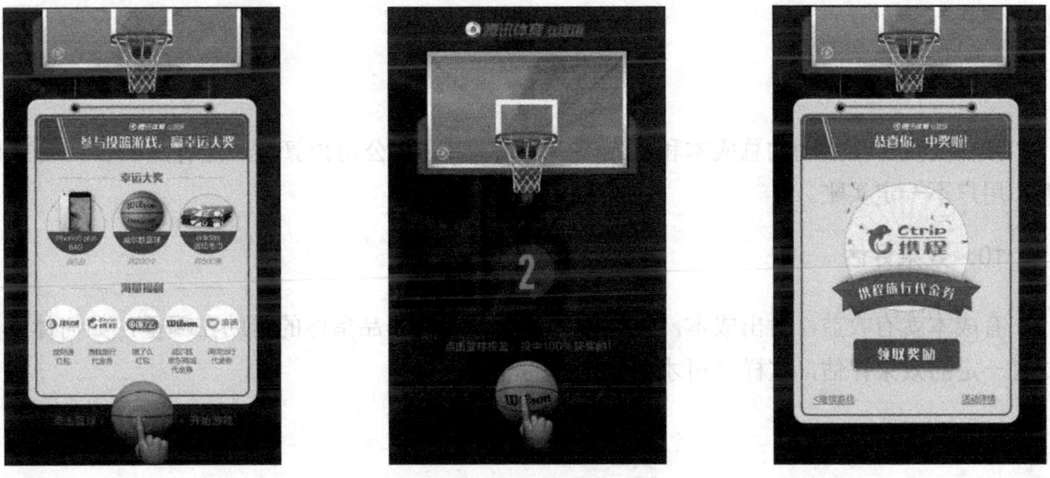

图 9.5　腾讯体育活动页面

图 9.6　Uber 活动页面

5．活动规则

活动规则要让开发人员看得懂，一部分内容是在前端展示的，另一部分内容要让开发人员知道活动如何实现。最关键的是让用户看得懂。

如图 9.6 所示为 Uber 的活动规则，这个文案就有些拗口，可以改为“本周六、周日乘 Uber 累计 3 次，即得下周免费使用 6 次；乘 Uber 累计 5 次或更多，更可获得下周免费试用 10 次的机会！”，这样用户看后就能一目了然了。图 9.6 所示的文案中第一句和最后一句可以删去，页面的大标题已经可以达到说明活动的目的了，而且有“查看详情”的入口，不用写太多细节的规则，如最高减免 15 元、到账日期、活动截止时间等，感兴趣的用户自然会点击阅读。

6．投放渠道

渠道中存在海量的用户资源，并服务于开发者。通过最佳渠道可以精准定位用户，并建立忠诚关系。要对投放渠道的成本进行预算，要有投放时间，根据成本与效益原则选择最佳投放渠道。

7．风险控制

要有风险环节预案，一旦出现未知风险，应有对应的措施进行解决。

8．数据监控体系

数据监控体系包括投放渠道的监控、用户参与情况的监控、奖励发放的监控、转化率监控等。利用这些数据监控指标可以随时了解产品活动的开展情况，帮助找到问题点，并及时加以修补。

9．成本预估

预估实现一个活动的总成本和单人成本。成本高了，公司预算不一定有那么多，成本低廉，用户不一定买账。

10．效果评估

有成本就有收益，付出成本，就要明白一个活动对产品指标的帮助在哪里，如何体现，要有一定的效果评估，这样公司才会认可你的活动。

11．FAQ

FAQ 是英文 Frequently Asked Questions 的缩写，中文意思就是“经常问到的问题”，或者更通俗地称为“常见问题解答”。可以另外准备一个文档，提供给客服或者相关人员，以帮助用户解决在参与活动中产生的困惑。FAQ 要详细、标准。如果活动规模大，仅 FAQ 还不够的时候，你就要提前准备客服的培训文件，并积极进行沟通。

9.2.4　活动类型选择

常见活动形式一般有补贴、话题、有奖、游戏、投票五种。一般通过线上和线下开展活动。线上活动也可以用“倒计时”的方式进行传播和推送，来营造一种稀缺性，以吸引潜在用户快速加入。线下活动应该配合线上的渠道，如直播平台、在线视频、社群等。

1. 线上活动

线上活动就是以网络为载体，借助第三方软件，向目标受众传递某一领域专业信息的过程。活动可分为付费和免费两类，但一般情况下都以免费为主，特别是一些在微信公众号上举办的分享活动。有些活动采用免费与付费相结合的形式，即部分免费分享，再深入就要付费。做付费活动的大多是专职做微课、培训班的企业或者微信公众号。常见的线上活动有以下三种。

（1）微信活动。常见的微信活动有微信群抢红包活动、微信砍价活动、微信拼团活动、微信公众号留言点赞活动、大转盘抽奖活动、有奖问答活动、有奖调查活动、投票排名类活动、趣味测试、微助力、一元购、微秒杀等。

（2）贴吧活动。常见的贴吧活动有抢楼盖楼活动、投票活动、拍卖活动、晒照片活动、征集评比活动、签到活动、直播贴活动、贴吧公益活动、病毒式 H5 活动等。

（3）微博活动。常见的微博活动有粉丝投票、微博抢沙发、视频、广告语、文章、创意征集、话题等活动。

2. 线下活动

有很多产品需要线上线下协调推广，如共享单车等。线下活动需要邀请符合产品属性的嘉宾，选择有意义的时间，确定主题，策划文案，选择交通便利的场地。

常见的线下活动有以下方式：现场扫码活动、产品体验活动、地推活动、公益活动、产品推介会、发布会、促销活动、赞助各类赛事论坛、系列主题活动、庆典活动、展览会、路演等。

3. 常见的活动方式

（1）抽奖类活动。满足一定条件的用户可以参与抽奖，抽奖的类型可以是礼盒、转盘、彩票开奖等，时效可以是即时的（立即开奖），也可以是延时的（指定时间公布开奖结果），奖品可以是现金、实物或者虚拟物品（积分、游戏的道具、商户的优惠券等）。抽奖方式要注意奖品爆率的设置，通常，奖品爆率的设置使用以下两种做法。

- 公平爆率。公平爆率是指用户每次抽奖时，抽到单个奖品的爆率都是相同的。比如，作为奖品的华为手机只有 1 台，可是有 10000 个用户来抽奖，对于每个用户，每次做抽奖动作的时候，爆率都是万分之一，也就是说，无论用户抽多少次、花多少钱，获得奖品的概率都是一样的，就是公平爆率。

- 调整爆率。调整爆率是指用户抽奖时，抽到单个奖品的爆率并不相同，系统在后台设置规则，让符合某些特性的用户可以有更高的概率获得奖品。

公平爆率比调整爆率要简单，而某些活动，还是得通过一些手段，对某些用户进行倾斜，这就要求运营人员合理地设计抽奖规则。

（2）红包类活动。满足一定条件的用户可以获得红包，红包中有一定金额的抵扣代币或者现金，有些可以提现，有些不可以提现。红包可以限制使用场景，在不同的时间节点，匹配不同类型的活动，如逢年过节，红包上阵；平时做活动，礼盒、转盘就可以。

（3）收集类活动。用户通过行为去收集物品，收集的物品可以组合或者单独进行兑换。

（4）返利类活动。用户满足一定的消费金额和笔数，可以获得返利（可以是现金，也可以是积分），返利获得的奖励可以限定使用场景。

（5）竞猜（彩）类活动。用户参与活动，进行竞猜（彩），以赢取奖励，多见于世界杯等大型体育赛事。

9.2.5 活动成本预算

运营活动的成本就是达成目标所要花的钱，运营活动的成本预算是指公司期望通过运营活动达成目标所愿意付出的费用。如果预算足够，活动运营就比较好开展；如果预算有限，或者指标定高了需要更多的预算，这时候就需要精心策划，既要把成本控制在预算之内，又要达到活动效果。

常见的做法就是采用前文的抽奖形式、微博转发类活动，用一个或几个看起来昂贵的奖品加上部分看起来不怎么贵的奖品进行组合，利用人们的侥幸心理，使用利益来进行诱惑。这类活动的操作成本相对较低，用户参与度高，活动设计的难度也不高，且活动效果较好。

有的企业还会巧用借力和借势的活动运营方法。借力是借别人的力，借势是借环境的势。如果自己的活动预算不够，则可以尝试与别的产品或者网站去做联合活动，共担成本。通常来说，先看能不能借势，再看能不能借力。借势的运营活动，可以采用抽奖的形式；借力的运营活动，可以通过合作来分摊成本。如果势、力皆无，那么就要用数据说服老板：要么降低活动预期，要么增加活动预算。

9.2.6 活动方案预评估

在活动上线前，为保证活动的顺利开展，需要检验以下 10 个问题。

Q1：活动目标是什么？活动的设计是否针对活动目标的达成？

Q2：活动的时间及节奏是否合理？

Q3：活动主题是否足够吸引人？

Q4：活动规则的设计是否合理？用户参与门槛如何？

Q5：活动奖励是否能调动目标用户的参与积极性？

Q6：活动宣传内容是否吸引人？渠道是否还有遗漏？

Q7：活动成本的核算能否实现投资回报率（ROI）最优匹配？

Q8：活动可能存在哪些风险？

Q9：活动监控数据指标是否完善？

Q10：活动分工安排是否合理？项目组成员是否全部确认安排的时间？

为了方便自检，上述问题汇总成打分表，每个模块得分为10分，满分为100分，单项得分低于6分的模块，均需要重新评估优化，得分高于70分的活动才可以进入落地执行的环节，如表9.1所示。

表9.1 活动方案自检方法

模 块	内 容	检 查 项	建议检查人	得 分
1. 目标	活动重点考核指标（如下单量、新用户）	活动设计是否有助于提升该指标	活动PM&活动项目组成员	
2. 时间	活动开始及结束时间（如预热期、正式期）	周期是否合理、节奏是否清晰、资源分配是否合理	活动PM&活动项目组成员	
3. 主题	环境、背景和切入点（如节日热点）	用户是否有点击和参与的欲望	用户研究组（目标用户5～10人）	
4. 规则	规则设计、用户定位（如活动说明）	用户理解难度、参与难度、活动覆盖范围	用户研究组（目标用户5～10人）	
5. 奖励	奖励设计、结算方式	奖励是否吸引人、获奖机制是否合理	用户研究组（目标用户5～10人）	
6. 宣传	内容设计、渠道安排、宣传节奏	内容是否吸引人、渠道覆盖面是否全面	活动PM&活动项目组成员	
7. 成本	奖品、人力、资源	ROI是否最优匹配	活动PM&活动项目组成员	
8. 风险	可能的风险点	开发进度是否可控	活动PM&活动项目组成员、法务	
9. 数据	需要监控的指标	数据埋点是否有遗漏、数据监控指标是否合理有用	活动PM&数据组成员	
10. 分工	人员分工	是否每项工作责任到人、各项工作交付时间是否合理	活动PM&活动项目组成员	

尽管这份表格看起来是对活动方案的预评估，但在活动策划的过程中就需要活动组织者将相关内容考虑在内，而上述的10个模块，可以概括为决策层、感知层和执行层三个维度。

Q1目标、Q2时间属于企业决策层。目标一般是根据产品现阶段的目标进行拆分的，需要领导决策层预先决定。时间不仅意味着活动开始与结束的日期，也意味着活动节奏的安排。

Q3主题、Q4规则、Q5奖励属于感知层，就是设计用户体验的过程。主题是用户体验的第一层感知，其首要目标是设定一个情境，让用户参与进来。规则是从用户体验层面来讲的，在不让用户点击“活动规则”按钮的情况下，当用户看到活动页面时，是否能明白这个活动是干什么的，如何参与，参与门槛高不高？奖励是用户参与意愿的决定性动力。

Q6宣传、Q7成本、Q8风险、Q9数据、Q10分工属于执行层，是对整个活动各个关键细节的检查，可确保活动顺利如期上线。

宣传分为两个部分，一部分是内容的设计，需多找一些人来体验视觉及文案效果；另一部分则是宣传渠道的覆盖度，以检测是否还能再有企业合作的机会，在不增加成本的情况下进行资源的置换。

成本主要是依据原有经验预估 ROI，以确保已经是 ROI 的最优匹配。

数据分析需要数据组的同事一起评估，以便全面检测活动效果。

风险不仅包括因开发进度的延期可能导致活动上线遇到问题，还包括刷单及其他风险。

分工的检查一方面是确保项目组成员认领自己负责的模块，并明确交付时间，另一方面也是协同反推活动时间，查看每项工作的时间预留得是否充足。

一项大型的产品运营活动，往往需要投入大量人力、财力及时间，也关乎产品的品牌形象，因此，活动方案的评审需要慎之又慎。

9.3 活动过程及效果

9.3.1 提高活动效用的关键点

1. 趣味性强

活动就是让用户体验开心的感觉，让企业在用户“玩”的过程中达到运营目的。所以活动的设计要游戏化，这样会更有趣。

2. 操作便捷

活动操作的步骤不能太多。在页面的设置上要简单、明了，不要让用户在非活动流程的页面尤其是 App 里“跳来跳去”，否则会导致用户很快放弃参与该活动。

3. 规则易懂

策划活动时，应让规则尽量简单，一眼就能看明白，知道“去做什么，就能得到什么”。规则的表述方式也要简洁。不要按一般要求写规则，核心规则放在页面上方的显著位置，用户只要知道了就能参与。具体规则和免责放在页面底部，即使用户不看也没关系。

4. 掌控活动的节奏

线上活动的“爆点”时间很短，大概一两天。但为了这一短暂的爆发，前期预热和后期收尾都要策划好。活动预热非常重要，要制造一些噱头的元素，以吸引用户兴趣。增强活动的“余热”部分，活动总结要写成图文并茂的“干货”并分享给用户。对活动中发生的有趣的人或事进行记录，并及时分享。

5．用户体验性

在活动页面要把用户的收益放在明显的位置，并及时按照活动规则公布活动的结果。这符合用户利己的心理，会让用户有更深层次的满足感。所以很多活动页面把奖品放到最上面，比如物质类的 iPhone、红包、礼盒，精神类的特权、等级、头衔，然后页面下方才是活动规则和操作区。应确保用户反馈的通道顺畅，以获取足够的用户体验反馈。

6．活动进度标志可视化

活动一般都有一连串的操作行为，如参与人数、活动进度、活动奖励进展等。每个操作之后都要给用户一个反馈，告知用户操作情况，也是一种给用户的精神激励。活动页面可以在头部展现已有多少人参与，并且数字应不断刷新。

9.3.2　活动风险管控

1．活动风险点

活动的风险点大概有以下几类。

- 技术方面，上线时间推后或上线后出现 bug。
- 推广方面，资源未按时到位。
- 用户方面，活动主打卖点用户不“买账”。
- 外部环境，其他热点爆发，如雾霾、地震等。
- 法律方面，有违法行为，如消费者权益等。
- 作弊漏洞，被用户找到规则漏洞，导致刷单、灌水等。

2．活动风险环节

一个活动从设计到上线至少会经历如图 9.7 所示的五个阶段，每个阶段其实都涉及不同的人员，都存在不同的风险。从图 9.7 可以看到，很多风险与“沟通”有关，沟通的成本很高，运营负责人员、运营人员、市场人员、开发人员、测试人员、市场维护人员、客服人员、用户等在沟通过程中容易出现理解不同的风险。所以在活动策划中要提前准备多套风险应对方案。

3．活动风险预案

在活动策划环节，需要考虑策划的活动规则是否有漏洞、是否会影响用户体验、奖励设置是否合理、活动节奏如何把控、运营效果如何监测、关联指标的考量等。与开发人员、测试人员确认了开发需求和排期之后，需要着手整理 FAQ 事件模板，并在上线前完成与客服团队的沟通，确认客服人员知晓处理相应事件的话术与应对策略。做好应急预案，当极端事例发生或出现数据异常波动的时候，以便有办法及时地拉回健康状态。

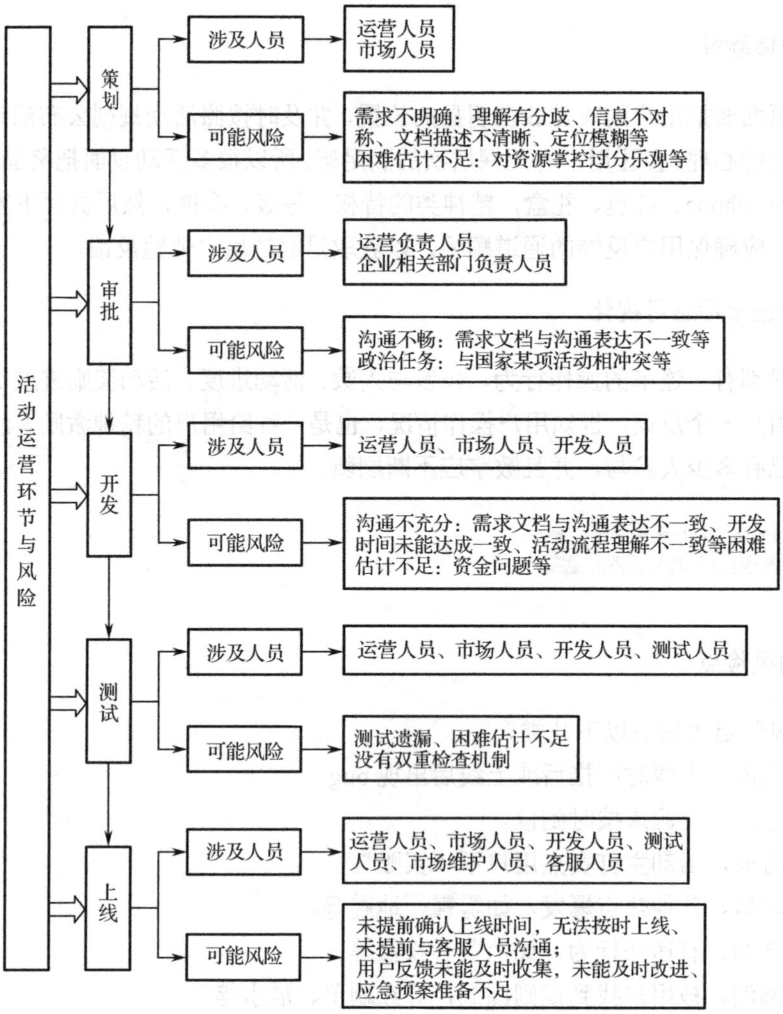

图 9.7 活动运营环节与风险

9.3.3 活动数据监测

作为一个活动运营人员，活动数据的监测非常关键。监测活动数据重要的是读懂数据说明的问题，及时通过调整，改进活动数据，让活动更加有效果。活动数据一般包括活动打开率、浏览数、参与数、中奖数、分享数，订单数等，不同 App 数据的表达方式不一样。

1. 核心数据

活动运营数据比其他类型的数据都更加重要，活动运营的核心数据需要运营人员把具体活动和工作相结合，加入自己的思考，所以更为复杂。

案例：某电商网站开展户外产品折扣活动，希望该活动可以为网站带来日常销量两倍的销量增长。在这项活动中，以下数据较为关键。①广告投放渠道的质量：用于判断目标用户的媒体触点，未来主要投放渠道的筛选凭证。②单品销量的增长情况：用于判断目标用户对什么样的产品感兴趣。③总体销量目标的完成情况：用于判断活动是否达到预期。④各关键节点的转化率：页面商品的点击率、进入页面的浏览率、放入购物车数量、购物车—付费的成功率。

从案例中可以知道活动运营包括的核心数据如下。

- 分渠道的广告展示统计：展示次数、点击次数、Landing Page 跳出率。
- 用户兴趣点分布：页面商品点击次数、单品浏览量、下单量、使用购物车的用户数和商品进入购物车的次数。
- 订单转化率：浏览—下单的转化率、购物车—下单的转化率。
- 支付成功率：成功完成支付的订单数÷提交的订单数。

2．数据监测

如何进行活动数据监测呢？如图 9.8 所示为网易云音乐活动页面：送一首歌，给十年后的自己，通过策划话题的活动形式，用户可以根据话题进行图文发布。

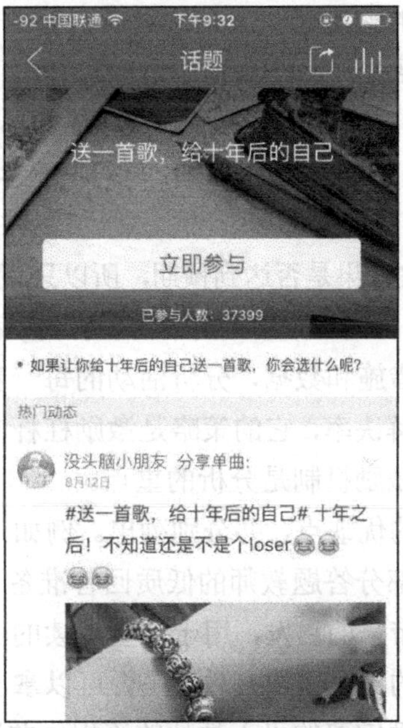

图 9.8　网易云音乐活动页面

考核 KPI：每个话题的发图数、每天的发图数；活动的发图数，即活动参与数；通过数据分析，可以看出哪一种话题受用户喜欢；通过用户属性分析，可以看出男性用户喜欢哪种话题，而女性用户又喜欢何种类型的话题等。

案例：某个网站，发起了老用户邀请新用户加入的活动，参与该活动的老用户和新用户都可以获得 100 元的代金券，如果活动期间新用户完成了一笔消费，不论金额大小，作为邀请人的老用户还可以再获得 100 元的代金券。

我们来分析一下关键节点和对应加入的数据统计。

a．监测活动投放渠道引入用户的转化率。

b．监测用户分享渠道，以及各渠道的转化率。

c．监测新用户的注册渠道及转化率。

d．监测代金券使用情况。

我们可从四个方面（全局）的数据统计，其中，a、b、c 可以采用实时监测的方式，以了解活动相关的渠道效果，从而可以及时采用不同的应对策略来进行调整；d 则更多的是用来借鉴的指标。

9.3.4 活动效果分析

1．活动总结元素

（1）背景。活动总结要保证不了解项目情况的同事也能看懂，所以需要完整介绍活动背景。例如，作业帮是 K12 的学习软件，为中小学生提供学习辅导服务，可向“学霸”提问。在运行过程中遇到的问题是回答成本较高，且高中数学、物理类问题的解决率相对较低，因此希望通过活动提高这类问题的解决率。

（2）目标。明确告知活动要达到什么目标，预计要到什么时间，数据要提升多少。例如，作业帮高中数学问题的 1 小时解决率是 90%、高中物理是 91%，初中数学是 98%。期望通过活动将高中数学与高中物理的解决率都提升至 96%，与初中数学相近。活动时间是 9 月 1 日—9 月 20 日。

（3）效果。这里指的是最终效果是否达到预期，所以只写最核心的数据。不需要分析过程数据。例如，作业帮活动结束后，高中数学、高中物理解决率都提升至 96%，达到活动预期。

（4）详细分析。列出具体措施和数据，分析活动的每一步进展，得出结论。例如，作业帮为了提升高中数学的 1 小时解决率，它的策略是激励杠杆向高中数学答题教师倾斜，增加答题教师的积极性。如何实施激励机制是分析的重点。

（5）经验总结。总结活动的优缺点，并分别列出。例如，作业帮的优点是引入答题教师的方法优质且有效；缺点是对部分答题教师的低质回答准备不充分。

（6）后续计划。分析活动带来的启发，用于展望后续的工作，包括活动如果有效，后续是否复用做下去，或者活动中的部分模块有效，是否可以拿出来继续发挥作用，后期如何改进。例如，作业帮下一步将梳理完整的引入教师的流程，并通过产品落地。

2．活动效果判定原则

1）成本控制原则

所谓成本控制原则就是在活动策划初期，预算总成本和人均成本的数值及活动目标值，活动结束时，成本是否控制在预期成本以内。例如，本活动预计可以带来 1000 名注册用户，活动奖品总成本 10000 元人民币，完成转化率 70%以上。由此可知，总成本是 10000 元人民币，一个新注册用户的成本平均是 10 元人民币。如果你花了 9000 元，带来了 2000 名注册用户，成功转化率为 80%，那么这个活动效果是超出预期的。如果你花了 6000 元，但只带来了 500 名注册用户，那么这个效果就需要检讨了。

成本控制原则的预期是将活动总成本控制在预算总成本以内，不超发，同时，单个指标的成本越低越好。

2）KPI 达成原则

KPI 达成原则指的是活动结束时，是否达成了活动的 KPI。

继续分析前述活动：该活动预计可以带来 1000 名注册用户，活动奖品总成本 10000 元人民币。结果，由于某些原因，成本没有控制住，超发了 10000 元人民币，但是这个活动却因为超发的 10000 元人民币多带来了 2000 名注册用户。平均下来，一名用户的成本由原先预计的 10 元变成了不到 7 元。那么，这算不算是一个好的活动效果呢？其实，效果是好的，但是如果控制在预算成本内的话，就更加完美了。

因此，KPI 达成原则的预期是用超出预期的效果来抵消成本控制不当的负面影响。

当然，每个公司的情况不同，财务管理的风格不同。每个公司需要因时、因地制宜的运营活动效果判定原则。

3）活动总结的格式与内容

活动总结没有固定格式，可以使用 Word、PPT，甚至是 Excel 或脑图软件，来进行活动总结。

一般来说，活动总结的内容应当包含：a.活动时间；b.活动内容；c.活动效果；d.经验教训。

对于 a、b 两点，需要对照一下活动策划案，对照有没有按时上线，活动的内容是否有变化、用户需求是否实现、用户有没有出现新需求等，都要如实地反馈出来。

对于 c、d 两点，考验活动者的能力。活动者要写活动效果，要分析活动数据。清楚表明数据波动原因是内因还是外因，内因是企业内部调整导致的，外因是指用户或季节性等因素。查明原因后要能够明确影响数据波动的原因的主次关系，总结经验教训，为后面工作的开展提供依据。

活动总结的关键与核心就是对活动数据的展现和经验教训的总结。

拓展阅读二维码 9.2 《新媒体广告活动策划策略探析》（张鹏）。

拓展阅读 9.2

9.4 案例：喜马拉雅FM活动运营

9.4.1 喜马拉雅FM简介

喜马拉雅 FM 是专业的音频分享平台，汇集了有声小说、有声读物、有声书、儿童睡前故事、相声小品等数亿条音频，是超过 4.7 亿用户选择的网络电台，可“随时随地，听我想听”。喜马拉雅 FM 组建于 2012 年，2013 年3 月手机客户端上线，在两年多的时间内手机用户规模已突破 2 亿，成为国内发展最快、规模最大的在线移动音频分享平台。喜马拉雅 FM 在 2014 年完成了两轮高额融资，为进一步领跑中国音频领域奠定了雄厚的资金实力。截至 2015 年 12 月，喜马拉雅 FM 的音频总量已超 1500 万条，单日累计播放次数超过 5000 万次。在移动音频行业的市场占有率已达 73%。喜马拉雅 FM 同时支持iPhone、iPad、Android、Windows Phone、车载终端、台式计算机、笔记本电脑等各类智能手机和智能终端。

知识付费自2015年开始兴起，各类知识付费产品争相进入市场。2015年年底“得到”上线，2016年5月“分答”上线，2016年喜马拉雅FM开启付费订阅模式，付费节目《好好说话》上线，节目上线第一天销售额达500万元。截止到2018年6月，喜马拉雅FM用户数已经高达4.8亿，日人均收听时长达到135分钟，已经成为我国发展最快的移动互联网平台之一。喜马拉雅FM不断为用户持续输出优质的音频内容，截止到2018年年底，喜马拉雅FM在移动音频行业的占有率高达73%。2016年，喜马拉雅FM开启了首个“123知识狂欢节”，这也是国内首个内容消费节。截止到2019年，喜马拉雅FM的知识付费狂欢节已经举办了三届，每一届的内容消费额都远超上一届，喜马拉雅FM在知识付费的运营上走出了自己的独特之路。

9.4.2 喜马拉雅FM活动事件

1. 123知识狂欢节

2016年11月24日，喜马拉雅FM发布成立以来的首封公开信，宣布将于12月3日开启国内首个内容消费节“123知识狂欢节”，号召用户重视知识的价值，并将在狂欢节前向所有用户派发总价值为2亿元的“知识红包”。850位“知识网红”，以及超过2000个精品课程参与活动，所有用户都能够以5折或更低门槛获取上述“大咖”的付费课程。2016年12月3日“123知识狂欢节”当天，所有用户可以在0点至24点的所有整点时刻参与“1元秒杀”，当天总销售额为5088万元。其中，马东的《好好说话》以555万元成为“123知识狂欢节”的销量总冠军。

2019年12月5日24点，喜马拉雅FM公布了当年“123知识狂欢节”的总体内容消费数据，最终定格在8.28亿元，再创历史新高。据不完全统计，2019喜马拉雅FM“123知识狂欢节”已有数百个专辑销售额超过百万元，跻身“百万俱乐部”，其中多个专辑销售额破千万元。目前，超过200位明星已在喜马拉雅FM开设了原创音频节目，喜马拉雅FM也越来越多地成为明星“大咖”们进行实力比拼的移动互联网新赛道，成为他们传播思想、文化与科学知识，拓展自身价值的全新平台。

2. 66会员日

66会员日是喜马拉雅FM打造的内容消费行业首个会员日，是继“123知识狂欢节”后又一次全平台的大狂欢。喜马拉雅FM在“知识付费一周年”之际开放会员权益，目的是为现有的付费用户提供更为优质及精准的服务。在66会员日期间，喜马拉雅FM首次对外公布付费用户的月均ARPU值（企业从每个用户所得到的平均收入）已超过90元。66会员日共召集342万名会员，产生知识消费6114万元，这是喜马拉雅FM打造的内容消费行业首个会员日的成绩单。马东和“奇葩天团”带来的《好好说话》高居畅销榜首。截至66会员日前夕，已有超过18万用户付费订阅，产生了近4000万元的销售额。

3．423 听书节

423 听书节是由喜马拉雅 FM 发起的国内首个听书节。在全民阅读日发起 423 听书节，升级原有的会员体系，不仅吸引了 30 多位“大咖”开辟了专栏课程，还加入了有声书作为本次活动的主打内容。喜马拉雅 FM 倡导了听的价值。在眼球经济被过度消费的时代，听书的“伴随性”和多层次的受众分布，决定了有声阅读未来的市场空间巨大。

9.4.3　知识狂欢节活动运营

三个活动中“123 知识狂欢节”是最为成熟的一个，下面选择以“123 知识狂欢节”为研究对象，分析喜马拉雅 FM 在知识付费活动运营方面的特色与策略。

1．活动前期宣传推广阶段：借助自有流量积极蓄势

作为知识传播的先行者，喜马拉雅 FM 缔造了“内容消费”的全新概念，在眼花缭乱的物欲世界中“搅活一池春水”，让知识站到了前台，为不理性的双十一“剁手”“吃土”之外保留了一个相对理性的消费类目。喜马拉雅 FM 刚开始为活动积蓄流量时主要依靠平台内自有流量积极为狂欢节宣传。具体来说主要有以下几种方式。

（1）开屏广告。开屏广告是指在软件开启的时候出现在屏幕的全屏广告，一般以静态广告画面及 GIF 动态广告画面为呈现方式，时间一般控制在 3～5 秒。在 4G 网络还没有普及的时候，市场上还存在很多 2G 网络，但是随着软件升级的需要，在启动的时候需要一定的加载时间，可是如果这段时间出现空白的加载页就会影响用户的体验，于是各个 App 开始为启动后的空白页展开设计，通常他们会设置一些图片与动画。而软件的这一部分留白让广告商看到了契机，开屏后的留白时间也成为最佳的广告时间，在这段时间里广告的到达率能够达到百分之百。喜马拉雅 FM 用户基数庞大，开屏广告无疑是向用户宣传知识狂欢节的最佳途径。在活动准备期间，喜马拉雅 FM 的开屏广告主要涉及“分享免费听”的活动页，并且随着新活动的上线开屏广告也不断更新，从而将最及时的狂欢节资讯传达给用户。

（2）产品内弹窗。弹窗是很多 App 都会做的一项设计，一般是在用户进入 App 后及打开某个具体的节目时出现的，带有一定的强制性，也就是不论用户想不想看到，它都会出现，但是如果运用得过于频繁就会引起用户的反感。弹窗的功能有很多，首先平台可以利用弹窗解释节目内容；其次平台可以利用弹窗做广告，赚取广告收益；最后就是弹窗在喜马拉雅 FM 知识狂欢节中的作用——宣传最新活动。喜马拉雅 FM 的弹窗提醒内容也随时跟着活动改变。

（3）活动中心海报。活动中心海报的投放可以让 App 内的用户了解到活动的详情，以宣传平台的各种优惠活动，海报经过美工的设计处理后能达到最优的呈现效果，因此也更容易让消费者接受。活动中心海报相对于其他的宣传手段而言具有收益大、成本低、覆盖面广等特点。活动中心海报一般选取的都是最有吸引力的活动，在喜马拉雅 FM 最近一届知识狂欢节中，活动中心海报主要围绕着“分享免费听”与“红包雨”两项活动进行。

除 App 内部广告外，喜马拉雅 FM 在外部广告的投入也不容小觑，在第三届知识狂欢节

举办前与举办过程中，喜马拉雅 FM 在北京、上海、深圳等一线与二线城市的地铁站、电梯与电影院投放了包括线上与线下两种形式的广告，在第二届“123 知识狂欢节”中，喜马拉雅 FM 在广告的创新上下足了功夫，推出了“墙裂”（强烈）式广告，海报以墙为背景，广告宣传人破墙而出，迎合了网络热点，视觉冲击力极强。站内大大小小的运营广告位及在活动引流文案都强化了平台内主推的课程，增加了曝光量和点击率。

2. 活动预热造势阶段：多重优惠刺激购买欲望

在活动预热期间，喜马拉雅 FM 主要利用“红包雨”，通过领红包活动与优惠券的形式引导用户进行内容消费。除“红包雨”外，喜马拉雅 FM 在预热阶段还推出分享免费听的活动，以促进用户通过社交为活动引流。在这个阶段，用户可以挑选多个精品付费节目分享给自己的好友，好友成功领取后，两人在 24 小时内都可以免费畅听这些节目，喜马拉雅 FM 的产品页面内一直有一个“买赠”的功能，“买赠”就是购买之后可以赠送给好友的社交玩法，但是知识产品只能在购买之后才能够赠送给好友，所以相对而言门槛较高，比较普遍地存在于商务端，比如企业会购买课程赠送给员工，以此增加员工对企业的忠诚度，但是相对于普通用户而言，参与的积极度可能就会低很多。而在第二届“123 知识狂欢节”中，喜马拉雅 FM 升级了“买赠”的玩法，推出了“123 知识礼物免费领”活动，知识礼物包含百本好书精讲免费畅听 7 天和商业、人文付费精选 30 讲专辑。用户分享礼物到微信好友或朋友圈，根据好友领取的数量，可以得到巅峰会员、小雅音箱、iPhone X 等相应奖品。这种营销方式恰好触摸到免费用户的痛点，平时的付费节目现在可以免费收听，用户自然会积极转发以获得特权。活动升级之后主要突出了“免费”和“干货”的属性，除此之外还有打榜赢好礼的附加玩法，公开的榜单会让用户对自己的努力有了明确的期望，也进一步将用户逐利的心理放大了。这些举措大大降低了用户的参与门槛，使得用户更加积极地分享内容。在活动结束后，共有 11.7 万人领取知识礼包，用户领取后分享给好友形成裂变，平台由此达成了分享传播目的。

在分享免费听的活动结束后，“红包雨”活动依然继续，而“分享免费听”则变成了“年度精品课”，无处不在的五折券领取入口又刺激着人们的视觉神经。除“红包雨”与“分享免费听”活动外，喜马拉雅 FM 又推出了一档活动“打卡 21 天领会员年费”。“21 天打卡活动”是平台主推的活动，活动入口随处可见，用户进入“123 知识狂欢节”活动页面，报名“21 天打卡活动”，只要连续打卡 21 天就可以获得全额会员年费。心理学研究认为，人在 21 天就可以塑造一个新的习惯，通过用户连续 21 天登录打卡，在用户心里建立起付费节目免费听的预期，在免单欲望的驱使下用户无疑会选择参加活动，从而保证了用户的活跃度与用户黏性。

依靠着平台自身的内容优势，在“123 知识狂欢节”上喜马拉雅 FM 又推出“VIP 会员买 1 得 2”“喜马拉雅 FM 会员与腾讯会员打包送”“有声书五折购”等活动。喜马拉雅 FM 通过以上活动在第三届“123 知识狂欢节”中共吸引超过 2000 万用户参与，总播放时长更是达到了 1.3 亿小时，创造了知识付费的营销神话。

3. 活动开展变现阶段：借势视频直播+品牌合作促进爆款转化

2017 年是直播元年，直播营销很快由此兴起。直播营销指的是跟随着事件发展过程而同时制作节目播出的方式，即时性和互动性是其主要特征。

喜马拉雅 FM 在“123 知识狂欢节”中选择用直播促进爆款转化，这是一项多赢的举动。在第二届“123 知识狂欢节”中，喜马拉雅 FM 主推 3000 多位垂直类知识“大咖”，并且在“123 知识狂欢节”开始后第四天起，平台联合 60 余位有影响力的大咖开展直播活动，主要在喜马拉雅 FM 平台内部及某一直播平台内进行视频直播，与此同时还通过官方微博与主播的微博进行宣传，持续为活动造势、引流，以此实现变现的目的。在活动举办一周后，在微博上有关“123 知识狂欢节”的话题总阅读量达到了 1.3 亿，讨论量达到了 25.3 万，其中主打实用技能类的订阅课《不一样的新概念》《叶武滨时间管理 10 堂课—易效能》，认知升级类的《张萌：人生管理课》《耶鲁大学陈志武教授的金融课》，以及人文兴趣类的《张其成讲易经》《蒙曼品最美唐诗》悉数入围前十畅销榜。

在第三届“123 知识狂欢节”举办期间，喜马拉雅 FM 邀请了一众喜马拉雅 FM 的明星主播参与。马东等人的直播间人数曾经突破 500 万，可见明星主播们的影响力。主播们利用直播形式既有利于提升自己的个人品牌形象，还有利于为自己的后续内容做宣传；直播满足了接近心理。另外，通过主播们的宣传，用户也能更快捷地找到自己喜欢的节目；而对于平台方来说，利用知名主播吸引用户，既能为平台带来巨大的流量，又能利用主播影响力带动销售，还能提升平台的品牌质量与形象。

除直播之外，喜马拉雅 FM 还与其他品牌进行合作来促进爆款转化。比如，在活动福利中心，平台打出宣传语“叠加优惠券，击穿五折”与“123 品牌联袂活动”。除此之外，喜马拉雅 FM 还与银联云闪付、建行信用卡进行合作，推出各种优惠活动，同时还有特色主题馆、智能音箱“小雅”的优惠促销活动等。平台的这些品牌合作活动一方面为平台引入了流量，另一方面也提升了品牌的张力，让品牌和平台都获得了巨大的曝光量。值得一提的是，喜马拉雅 FM 除在平台内部宣传外，在喜马拉雅 FM 的天猫旗舰店也进行了同步优惠活动营销，形成了多平台联动。

喜马拉雅 FM 通过以上方式推动“123 知识狂欢节”，经过系列的活动可以看出喜马拉雅 FM 的运营目的：让用户低门槛地体验优质音频节目，从而培养用户的收听习惯。

9.4.4 总结

在第三届“123 知识狂欢节”中，喜马拉雅 FM 公布的数据显示：在活动开始后的 1 个小时，喜马拉雅 FM 的销售额突破了 1800 万元，6 个小时销量突破 5000 万元，在活动开始后的第二天的 8:40 销量突破 1.96 亿元。也就是说，喜马拉雅 FM 用 6 个小时超过了第一届“123 知识狂欢节”的总销售额，用了 2/3 的活动时间就超越了前两届“123 知识狂欢节”的总销售额。可见喜马拉雅 FM 的造节活动的运营是较为成功的。

喜马拉雅 FM 在预热期间通过社交玩法让那些想听付费内容，但是又不想付费的用户有机会体验到精品节目；同时通过优惠券规则让本来就有意购买节目的用户获得优惠，提高了用户对平台的好感度；通过直播的方式，让那些因为“爱豆”的影响力进入喜马拉雅 FM 的用户再一次和偶像近距离接触，既满足了用户的接近心理，又为平台拉来了流量。而“123 品牌联袂”活动，则通过为其他平台的用户提供优惠与好处，完成了用户从一个平台到另外一个平台的流量导入。所以喜马拉雅 FM 的活动类型丰富多样，覆盖了在不同平台上不同心理需求的用户，既为平台导入了流量，又提升了活动的销售额。

思考题

1. 简述活动策划风险应如何管控。
2. 结合实际数字产品策划一项完整的活动。

第10章 数字产品数据运营

本章引言：

随着云时代的来临，大数据的应用越来越彰显优势，大数据对于消费者行为的判断、产品销售量的预测、精确的营销范围及存货的补给已经得到全面的改善与优化。在运营的各个环节，都需要以数据为基础。当我们养成以数据为导向的习惯之后，做运营就有了依据，不再是凭经验盲目运作，而是有的放矢。本章主要介绍数据运营的内涵、重要性、关键数据，数据运营流程和数据分析方法，以及常见的数据分析工具。

本章重点和难点：

- 掌握运营过程中关键数据的获得和分析。

教学要求：

了解数据运营的内涵、重要性，了解常见的数据分析工具；掌握数据运营的基本流程和数据获得的方法；掌握常见的数据分析方法。

本章微教学：视频二维码 10.1　数字产品数据运营。

微教学视频 10.1

10.1 什么是数据运营

随着大数据产业蓬勃发展，大数据技术及应用逐渐渗透、融入社会各个领域，给我们的生活带来了方便，也给企业带来了更多的帮助。企业通过对大量用户的数据分析，可以及时调整产品运营策略和方向，从而做出更好的决策。

10.1.1 数据运营的概念

对于“数据运营”的定义，目前业界和学界还没有达成共识，但“数据运营”的思想和实践在业界，尤其是互联网行业中正在如火如荼地展开。阿里巴巴集团早在 2010 年就提出了“数据运营”的战略方针并逐步实施数据化运营，腾讯公司也在“2012 年腾讯智慧上海主题日”高调宣布“大数据化运营的黄金时代已经到来，如何整合这些数据成为未来的关键任务”。尽管各行业对“数据运营”的理解不同，但其基本要素和核心是一致的，就是数据的所有者通过对数据的分析挖掘，把隐藏在海量数据中的信息作为商品，以合规化的形式发布出去，供数据的消费者使用，是企业常规运营基础上增添数据分析和数据挖掘的精准支持。

数据运营主要解决以下五个问题。

第一，我们要做什么？——目标数据制定。

第二，现状是什么？——行业分析，产品数据报表输出。

第三，数据变化的原因是什么？——数据预警，数据变化的原因分析。

第四，未来会怎样？——数据预测。

第五，我们应该做什么？——决策与数据的产品应用。

10.1.2 数据的重要性

1．数据可以反映现阶段产品的状态

企业要成功开发一个新产品，需要经过的环节较多，从构思到设计、研发、测试、运营等。在运营环节，通过分析用户反映的数据，可以了解产品的市场占有率、产品的活跃度，判断产品发展状态，验证产品设计和研发是否正确。

2．数据可以帮助找到需要改进的地方

企业做运营的时候，会组织各种活动进行产品促销。有些活动效果好，有些活动的效果则不太理想。活动效果不好时，就要分析问题症结所在。查找原因的一条途径就是根据数据找到问题的根节点，是出现在商品设计、产品质量、产品体验上，还是出现在运营推广上。

3．数据可以更好地了解用户

在互联网时代，未来的产品演变会依据智能算法来设计。以往的产品只能满足用户基础功能，智能产品会根据用户的需求个性化定制。产品定制之前需要进行用户画像，其数据包括用户的性别、购物习惯、兴趣爱好、活跃时间、行为偏好、访问信息、转化时间段、常用支付方式、登录方式等，通过数据分析，可以更好地了解用户，在转为商业价值的同时回报于用户。

拓展阅读二维码 10.2 《大数据背景下的精准运营策略研究》（高洁）。

拓展阅读 10.2

10.1.3 数据运营关键数据

1．访客数

独立访问者数量（Unique Visitors）就是指通过互联网访问某个站点的自然人，相当于带身份证参观展览会的访问人数，每一个出示身份证参观展览的人，无论出入几次，24 小时内都只计作一次独立访问。这里所说的“身份证”，在网络上就是访客的 IP 地址或 Cookie。一天之内到底有多少不同的用户访问了你的网站，访客数要比 IP（Internet Protocol）数更能真实、准确地反映用户数量。独立 IP 数指 1 天内使用不同 IP 地址的用户访问网站的数量，同一 IP 无论访问了几个页面，独立 IP 数均为 1。对于一些流量较少的企业站来说，独立 IP 数和独立访客数会有一定的差别。独立访客数主要是以 Cookie 为依据来进行判断的，而每台计算机的 Cookie 也是不一样的。在有些情况下，IP 数会大于真实的访客数，而有时候访客数也会大于 IP 数。

2. 访问次数

访问次数（Visit View，VV）是指访客完整地打开了网站页面进行访问的次数，可以用来衡量网站访问速度。从访客来到企业网站到最终关闭网站的所有页面离开，计为 1 次访问。若访客连续 30 分钟没有新开或刷新页面，或者访客关闭了浏览器，则被计算为本次访问结束。相同的访客有可能多次访问企业网站，访问次数一般会大于访客数。如果访问次数明显少于访客数，则说明用户在没有完全打开网页时就退出了。要查找具体的原因，检查网站的访问速度，是网站空间还是网站程序出了问题。

3. 页面停留时间和网站停留时间

页面停留时间（Time on Page，TP）和网站停留时间（Time on Site，TS）是用户体验分析及流量质量监控的重要指标。TP 是用户花费在一个页面上的时间，TS 是用户花费在一个网站上的总时间。从 TP 和 TS 数据可以判断用户访问页面的体验。根据用户在搜索结果页停留时间的长短，判断搜索结果能否满足用户需求；根据用户在列表页停留时间的长短，判断列表页筛选做得是否人性化；根据用户在产品终页停留时间的长短，判断终页内容展示是否合适等。如果用户在网站停留时间较长，但是最后没有下单，就需要通过程序分析网页上给用户推荐的内容是否合适。

4. 跳出率

跳出率是指访客来到网站后，只访问了一个页面就离开的访问量与所产生的总访问量的百分比。跳出率的计算公式是访问一个页面后离开网站的次数除以总访问次数。跳出率是衡量产品内容质量的重要标准，跳出率越低说明流量质量越好，用户对网站的内容越感兴趣。如果跳出率高，就需要排查原因，如关键词与创意的匹配度、创意与着陆页的匹配度、着陆页打开速度、与竞品之间的差异、广告是否合适、行业的整体跳出率等。

5. 转化率

转化率是指在一个统计周期内，完成转化行为的次数占推广信息总点击次数的比率。转化率等于转化次数除以访问次数。转化率可以用来衡量网络营销的效果，它是网站最终能否盈利的核心。例如，我们在 A、B 两个网站同时投放了广告，A 网站每天有 300 次用户访问，但是只有 1 个转化，B 网站每天有 100 次用户访问，但是却有 5 个转化。这就说明 B 网站带来的转化率更高，用户更加精准，网络营销效果更好。

转化率有广告转化率、网站转化率和 SEO 转化率。广告转化率是指通过点击广告进入推广网站的网民形成转化的比例，就是广告用户的转化量与广告到达量的比值。广告转化率的被统计对象包括 Flash 广告、图片广告、文字链广告、软文、邮件广告、视频广告、富媒体广告等多种广告形式。网站转化率是指用户进行了相应目标行动的访问次数与总访问次数的比率。相应的行动可以是用户登录、用户注册、用户订阅、用户下载、用户购买等一系列用户行为。以用户登录为例，如果每 200 次用户访问中，有 20 个用户登录网站，那么此网站的登录转化率就为 10%，而有 4 个用户订阅，则订阅转化率为 2%，最后有 2 个用户下订单购买，则购买转化率为 1%。SEO（Search Engine Optimization，搜索引擎优化）转化率指的是用户通过搜索引擎进入企业网站，在企业网站进行的相应网站用户行为的访问次数与总访问次数的比率。相应网站用户行为可以是用户登录、用户注册、用户订阅、用户下载、用户阅读、用户分享等一系列用户行为。

拓展阅读二维码 10.3《网店运营客户数据分析的应用》（郭晓曼）。

拓展阅读 10.3

10.2 数据运营流程

10.2.1 数据收集

数据收集是数字化运营的第一步。做产品的核心是以用户为中心，所以重点就是收集用户需求数据。数据收集一般采用以下几种方法。

1. 问卷调查

问卷调查是将制定详细周密的问卷，通过互联网或纸质形式进行投放，要求被调查者据此进行回答以收集资料的方法，它是收集资料的一种常用工具。设计问卷前必须要做好充足的理论准备，从宏观层面上应做到以下两点：一是明确研究的主题是什么；二是明确设计者想通过问卷调查获取的信息有哪些。具体进行问卷内容设计时，要注意可问可不问的坚决不问，无关研究目的的不问，要创造性地、循序渐进地、板块化地设计问题和结构。另外，在问卷设计完成后，要先做一次测试，根据测试结果修改问卷。根据载体的不同，问卷调查可分为纸质问卷和网络问卷。纸质问卷成本比较高，分析与统计结果比较麻烦。网络问卷成本相对低廉，缺点是答卷质量无法保证。常见的网络问卷在线调查网站，国外的有 SurveyMonkey，国内的有问卷网、问卷星、调查派等。

2. 访谈法

访谈法是指通过访员和受访人交谈来了解受访人的心理和行为的研究方法。一般采用面对面访谈，也可以通过 QQ、微信、电话等进行访谈。访谈法的运用面广，能够简单地收集多方面的分析资料，尤其是在研究比较复杂的问题时更需要向不同类型的人了解不同类型的材料。访谈有正式的，也有非正式的；有个别访谈，也可以团体访谈。访谈的优点是更容易激发用户的响应，缺点是时间成本较高，且如果选择的访谈对象缺乏代表性，则很难获取有用的数据。

3. 观察法

观察法是指研究者根据一定的研究目的、研究提纲或观察表，用自己的感官和辅助工具去直接观察被研究对象，从而获得资料的一种方法。在观察的时候，可以借助各种现代化的仪器和手段，如照相机、录音机、显微录像机等来辅助观察。观察法的优点是数据较为准确，缺点是时间成本较高。

4．反馈法

反馈法（Feedback Method）是指利用系统活动的结果来调整系统活动的研究方法。其特点是根据过去的情况，调整未来的行为（反馈）。如果企业单纯地设置反馈页面，则效果不明显，一般的用户不会主动参加。如果设立反馈渠道，如小米论坛，通过用户带动用户，或者邀请一些资深用户、发烧友加入论坛，这些用户一般都愿意反馈自己的意见。

5．数据工具

一般企业都有专属的数据工具，以用来记录用户的各种行为，这也是目前互联网时代收集数据最快、最有效的方法之一，其缺点是成本较高。

10.2.2　数据处理

数据处理（Data Processing）是对数据的采集、存储、检索、加工、变换和传输。数据处理的基本目的是对收集来的海量数据进行归类、计算、建模和解释，以推导出对于某些特定的人们有价值、有意义的数据。数据处理有专门的工具和方法，但不管用哪种方法，都需遵循以下原则。

1．简约原则

在处理大量的、杂乱无章的、难以理解的数据的时候，要选择有代表性的数据，淘汰没有意义、无用的数据。要能够确定数据之间的差异，鉴别和挑出那些“以一当十”的数据和信息。

2．综观原则

所谓综观，就是对认知对象进行综合性的观察、分析和探索；就是从总体上对认识对象、认识过程和认识结果进行抽象、概括，并通过具体的信息数据超越那些涵盖于总体性中的局部或个体。坚持从大处着眼，从总体上“观其状，求其法，探其道”，可以做到花最小气力，获得最大效益。

3．解释原则

因为数据本身始终沉默，“不能言语”，数据究竟表达什么，需要认知主体对其进行能动的和创造性的解读。因为只有通过人的感悟、觉识、分析、推理、判断和阐释才能够赋予数据和信息多重的意义，才能够由表及里，揭示出数据之间的内在关系，挖掘出有价值的信息，进而通过解释之间的矛盾和冲突，获悉被解释的本质。

10.2.3　数据分析

数据分析是指用适当的统计分析方法对收集来的大量数据进行分析，提取有用信息和形成结论而对数据加以详细研究和概括总结的过程。在实际应用中，数据分析可帮助人们做出判断，以便采取适当的行动。在产品的整个生命周期中，包括从市场调研到售后服务和最终处置的各个过程都需要适当运用数据分析过程，以提升数据的有效性。

10.2.4 数据展现

数据展现是把数据分析的结果呈现给决策者，以帮助决策者理解数据所反映的规律和特性，也被称为数据可视化。数据展现的常用形式有简单文本、表格、图表等。简单文本一般用数据分析的最终结果只反映一两项指标，适合用突出显示的数字和一些辅助性的简单文字来表达观点。表格比图表更简单，一般用于展示更多数据，通常在需要保留具体的数据资料、对不同的数值进行精确比较、展示的数据具有不同的计量单位的情况下使用。图表是对表格数据的一种图形化展现形式，通过图表与人的视觉形成交互，能够快速传达事物的关联、趋势、结构等抽象信息，它是数据可视化的重要形式。其常用手段中又以柱状图、折线图、饼图等较为常用。

1. 柱状图（Bar Chart）

柱状图是最常见的图表，是一种以长方形的长度为变量的表达图形的统计报告图，由一系列高度不等的纵向条纹表示数据分布的情况，每个数据点包括 x 和 y 两个值，用来比较两个或以上的价值，如图 10.1 所示。柱状图利用柱子的高度，反映数据的差异。其优点是肉眼对高度差异很敏感，辨识效果非常好。柱状图的局限在于只适用中小规模的数据集。

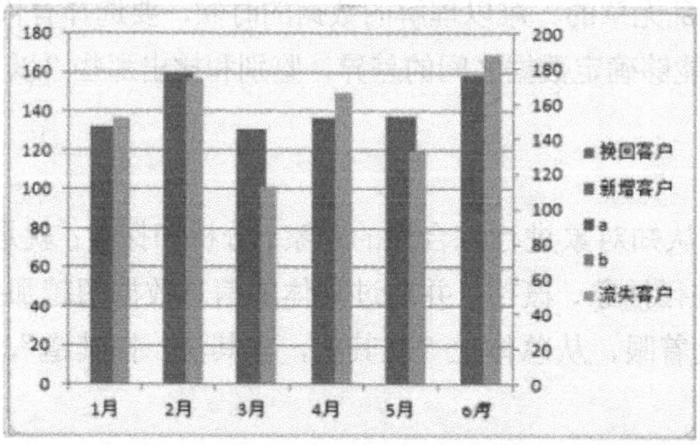

图 10.1 柱状图

2. 折线图（Line Chart）

折线图是将排列在工作表的列或行中的数据绘制到折线图中，常用于绘制和表达连续的数据。折线图用于显示随时间或有序类别而变化的趋势，可能显示数据点以表示单个数据值，也可能不显示这些数据点。在有很多数据点并且它们的显示顺序很重要时，折线图尤其有用。因此非常适用于显示在相等时间间隔下数据的趋势。折线图适合二维的大数据集，它的优势是更易反映数据变化的趋势，如图 10.2 所示。

3. 饼图（Pie Chart）

饼图用来显示一个数据系列，仅排列在工作表的一列或一行中的数据可以绘制到饼图中。一般用于不要求数据精度的情况。劣势是肉眼对面积大小不敏感，不容易看出来。饼图常用于统计学模块。它的适用场合是反映某个部分占整体的比重，如图 10.3 所示。

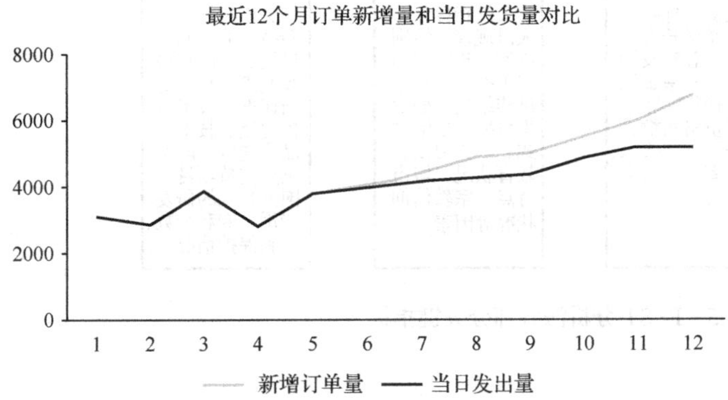

图 10.2　折线图

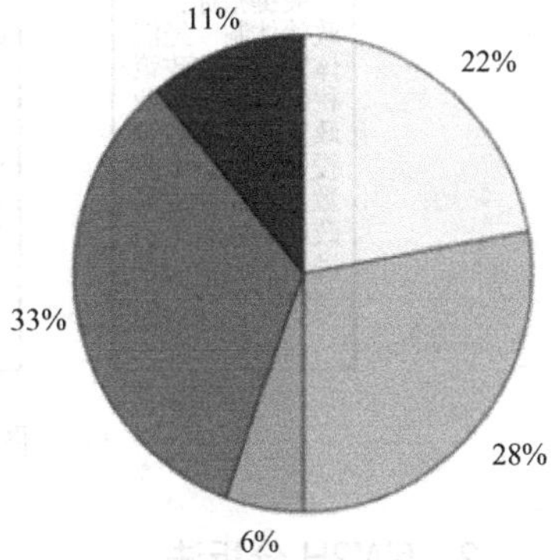

图 10.3　饼图

10.3 数据分析

10.3.1 数据分析方法

1. PEST 分析法

PEST 分析法是战略外部环境分析的基本工具，主要针对宏观市场环境进行分析，从政治、经济、社会及技术四个维度对产品或服务是否适合进入市场进行数据化的分析，最终得到结论，从而辅助判断产品或服务是否满足大环境，如图 10.4 所示。PEST 分析法各部分的关键指标如图 10.5 所示。

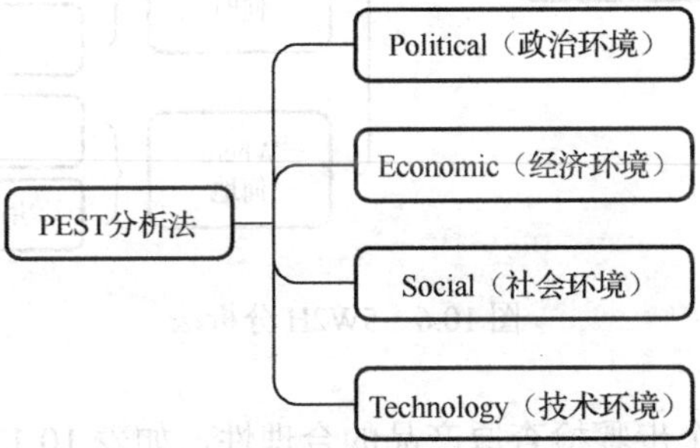

图 10.4　PEST 分析法

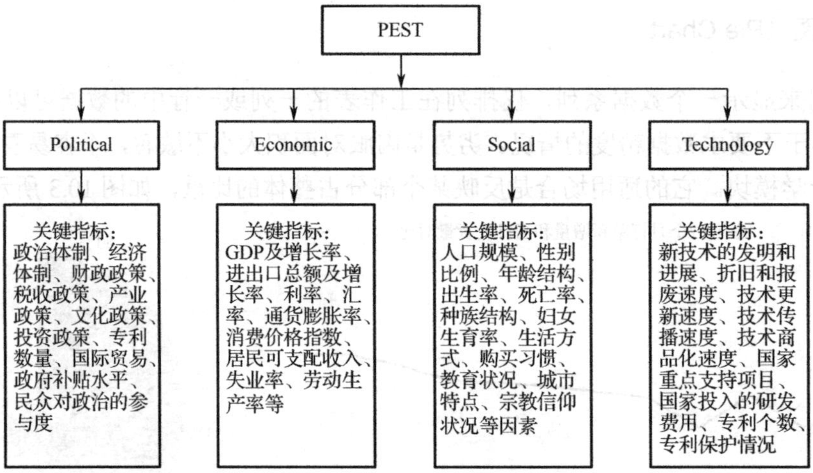

图 10.5　PEST 分析法各部分关键指标

2. 5W2H 分析法

5W2H 分析法又称七问分析法，由第二次世界大战中美国陆军兵器修理部首创。发明者用五个以 W 开头的英文单词和两个以 H 开头的英文单词进行设问，发现解决问题的线索，寻找发明思路，进行设计构思，从而开发出新的发明项目，如图 10.6 所示。5W2H 分析模型的应用场景较广，可用于对用户行为进行分析及产品业务分析。

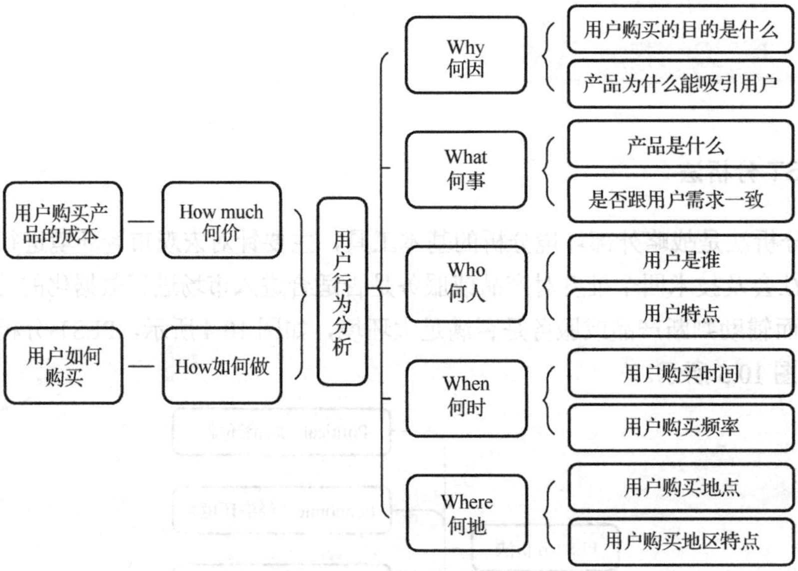

图 10.6　5W2H 分析法

在具体应用中通过七个步骤检查原产品的合理性，如表 10.1 所示。

表 10.1　七步检验法

步骤	设置问题	具体内容
1	何事（What）	条件是什么？哪一部分工作要做？目的是什么？重点是什么？与什么有关系？功能是什么？规范是什么？工作对象是什么？
2	如何做（How）？	怎样做省力？怎样做最快？怎样做效率最高？怎样改进？怎样得到？怎样避免失败？怎样求发展？怎样增加销路？怎样达到效率？怎样才能使产品更加美观大方？怎样使产品用起来方便？
3	何因（Why）？	为什么采用这个技术参数？为什么不能有响声？为什么停用？为什么变成红色？为什么要做成这个形状？为什么不用机器代替人力？为什么产品的制造要经过这么多环节？为什么非做不可？
4	何时（When）？	要何时完成？何时销售？何时是最佳营业时间？何时工作人员容易疲劳？何时产量最高？何时完成最为适宜？需要几天完成才算合理？
5	何地（Where）？	何地最适宜某物生长？何地生产最经济？从何处买？还有什么地方可以作为销售点？安装在什么地方最合适？何地有资源？
6	何人（Who）？	谁来办最方便？谁会生产？谁可以办理？谁是用户？谁被忽略了？谁是决策人？谁会受益？
7	何价（How much）？	功能指标达到多少？销售多少？成本多少？输出功率多少？效率多高？尺寸多少？质量多少？

如果经过七个问题的审核已无懈可击，便可认为这一做法或产品是可取的。如果七个问题中有某个答复不能令人满意，则表示这方面有改进余地。如果答复中有独创的优点，则可以扩大产品在这方面的效用。

3．逻辑树

逻辑树又称问题树、演绎树或分解树等。逻辑树是分析问题最常使用的工具之一，它是将问题的所有子问题分层罗列，从最高层开始，并逐步向下扩展，如图 10.7 所示。一个大的“树枝”上还可以有小的“树枝”，依此类推，找出与问题相关联的所有项目。逻辑树的作用，主要是帮助企业厘清自己的思路，避免进行重复和无关的思考。逻辑树能保证解决问题的过程的完整性，它能将工作细分为便于操作的任务，确定各部分的优先顺序，明确地把责任落实到个人，如产品流失率逻辑树分析法，如图 10.8 所示。

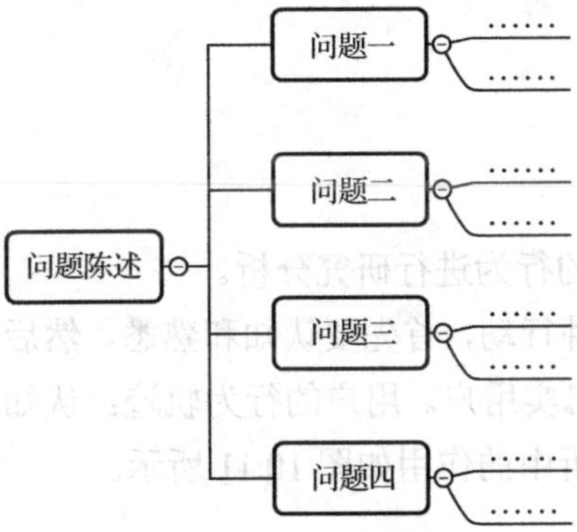

图 10.7　逻辑树分析法

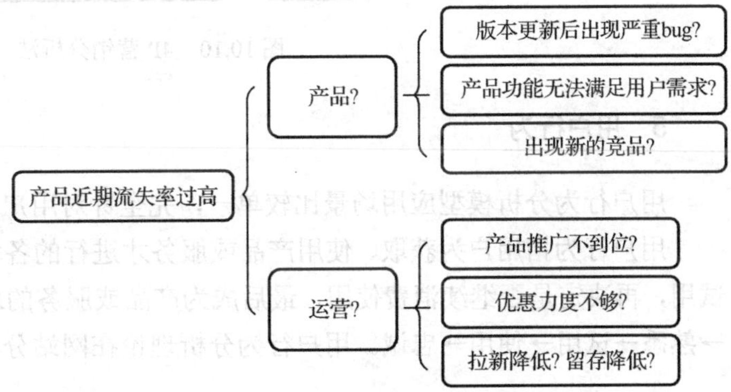

图 10.8　产品流失率逻辑树分析法

逻辑树的使用必须遵循三个原则：要素化、框架化和关联化，如图 10.9 所示。

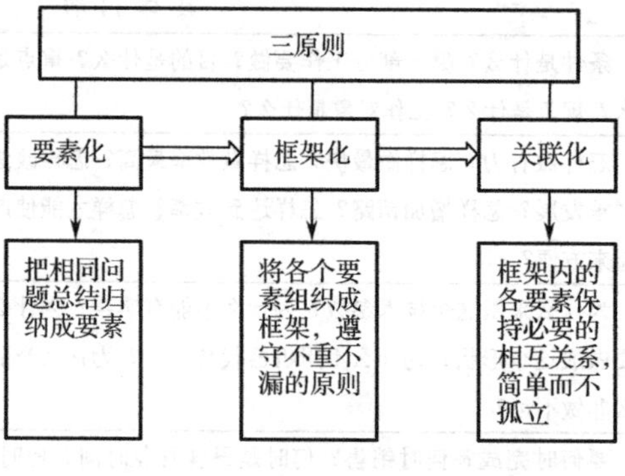

图 10.9　逻辑树使用遵循的三个原则

4．4P

4P 是营销学名词。美国营销学学者杰罗姆·麦卡锡教授在 20 世纪 60 年代提出四大营销组合策略，即 4P（产品（Product）、价格（Price）、渠道（Place）和促销（Promotion））。4P 营销理论模型主要用于公司或其中某一个产品线的整体运营情况分析，通过分析结论，辅助决策近期运营计划与方案，如图 10.10 所示。

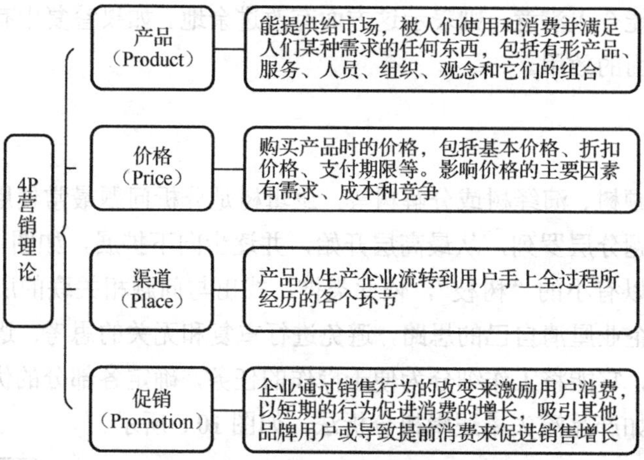

图 10.10　4P 营销分析法

5．用户行为

用户行为分析模型应用场景比较单一，完全针对用户的行为进行研究分析。

用户行为指用户为获取、使用产品或服务才进行的各种行动，首先要认知和熟悉，然后试用，再决定是否继续消费使用，最后成为产品或服务的忠实用户。用户的行为轨迹：认知→熟悉→试用→使用→忠诚。用户行为分析理论在网站分析中的作用如图 10.11 所示。

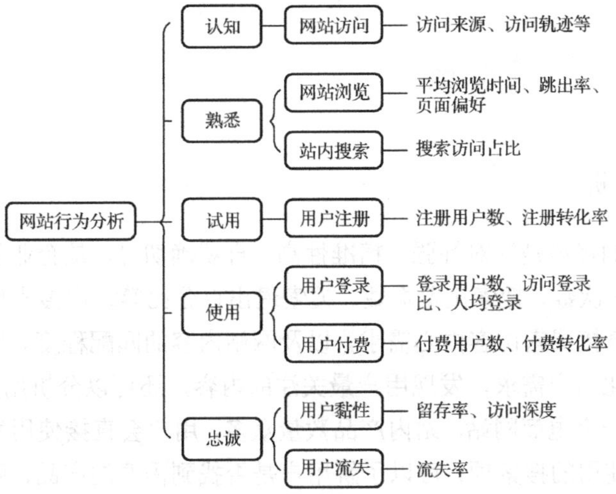

图 10.11　用户行为分析理论在网站分析中的作用

10.3.2　数据分析常见工具

1. Excel

作为一个入门级工具，Excel 是快速分析数据的理想工具，也能创建供内部使用的数据图。Microsoft Excel 是微软公司的办公软件 Microsoft Office 的组件之一，它可以进行各种数据的处理、统计分析和辅助决策操作，被广泛地应用于管理、统计财经、金融等众多领域。可以使用 Excel 跟踪数据，生成数据分析模型，编写公式以对数据进行计算，以多种方式透视数据，并以各种具有专业外观的图表来显示数据。在 Excel 中，大量的公式函数可供选择，需要重点了解数据处理的重要技巧及函数的应用，特别是数据清理技术的应用，这项应用能对数据去伪存真，掌握数据主动权，全面掌控数据。Excel 数据透视表的应用重在挖掘隐藏的数据价值，轻松整合海量数据，各种图表类型的制作技巧及 Power Query、Power Pivot 的应用可展现数据可视化效果。

2. SPSS

SPSS（Statistical Product and Service Solutions，统计产品与服务解决方案）最初的全称为“社会科学统计软件包”（Statistical Package for the Social Sciences），但是随着 SPSS 产品服务领域的扩大和服务深度的增加，SPSS 公司已于 2000 年正式将英文全称更改为“Statistical Product and Service Solutions”，标志着 SPSS 的战略方向正在做出重大调整。IBM 公司推出的一系列用于统计学分析运算、数据挖掘、预测分析和决策支持任务的软件产品及相关服务的总称 SPSS，有 Windows 和 Mac OS X 等版本。SPSS 是世界上最早的统计分析软件，它采用类似于 Excel 表格的方式输入与管理数据，数据接口较为通用，能方便地从其他数据库中读入数据，其统计过程包括了常用的、较为成熟的统计过程，完全可以满足非统计专业人士的工作需要，输出结果十分美观，存储时则是专用的 SPO 格式，可以转存为 HTML 格式和文本格式。

10.3.3 搜索数据分析

1. 站内搜索分析

站内搜索分析的优势是针对性强、精准性高、直观确切等，是企业了解用户需求的最佳资源。搜索词、搜索次数、搜索浏览页数、搜索退出百分比等站内搜索使用的数据源自访客内心与亲身体验，直接揭露访客内心需求，以及网站内容的匹配程度。通过进行站内搜索数据的分析，可以细化用户需求，发现用户最关注的内容，还可以分析用户的潜在需求。

比如运营的是一个电商网站，站内产品数量众多，用户会直接使用站内搜索功能查找产品，通过分析用户使用的搜索项，可以了解用户是否找到需要的产品，网站搜索是否满足用户需求，是否需要改进搜索功能，是否需要增加新的产品等。

站内数据分析关注的要点如下。

（1）关注热门搜索词。哪些字词的搜索量最多？哪些搜索词的转化率更高？以确保企业提供的搜索结果与热门搜索词达到最佳匹配。根据搜索次数变化趋势，持续优化搜索结果展示方式，加强访客引导。

（2）站内搜索结果排名。优化站内搜索结果的排名，将访客从关键字搜索结果页带到最佳着陆页面，让用户在第一时间就能获取所需要的内容，提高访客互动程度，减少跳出率。

（3）发掘站内缺失相关内容。通过分析站内搜索关键字列表，就能发现访客们寻找的产品，发现站内缺失的相关产品。如果访客短时间内多次更换搜索词进行搜索，则可能说明展示的结果不理想，需要对站内产品进行调整和优化。

2. SEO 搜索分析

SEO 是搜索引擎优化。在了解搜索引擎自然排名机制的基础上，对网站进行内部及外部的调整优化，改进网站在搜索引擎中的关键词自然排名，获得更多流量，从而达成网站销售及品牌建设的预期目标。对 SEO 进行分析可以提高流量，SEO 分析关注的要点如下。

（1）发现自己的目标用户。搜索过程其实就是对目标用户的匹配过程，这个过程也是了解自身产品，用自身产品特性去吸引用户的过程，企业从众多的搜索行为分析中产生最符合产品业务的搜索关键词库。常见的搜索用户关键词库有：与自身产品相关的名词、品牌词、属性词、站内搜索词、产品在搜索引擎中获得曝光和流量的词、百度相关搜索词、竞品站点上结构化的数据等。

不同行业的产品，其关键词的特征也是不一样的，需要企业在大量领域内关键词的基础上去提取特征。关键词的整理可以通过系统化的方式来实现，还需要结合人工进行处理。

（2）在搜索结果中触达用户。SEO 的基本套路就是目标排名尽可能多地排在搜索结果页前面，这样才能实现用户的触达。那么，产品要如何触达用户呢？

搜索引擎的工作分为离线部分与在线部分。离线部分负责抓取，构建倒排索引；在线部分则负责提供前台搜索接口，根据用户的搜索词取倒排索引，计算排名，然后进行个性化处理，最后返回包含 10 条结果的搜索结果页。根据这个原理，触达用户的目标就变成如下。

- 内容与页面：站内是否存在跟用户 query 词相关的页面。
- 索引与收录：页面是否被搜索引擎抓取、索引，并且在参与排名的索引库中。
- 排名情况：页面被搜索引擎抓取、索引后，排名是否靠前。
- 吸引用户：页面的 title、description、缩略图广告创意是否能吸引用户点击。
- 用户需求：页面是否能满足用户需求，跳出率低。
- 转化情况：页面能否帮助网站达到品牌曝光，或者转化的目标 。

通过这些数据，可以知道目标、产出和中间过程的每个细节，企业就可以更好地利用数据驱动 SEO 工作。

10.3.4 用户搜索习惯分析

1. 什么是用户搜索习惯分析

用户搜索习惯分析，是指在获得网站访问量基本数据的情况下，对有关数据进行统计、分析，从中发现用户访问网站的规律，并将这些规律与网络营销策略等相结合，从而发现目前网络营销活动中可能存在的问题，并为进一步修正或重新制定网络营销策略提供依据，也可以称之为狭义上的用户行为分析，即只指网络上的用户分析。用户搜索行为分析，是指一个网站数据量越大，才越有效果的事情，如果网站本身都没有流量就不要做分析。

2. 用户搜索习惯分析的重点数据

进行用户搜索习惯的分析时，重点要分析的数据如表 10.2 所示。

表 10.2 用户搜索习惯分析的重点数据

序 号	重 点 数 据	具 体 内 容
1	用户搜索词	用户在搜索引擎的搜索框中输入了哪些词，进入了网站的哪个页面
2	网站关键词	网站特意优化的关键词，与搜索词相比，关键词往往数量较少，但一般搜索指数较高
3	站内关键词	网站内部提供的搜索框，用户搜索了哪些词，或者在搜索框中，用户搜索了哪些词，一般网站都会提供站内搜索
4	流量来路	流量从哪个平台、哪个网络或哪个搜索引擎而来，可以精准到从哪个页面来，以及哪个来源地区等。从而分析出哪个推广方式效果更好
5	跟踪用户访问流程	可以分析一个用户从进入网站，看了哪些页面，停留了多久，最后从哪个页面跳出或产生了交易。如果某个页面的跳出率高，则需要调整
6	基本数据	网站新老访客比、平均停留时间、跳出率、回访次数、相关多少天回访等
7	注册用户与非注册用户	二者的浏览方式异同点
8	不同时段的流量	什么时候流量高、PV 多
9	网站样式	用户对网站的一些细节的喜欢程序，如字体、字号、字间距、字颜色等
10	页面热点图分布数和网页覆盖图数据	用户从首页进入，会先看哪里，主要点击的是哪个页面、哪个栏目、哪个广告等

3. 用户搜索习惯分析的作用

通过对用户搜索习惯分析，可以让企业更加详细、清晰地了解用户的行为习惯，如表 10.3 所示。

表 10.3 用户搜索习惯分析作用

序 号	作 用	具 体 内 容
1	筛选推广渠道	找出网站优化与推广过程等推广渠道的优劣，淘汰那些推广费用高、效果却很差的渠道
2	找出转化率差的页面	当用户一进入某个页面就会跳出，说明这个页面需要改造
3	调整网站版式	将一些用户喜欢的页面、文章或商品，放在显眼的位置，是提升用户友好度的一种方式
4	调整网站字体、字号等细节	网站字体一定要规范，让人有信任感，企业或 B2B 商城一般不能用孩子气的字体、字号
5	降低成本、精准推广、提升转化率	淘汰推广效果差的渠道，就等于降低了成本；找出用户搜索词，等于提升了推广的精准度，避免了很多不精准的垃圾流量

拓展阅读二维码 10.4 《基于运营网店的客户数据分析及应用》（王刚）。

拓展阅读 10.4

10.4 案例：YY语音数据运营

10.4.1 YY语音简介

YY 语音是广州华多网络科技有限公司（简称“欢聚时代”）旗下的一款通信软件。广州华多网络科技有限公司成立于 2005 年 4 月，旗下的 YY 语音是国内第一大游戏语音通信平台，是针对中文用户设计的多人语音娱乐平台，特别适合于游戏中的公会和娱乐用户。在网络上通常用 YY 表示。自 2008 年问世以来，YY 以其强大稳定的语音功能、清晰流畅的音质、安全周到的服务、轻巧且人性化的设计，赢得了用户的广泛赞誉和深度信赖。

YY 语音最早用于魔兽玩家的团队语音指挥通话，逐渐吸引了部分传奇私服用户，最后发展为《穿越火线》游戏用户必备的团队语音工具。2009 年年初，YY 娱乐用户已经形成了可以和游戏用户抗衡的用户群，YY 语音的娱乐公会开始逐步超越游戏公会，人气也日渐增长。时至今日，YY 语音已经成为集合团队语音、好友聊天、视频功能、频道 K 歌、视频直播、YY 群聊天、应用游戏、在线影视等功能为一体的综合型即时通信软件。由于 YY 语音的高清晰、操作方便等特点，已吸引越来越多的教育行业入驻 YY 语音，开展网络教育平台，比较著名的有外语教学频道、平面设计教学频道、心理学教育频道等。

10.4.2　制定产品目标

制定产品目标是数据运营的起点，也是产品上线运营后进行评估的标准。目标可以根据产品定位、价格定位、消费者定位、行业发展、竞品分析、往年产品发展走势等综合计算得出。制定目标常用 SMART 原则来衡量，如表 10.4 所示。

表 10.4　SMART 原则具体内容与应用

SMART 原则	含　义	具体内容	举　例
S（Specific）	具体	指工作指标要具体可评，不能笼统	YY 语音基础体验的产品目标，如果是提升产品体验，则不够具体，每个人的理解不一致，如基础产品目标是提升新用户次日留存，则非常具体
M（Measurable）	可衡量	可以量化的指标	MAU（月活跃用户）达到多少、年度 GMV（成交总额）达到多少、新用户次日留存率等
A（Attainable）	可达到	在付出努力的情况下可以实现，避免设立过高或过低的目标	新注册用户的次日留存率，基于 YY 语音新用户次日留存率的历史数据和游戏用户的新注册用户留存率的行业参考数值，制定了一个有挑战性的目标，从 25%提升到 35%
R（Relevant）	相关性	与工作的其他目标相关联	新用户的次日留存率和用户行为相关，用户对语音工具的认可程序与用户对 YY 平台的内容喜好程序有较强的相关性
T（Time-bound）	有时限	目标要有完成时间	在 2021 年 12 月 31 日前，将 YY 语音新注册用户的次日留存率从 30%提升到 40%

10.4.3　建立产品数据指标

1．定义产品数据指标

产品数据指标是反映产品健康发展的具体数值，本质上是对公司业务数据的统一度量。在对公司数据监控和业务进展情况的衡量中，可以起到关键作用。对于电商来说，数据指标可以是流量、订单量、客单价、转化率、复购率等核心指标，对于内容来说，数据指标可以是用户数、用户停留时长、用户参与度等核心指标。

需要对数据指标给出明确定义，例如数据上报方法、计算公式等。根据产品目标来选择数据指标，例如网页产品，经常用 PV、UV、跳出率、人均 PV、停留时长等数据进行产品度量。例如，YY 次日留存率，可以定义为“次日留存率=第二天再次登录 YY 客户端的 YY 账户数/第一天新注册并在当天登录 YY 客户端的 YY 账户数”。

2．构建产品数据指标体系

在数据指标提出的基础上，按照产品逻辑进行指标的归纳整理，使之条理化。新用户的次日留存率是制定的一个核心目标，但实际上，只看次日留存率还是不够的，还需要综合考察影响用户留存率的多种因素，才能更准确地了解产品的健康发展情况。如图 10.12 所示是互联网产品常用的一种指标体系，包含用户数据、行为数据、业务数据。

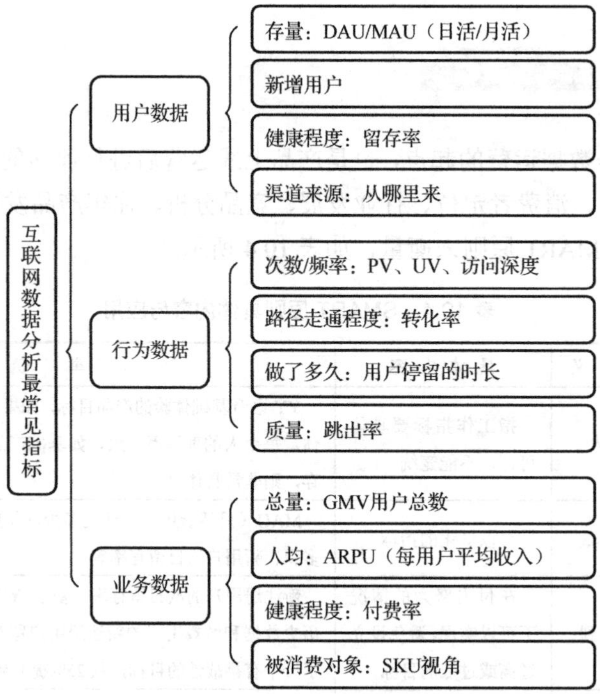

图 10.12　互联网产品常用数据分析指标

在做 YY 语音客户端产品的时候，会用到下面的指标体系，包括账号体系、关系链数据、状态感知数据、沟通能力四大方面。具体指标有账号体系（账号、账户对应资料、账号权限控制等）；关系链（好友的个数分布、好友列表、最近经常联系人、群讨论组等）；状态感知（隐身、在线、离线、忙碌、网页在线、更新状态、频道状态、游戏状态、主播状态等）；沟通能力（文本沟通、传文件、音视频沟通、图片分享、邀请进频道等）。

10.4.4　提出产品数据需求

一个数据需求，主要由四部分关键点组成：业务背景、明确问题、形成指标、需求分类。

- 业务背景。产品经理要根据产品发展的不同阶段，有所侧重地进行数据需求的提出。依据业务背景的目的是在提出数据需求时需要从全局考虑问题，而不是局限于某个小业务模块，避免重复。
- 明确问题。要了解业务规模，以便于为需求评估时的技术选型做决策；了解业务周期，会决定需求的输出方式是邮件、报表、临时 SQL 提供等。
- 形成指标。要构建指标、维度，目的是将需求细化。指标是指对业务量级描述的度量值，维度是指观察度量值的视角。例如，订单数、用户量、商品数等属于指标；而品类、省份城市、终端等属于维度。
- 需求分类。明确输出方式，需求的输出方案会分为几类：赋能型、离线展示型、实时监控型、专题分析型、临时需求。一般公司都会有产品需求文档的模板，方便产品与数据上报开发、数据平台等部门同事沟通，进行数据建设。

10.4.5 上报数据

上报数据就是根据产品数据需求，按照数据上报规范，将数据上报到数据服务器。上报数据的关键是数据上报通道的建设。如果数据平台部门有数据通道，则使用统一的数据 SDK 进行数据上报就可以。如果企业没有自己的数据平台，则可以利用第三方的数据平台，例如：网页产品，可以使用百度统计；移动端产品，可以使用友盟、TalkingData 等平台。

10.4.6 数据采集与接入、存储、调度、运算

确认完数据上报之后，采集数据涉及接口创建，因此要考虑数据字段的拓展性，数据采集过程中的 ETL 数据清洗流程，客户端数据上报的正确性校验等，数据存储与调度、运算。

1. 数据的采集与接入

ETL（Extract-Transform-Load）用来描述将数据从来源端经过抽取（Extract）、转换（Transform）、加载（Load）至目的端的过程。ETL 一词常用在数据仓库，但其对象并不限于数据仓库。ETL 是构建数据仓库的重要一环，用户从数据源抽取出所需的数据，经过数据清洗，最终按照预先定义好的数据仓库模型，将数据加载到数据仓库中去。

如图 10.13 所示是产品数据运营体系的一个常见流程图，数据采集、存储、运算通常就在图中的数据中心完成。

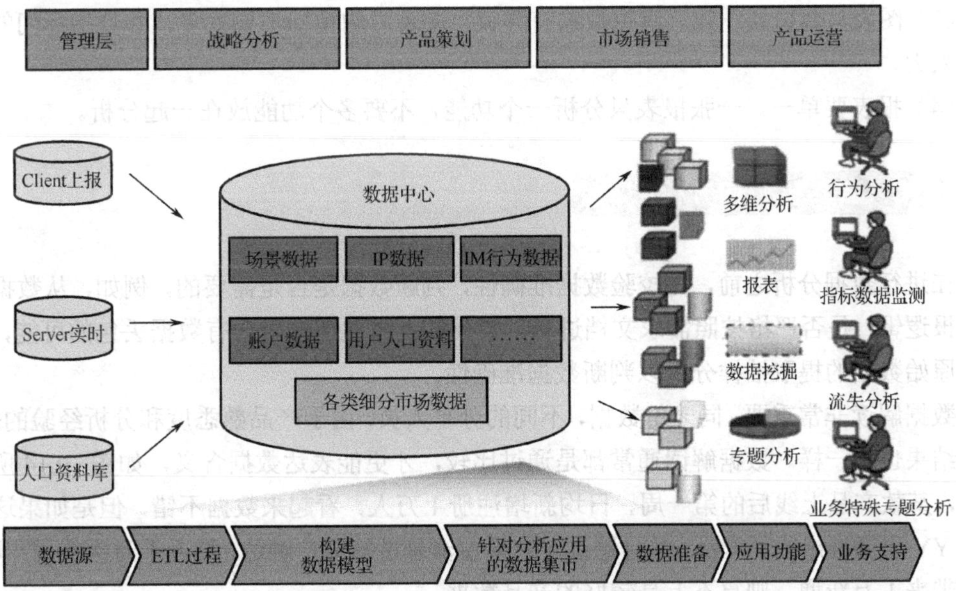

图 10.13 产品数据运营体系常见流程图

数据采集分为两步，第一步从业务系统上报到服务器，这部分主要通过 CGI 或者后台 Server，通过统一的 LogAPI 调用之后，汇总在 LogServer 中进行原始流水数据的存储。当这部分数据量大了之后，需要考虑用分布式的文件存储来做，外部常用的分布式文件存

储主要是 HDFS。数据存储到文件之后，就进入到 ETL 的环节，便可通过抽取、转换、加载将日志从文本中基于分析的需求和数据纬度进行清洗，然后存储在数据仓库中。

2. 数据的存储与计算

完成数据上报和采集、接入之后，数据就进入存储的环节。从实际应用来看，数据存储主要考虑的问题一是数据安全性。很多数据不可恢复，数据存储的安全可靠性非常重要。二是数据计算和提取的效率。在数据运营中，很多数据查询和提取分析的工作需要存储源，要确保计算和提取的效率。三是数据一致性，存储的数据要保证一致性。

10.4.7 获取数据

数据分析人员从数据系统获得数据的过程，常见的方式是数据报表和数据提取。报表的格式，一般会在数据需求阶段明确，尤其是有积累的公司，通常会有报表模板，仿照着填入指标即可。强大一些的数据平台，则可以根据分析需要，自助地选择字段（表头）进行自助报表的配置和计算生成。

做数据报表设计时要注意以下几个问题。

（1）报表要提供周期。就说要提供查询的起始时间，对一段时间范围内的数据能够分段或汇总，能够对不同阶段进行比较。

（2）报表查询条件与维度要相匹配。查询条件尽量满足每个维度，要提供开、合，以及具体值的过滤功能，尽量与维度的顺序对应，最好按从大到小的层次进行。

（3）图表与数据要一致。避免数据有异议，图表内的指标不要太多，并且指标间的差距不要太大。

（4）报表要单一。一张报表只分析一个功能，不要多个功能放在一起分析。

10.4.8 观测和分析数据

在进行数据分析之前，先校验数据准确性，判断数据是否是需要的，例如，从数据定义到上报逻辑，是否严格按照需求文档进行，数据的上报通道是否会有数据丢包的可能，建议进行原始数据的提取抽样分析以判断数据准确性。

数据解读非常重要。同一份数据，不同的分享人员，由于产品熟悉度和分析经验的差异，解读结果也不一样。数据解读通常都是通过比较，才更能表达数据含义，如图 10.14 所示。例如，某款产品上线后的第一周，日均新增注册 1 万人，看起来数据不错，但是如果这款产品是 YY 语音推出的新产品，并且通过 YY 弹窗消息进行用户触达，每天千万次的用户曝光，仅仅带来 1 万新增，则算不上是较好的产品数据。

- 纵向比较，例如分析 YY 语音新注册用户的数据变化，那么可以和上周同期、上月同期、去年同期进行对比，看看是否有相似的数据变化规律。
- 横向比较，同样是 YY 语音新用户注册数据的变化，可以从用户来源的不同渠道去看转化率是否有变化。还可以进行不同业务的横向比较，例如，YY 语音新增注册数据、多玩网流量数据、YY 游戏新增注册用户数据进行对比，查找数据变化的原因。

- 纵横结合对比，就是同一周期时间段曲线对多个数据变化进行对比。例如，YY 新增注册用户、多玩网的流量数据、YY 游戏新增注册用户的半年数据变化，三条曲线同时进行对比，找出某个数据异常的关键节点，查找相关影响因素。

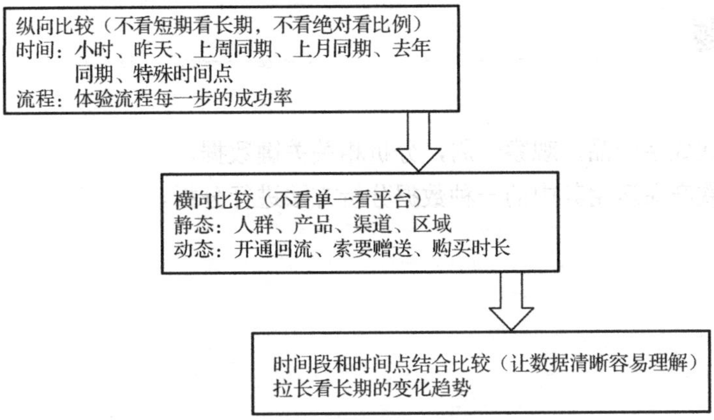

图 10.14　通过比较更清晰表达数据含义

10.4.9　产品评估与数据应用

这是数据运营闭环的终点，同时也是新的起点。根据数据报表，进行产品优化，持续进行产品数据的观测分析，评估产品健康程度，同时将积累的数据应用到产品设计和运营环节。

10.4.10　总结

数据运营 11 步如图 10.15 所示。

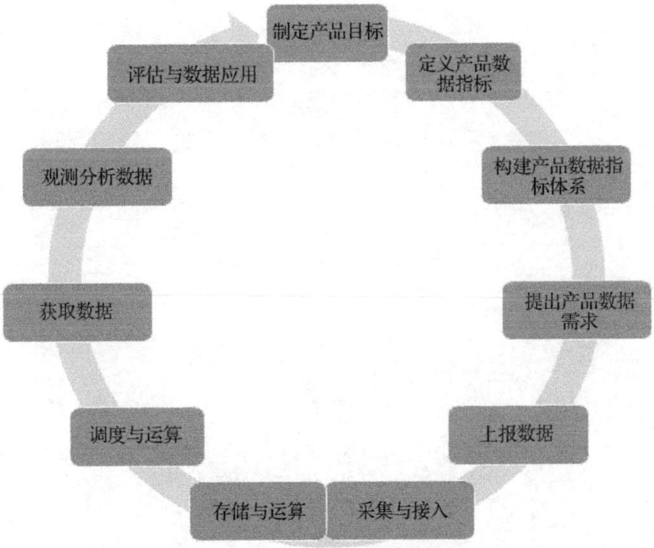

图 10.15　数据运营 11 步

从制定产品目标到最后产品评估与运营优化，形成数据运营闭环。这个流程和规范，需要各个部门协同合作，才有可能将数据价值最大化，用数据说话，做到精细化运营，让决策有依据。

思考题

1. 关注一款数字产品，观察一周，分析相关关键数据。
2. 对某一款产品运用其中的一种数据分析方法进行分析。

参考文献

[1] 张恒. 运营制胜 从零系统学运营 构建用户增长引擎[M]. 电子工业出版社，2016.

[2] 张亮. 从零开始学运营[M]. 中信出版社，2016.

[3] 郝志中. 用户力：需求驱动的产品、运营和商业模式[M]. 机械工业出版社，2016.

[4] 李星星. 数字产品运营的三个关键点[J]. 出版参考，2016(11):9-10.

[5] 毛文思. 以互联网思维破解数字产品运营难题[J]. 出版参考，2016(11):19-22.

[6] 俞明南，鲍琳琳. 数字产品的经济特征分析[J]. 情报杂志，2008(07):105-107.

[7] 袁红，陈伟哲. 数字产品成本结构的特殊性及其应用[J]. 情报杂志，2007(10): 123-125.

[8] 谷崇冬，张铷钫. 基于消费者行为模式的手机游戏营销策略研究——以王者荣耀为例[J]. 现代营销（经营版），2021(01):8-9.

[9] 蒋泽剑. 王者荣耀手机游戏营销策略研究[D]. 沈阳理工大学，2020.

[10] 尤骏杰. 大数据营销理论及其在游戏运营中的应用[D]. 苏州大学，2016.

[11] 郭云贵，薛玉平. 京东集团组织结构变革的动因与启示[J]. 管理工程师，2021，26(01):20-24.

[12] 韦晓英，陈传明，刘云，李菲菲. 适应开放式创新的企业组织结构变革研究——基于组织结构化功能类型的三个维度分析[J]. 科技管理研究，2020，40(05):113-120.

[13] 熊敏，肖燕雄. "数字优先"背景下美英报业组织结构变革的路径与启示[J]. 中国编辑，2019(12):90-96.

[14] 吴玉玲，许静. 面向智能时代的企业组织结构变革——以阿里巴巴集团为例[J]. 现代营销（经营版），2020(07):127-129.

[15] 罗星迪. 基于 PEST 框架下的爱奇艺公司发展现状探究[J]. 传播力研究，2018，2(21):194-195.

[16] 唐亮，韩笑洁，李锋. 移动互联时代专业出版数字产品建设与市场策略的协同发展[J]. 中国编辑，2021(02):57-61.

[17] 刘征驰，黄雅文，马滔. 非授权分享、定价分歧与知识付费平台运营策略[J]. 中国管理科学，2021，29(03):168-175.

[18] 周叶."猿辅导"在线教育平台营销策略研究[D]. 西北大学，2021.

[19] 冯硕. 大数据时代下新东方在线教育精准营销研究[D]. 广西大学，2020.

[20] 邹煌亮. C 公司在线教育产品市场营销策略研究[D]. 江西财经大学，2020.

[21] 周文君. 在线数字产品的组合营销策略[D]. 华中师范大学，2013.

[22] 尚新丽，马云飞. 数字产品供求影响因素分析[J]. 图书馆学研究，2014(10).

[23] 胡春，吴洪. 网络经济学[M]. 北京交通大学出版社，清华大学出版社，2015(8).

[24] 丁华，聂嵘海，王晶. 互联网产品运营[M]. 中国工信出版集团，电子工业出版社，2017.

[25] 王晓光. 数字内容企业的产品架构与生产流程[J]. 科技进步与决策，2006.

[26] 任天浩，朱多刚. 作为生产机制的平台：对数字内容生产的多案例研究[J]. 出版发行研究，2020(02):26-33.

[27] 孙玉凤. “央视新闻”抖音短视频的内容分析[J]. 今传媒，2021，29(02):51-53.

[28] 赵勇. 内容生产：打通新闻、产品、场景全链条——解码南方都市报内容生态的闭环逻辑[J]. 南方传媒研究，2020(04):122-128.

[29] 熊竞瑶. SaaS 软件的定价策略研究——以 Q 公司为例[D]. 北京交通大学，2020.

[30] 郭红艳. 不同市场结构下新进入者的 SaaS 服务定价研究[D]. 华南理工大学，2019.

[31] 陈小妹. 软件产品定价的常见问题及定价策略[J]. 时代经贸，2020(05):34-35.

[32] 刘克兴. 基于自动谈判的数字产品动态定价机制研究[D]. 哈尔滨工业大学，2008.

[33] 范叶亮. 基于网络外部性的数字产品动态定价策略研究[D]. 河北工业大学，2015.

[34] 官振中，赵娜，张爱凤，王桦. 垂直差异化竞争软件产品的最优定价策略[J]. 系统工程，2021，39(01):133-147.

[35] 李子庆. 网络视频媒体同步播出节目运营策略研究[J]. 中国管理科学，2021，29(03):230-238.

[36] 杨栋，凌六一. 垄断企业数字内容产品最优版权保护与定价决策[J]. 中国科学技术大学学报，2019，49(09):740-750.

[37] 张瀚月. 健身 APP 功能设计与推广策略研究——以 Keep 为例[J]. 辽宁体育科技，2018，40(01):12-15.

[38] 姜宇飞，李玉巧. 议程设置理论视角下高校图书馆微信公众号信息推送内容策划——以东北大学图书馆为例[J]. 图书馆学刊，2021，43(02):11-17.

[39] 林卓君，冯海兵. 短视频节目内容策划与实现策略研究——以西部网“五味什字”视频工作室为例[J]. 东南传播，2019(09):112-114.

[40] 邝海翔. 青年互赞星球—小程序运营策划案[D]. 南京大学，2020.

[41] 贾一凡. “青年互赞星球”小程序产品策划案[D]. 南京大学，2020.

[42] 李建飞，蒙胜军. 出版社提升有声书经济效益的路径探析[J]. 科技与出版，2021(03):157-163.

[43] 顾绮，鲁小艳. 美食短视频自媒体的内容与运营策略研究——以“李子柒”为例[J]. 西部广播电视，2021，42(05):21-23.

[44] 张书玉，陈锦宣. 智慧融媒体内容传播变现效能提升路径[J]. 中国出版，2021(04):11-14.

[45] 耿伟茜. 今日头条的内容运营策略研究[D]. 河北大学，2018.

[46] 莫路. “使用与满足”视角下“今日头条”新闻客户端传播效果研究[D]. 北京邮电大学，2020.

[47] 刘君，吴卓晶. 知识付费产品运营模式浅析——以得到 App 为例[J]. 新闻与写作，2019(01):96-98.

[48] 乌莎哈拉. 基于用户生命周期的流量与内容运营策略研究[J]. 内蒙古科技与经济，2020(18):43-46.

[49] 耿晓梦，方可人，喻国明. 从用户资讯阅读需求出发的县级融媒体运营策略——以百度百家号“用户下沉”调研分析结论为启示[J]. 中国出版，2020(10):3-7.

[50] 郑钦方. 美食短视频的用户运营策略[D]. 河北大学，2020.

[51] 章雅楠. 基于用户画像的短视频平台个性化信息推荐研究[D]. 黑龙江大学，2021.

[52] 张鹏. 新媒体广告活动策划策略探析[J]. 传播力研究，2020，4(16):118-119.

[53] 李昆丽. 喜马拉雅 FM 知识付费运营研究[D]. 河南大学，2019.

[54] 刘晓天. 喜马拉雅 FM 付费内容运营策略研究[D]. 河北大学，2020.

[55] 郭晓曼. 网店运营客户数据分析的应用[J]. 现代营销（下旬刊），2020(04):72-73.

[56] 王刚. 基于运营网店的客户数据分析及应用[J]. 信息与电脑（理论版），2019，31(22):136-137.

[57] 王天琰. 基于 YY 语音的手机文本数据提取与分析[D]. 吉林大学，2016.

[58] 张文霖，刘夏璐，狄松. 谁说菜鸟不会数据分析[M]. 电子工业出版社，2013.

[59] 华夏微影文化传媒中心，国家广播电视总局发展研究中心，杨才旺，崔承浩. 中国微电影短视频发展报告（2019）[D]. 中国广播影视出版社，2020.

[60] 蒋小花. 数字产品运营与推广[M]. 浙江大学出版社，2018.

[61] 倪华，于畅. 微信公号“零售金童观点”.